Max Lucado

Gnade für den Augenblick

francke

Über den Autor:
Über 25 Millionen Bücher von Max Lucado haben mittlerweile die Druckpresse verlassen. Ununterbrochen steht mindestens einer seiner Titel in den christlichen Bestsellerlisten ganz oben. Er ist Pastor in San Antonio, wo er mit seiner Frau und seinen drei Töchtern lebt.

Bibliografische Information Der Deutschen Bibliothek
Die Deutsche Bibliothek verzeichnet diese Publikation in der Deutschen Nationalbibliografie;
detaillierte bibliografische Daten sind im Internet über http://dnb.ddb.de abrufbar.

ISBN 978-3-86827-270-3

Originaltitel: *Grace for the Moment*

Published by J. Countryman, a division of Thomas Nelson, Inc., Nashville, Tennesse 37214, USA

Deutsch von Leslie Richford
Umschlagbild: © iStockphoto.com / mammuth
Umschlaggestaltung: Verlag der Francke-Buchhandlung GmbH
Sven Gerhardt
Satz: Verlag der Francke-Buchhandlung GmbH
Druck und Bindung: CPI Moravia Books, Korneuburg

www.francke-buch.de

Vorwort

Wenn ich mit meinen Kindern verreise, bewahre ich sämtliche Fahrkarten in einer Mappe auf. Sobald es an der Zeit ist, in den Zug zu steigen, stelle ich mich zwischen die Kinder und den Kontrolleur. Die Kinder defilieren an mir vorbei, und ich drücke jedem eine Fahrkarte in die Hand, die sie dem Kontrolleur zeigen.

Gott verhält sich ebenso. Er stellt sich zwischen uns und unsere Not und wartet darauf, uns zu helfen. Deshalb heißt es in der Bibel: „Lasst uns also voll Zuversicht hingehen zum Thron der Gnade, damit wir Erbarmen und Gnade finden und so Hilfe erlangen zur rechten Zeit" (Hebräer 4,16).

Sind Ihnen die drei letzten Worte aufgefallen? „Hilfe ... *zur rechten Zeit.*" Nicht zu früh, auch nicht zu spät. Sondern genau zum richtigen Zeitpunkt.

Es ist meine Aufgabe, dafür zu sorgen, dass meine Kinder alles haben, was sie für die Reise benötigen. Ebenso sorgt Gott dafür, dass Sie alles haben, was Sie benötigen. Aus seiner Hand erlangen Sie „Hilfe zur rechten Zeit".

Und wer weiß, vielleicht benutzt er dazu die in diesem Buch zusammengestellten Andachten. Möge Gott diese täglichen Begegnungen dazu verwenden, sich Ihnen immer mehr zu erschließen – und Ihnen „Gnade für den Augenblick" zu schenken.

Max Lucado
Im Januar 2000

Jeden Tag ...

Es ist still. Es ist früh am Morgen. Der Kaffee ist heiß. Draußen ist es dunkel. Die Welt schläft noch. Der Tag steht kurz bevor.

Nur noch wenige Augenblicke, dann bricht der Tag zusammen mit der aufgehenden Sonne über mich herein. Die morgendliche Stille weicht dem Lärm des Tages. Ruhe und Alleinsein werden durch die unablässige Betriebsamkeit des Alltags ersetzt. Entscheidungen, die ich treffe, und Fristen, die ich einhalten muss, dringen in mein frühmorgendliches Refugium ein.

Die nächsten zwölf Stunden bin ich den Anforderungen des Tages ausgesetzt. Daher muss ich jetzt eine Wahl treffen. Auf Grund dessen, was Jesus Christus am Kreuz für mich getan hat, kann ich frei wählen. Deshalb treffe ich meine Wahl.

Ich entscheide mich für die Liebe ...

Hass ist durch nichts zu rechtfertigen; kein noch so großes Unrecht berechtigt zu Bitterkeit. Ich entscheide mich für die Liebe. Heute will ich Gott lieben. Und ich will alles lieben, was Gott liebt.

Ich entscheide mich für die Freude ...

Ich lade meinen Gott ein, Herr meiner Umstände zu sein. Ich widerstehe der Versuchung, zynisch zu sein ... denn Zynismus ist lediglich ein Hilfsmittel für faule Denker. Ich weigere mich, die Menschen als etwas Geringeres zu betrachten als von Gott geschaffene Wesen. Ich weigere mich, irgendein Problem als etwas Geringeres zu betrachten als eine Gelegenheit, Gott in Aktion zu sehen.

Ich entscheide mich für den Frieden ...

Ich will in der Vergebung leben. Ich will anderen verzeihen, damit ich leben kann.

Ich entscheide mich für die Geduld ...

Ich will die Unannehmlichkeiten dieser Welt nicht beachten. Statt den zu verfluchen, der meinen Platz einnimmt, will ich ihn freundlich dazu auffordern. Statt mich darüber zu beklagen, dass ich lange warten muss, will ich Gott für die Gelegenheit danken, einen Moment zu beten. Neuen Herausforderungen will ich nicht mit geballter Faust entgegengehen, sondern sie voll Freude und Mut annehmen.

Ich entscheide mich für die Freundlichkeit ...
Ich will Armen gegenüber freundlich auftreten, denn sie haben niemanden. Auch zu den Reichen will ich freundlich sein, denn sie haben Angst. Und zu den Unfreundlichen will ich erst recht freundlich sein, denn so geht Gott immer wieder mit mir um.

Ich entscheide mich für die Güte ...
Ich will lieber auf einen Euro verzichten, als ihn mir auf unehrlichem Wege anzueignen. Ich will lieber übersehen werden, als vor anderen zu prahlen. Ich will eigene Schuld eingestehen, ehe ich gegen einen anderen Vorwürfe erhebe. Ich entscheide mich für die Güte.

Ich entscheide mich für die Treue ...
Ich will heute halten, was ich versprochen habe. Meine Gläubiger sollen ihr Vertrauen nicht bereuen. Meine Kollegen sollen keinen Anlass haben, mein Wort in Zweifel zu ziehen. Meine Frau soll keinen Anlass haben, meine Liebe infrage zu stellen. Und meine Kinder sollen niemals befürchten müssen, dass ihr Vater nicht nach Hause kommt.

Ich entscheide mich für die Sanftmut ...
Ich verspreche mir nichts von Gewalt. Ich entscheide mich für die Sanftmut. Wird meine Stimme lauter, dann soll es nur beim Lobpreis des Schöpfers geschehen. Balle ich die Faust, dann möge es nur im Gebet sein. Stelle ich Forderungen, dann nur an mich selbst.

Ich entscheide mich für die Selbstbeherrschung …
Ich bin ein spirituelles Wesen … Stirbt mein Körper, so wird mein Geist sich in den Himmel emporschwingen. Ich weigere mich, das Vergängliche über das Ewige zu stellen. Ich entscheide mich für die Selbstbeherrschung. Statt mich zu betrinken, will ich freudetrunken sein. Zur Leidenschaft lasse ich mich nur durch meinen Glauben hinreißen. Ich will mich nur von Gott beeinflussen und nur von Jesus Christus unterweisen lassen. Ich entscheide mich für die Selbstbeherrschung.

Liebe, Freude, Friede, Geduld, Freundlichkeit, Güte, Treue, Sanftmut und Selbstbeherrschung. Dieser neunfachen Frucht des Geistes widme ich den Tag. Gelingt es mir, so zu leben, dann will ich Gott danken. Gelingt es mir nicht, dann will ich ihn um seine Gnade anflehen. Und dann, wenn dieser Tag vorbei ist, lege ich den Kopf aufs Kissen und ruhe.

Max Lucado

Gott hört zu

Mit lauter Stimme schreie ich zum Herrn,
laut flehe ich zum Herrn um Gnade.
Psalm 142,2

Sie können mit Gott reden, denn Gott hört zu. Ihre Stimme hat im Himmel Gewicht. Gott nimmt Sie sehr ernst. Sobald Sie in seine Gegenwart treten, wendet er sich Ihnen zu, um auf Ihre Stimme zu achten. Sie brauchen nicht zu befürchten, dass er Ihnen die kalte Schulter zeigt. Wenn Sie auch stammeln oder sich versprechen, wenn Ihre Worte sonst niemandem imponieren – Gott imponieren sie, und er hört zu. Er hört das schmerzerfüllte Flehen des gebrechlichen älteren Menschen im Seniorenheim. Er hört das raue Sündenbekenntnis des Strafgefangenen in der Todeszelle. Wenn der Alkoholiker um Gnade fleht, wenn der Familienvater Wegweisung sucht, wenn der Geschäftsmann von der Straße einen Abstecher in eine Kirche oder Kapelle macht, da hört Gott zu. Und zwar aufmerksam und ganz genau.

Das erwählte Volk

Ihr aber seid das erwählte Volk,
ein Volk von Königen, die Gott als Priester dienen,
ein heiliges Volk, das Gott selbst gehört.
1. Petrus 2,9

Haben Sie manchmal das Gefühl, nicht beachtet zu werden? Neue Kleidung oder eine neue Frisur schaffen vielleicht für eine Weile Abhilfe. Möchten Sie jedoch eine dauerhafte Lösung, dann müssen Sie lernen, sich selbst mit den Augen Gottes zu betrachten: „Denn er kleidet mich in Gewänder des Heils, er hüllt mich in den Mantel der Gerechtigkeit, wie ein Bräutigam sich festlich schmückt und wie eine Braut ihr Geschmeide anlegt" (Jesaja 61,10).

Lässt bei Ihnen schon einmal die Selbstachtung nach? Wenn das passiert, sollten Sie daran denken, wie kostbar Sie sind. „Ihr wurdet nicht um einen vergänglichen Preis losgekauft, nicht um Silber oder Gold, sondern mit dem kostbaren Blut Christi, des Lammes ohne Fehl und Makel" (1. Petrus 1,18+19).

Es ist Ihre Aufgabe, sich diese Aussagen stets vor Augen zu halten, immer wieder darüber nachzudenken und sie zum Mittelpunkt Ihres Denkens und Handelns zu machen. So erlauben Sie es der Liebe Gottes, Ihr Selbstbild zu verändern.

Wertlose Sorgen

Ich bin jung gewesen und alt geworden
und habe noch nie den Gerechten verlassen gesehen
und seine Kinder um Brot betteln.
Psalm 37,25

Wir machen uns Sorgen über alles Mögliche. Wir machen uns Sorgen wegen unserer Steuererklärung, wegen der steigenden Lebenshaltungskosten und wegen der Rente. Wir sorgen uns, dass wir eines Tages nicht genug Geld haben könnten; und wenn wir Geld haben, machen wir uns Sorgen darüber, ob wir richtig damit umgehen. Wir machen uns Sorgen darüber, dass die Welt ein unzeitiges Ende finden könnte. Wir machen uns aber auch darüber Sorgen, was der Hund denkt, wenn er uns nackt aus der Dusche treten sieht. Oder dass wir eines Tages erfahren könnten, fettarmer Joghurt sei ein Dickmacher gewesen.

Nun aber ehrlich. Hat Gott Sie erlöst, damit Sie sich mit Sorgen quälen? Würde er Ihnen das Laufen beibringen, nur damit er Ihnen beim Hinfallen zuschauen kann? Würde er sich um Ihrer Sünden willen ans Kreuz heften lassen, aber hinterher Ihre Gebete nicht beachten? Nein, davon können Sie mich nicht überzeugen. Oder will uns die Bibel etwa zum Besten halten, wenn sie behauptet: „Denn er hat seinen Engeln befohlen, dass sie dich behüten auf allen deinen Wegen" (Psalm 91,11)?

Nein, das glaube ich auch nicht.

Ein kompletter Umbau

Damit ihr versteht ... wie überragend groß seine Macht sich an uns, den Gläubigen, erweist.
Epheser 1,19

Gott liebt es, seine Wohnung neu zu gestalten. Er muss sie sogar umgestalten. Wohnt er lange genug in einem menschlichen Herzen, dann verändert sich dieses Herz unweigerlich. Porträts von Verletzungen werden durch Landschaftsbilder der Gnade ersetzt. Mauern des Zornes werden abgerissen und wackelige Fundamente erneuert. Gott kann ein Menschenleben ebenso wenig unverändert lassen, wie eine Mutter darauf verzichten kann, ihrem Kind die Tränen zu trocknen.

Vielleicht ist das die Erklärung für das Unbehagen, das Sie hin und wieder befällt. Es handelt sich bei der Umgestaltung des Herzens nicht immer um eine angenehme Prozedur. Es stört uns nicht, wenn der göttliche Zimmermann ein paar neue Regale einbaut, doch ist es schon mal vorgekommen, dass er den gesamten Westflügel abgerissen hat. Gott verfolgt hehre Ziele mit Ihrem Leben. Ihm schwebt eine Komplettrenovierung vor. Er stellt die Arbeit so lange nicht ein, bis sie vollendet ist. Er möchte, dass Sie Jesus ähnlich werden.

Verpassen Sie Gottes Antwort nicht

Sollte dem Herrn etwas unmöglich sein?
1. Mose 18,14

Der Gott, der stets für eine Überraschung gut ist, greift wieder aktiv ins Geschehen ein. Das tut Gott für Menschen, die an ihn glauben. Sarah überschreitet das gebärfähige Alter, und schon wird sie schwanger. Davids Versagen wiegt zu schwer, als dass ihm Gnade widerfahren könnte, und schon werden ihm die Sünden vergeben.

Die Lektion, die wir daraus ziehen können? Sie besteht aus nur vier Worten: Geben Sie nicht auf.

Ist der Weg lang? Bleiben Sie nicht stehen.

Ist die Nacht finster? Werfen Sie die Flinte nicht ins Korn.

Gott sieht Ihre Situation. Vielleicht ist der Scheck, auf den Sie warten, schon jetzt mit der Post unterwegs.

Vielleicht wird die Entschuldigung, auf die Sie warten, gerade jetzt zu Papier gebracht.

Vielleicht liegt Ihr neuer Arbeitsvertrag schon auf dem Schreibtisch bereit.

Geben Sie nicht auf. Tun Sie es doch, so verpassen Sie möglicherweise die Antwort auf Ihre Gebete.

6. JANUAR

Bei Gott zu Hause

Wer mich liebt, der wird mein Wort halten;
und mein Vater wird ihn lieben,
und wir werden zu ihm kommen
und Wohnung bei ihm nehmen.
Johannes 14,23

Gott möchte Ihr Wohnhaus sein. Er hat dagegen kein Interesse, als Wochenendhäuschen, Datscha oder Gartenlaube herzuhalten. Ziehen Sie Gott nur nicht als Ferienhaus oder Altersruhesitz in Betracht. Er will, dass Sie jetzt und für immer unter seinem Dach wohnen. Er will Ihre Anschrift, Ihr Bezugspunkt sein; er will, dass Sie bei ihm zu Hause sind.

Für viele Menschen ist das ein neuer Gedanke. Gott gilt als Diskussionsgegenstand, nicht als Wohnort. Wir stellen uns Gott als geheimnisvollen Wundertäter vor, nicht als ein Haus, in dem wir wohnen können. Wir stellen ihn uns als den Schöpfer vor, den wir in unserer Not anrufen können, nicht aber als Zuhause. Der himmlische Vater will jedoch viel mehr für uns bedeuten. Er will derjenige sein, in dem wir „leben, handeln und sind“ (Apostelgeschichte 17,28).

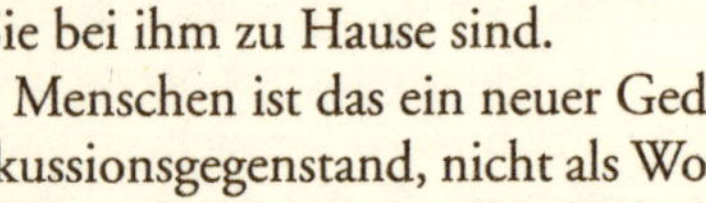

Die Grundlage für das Mutigsein

Denn ich will ihnen ihre Ungerechtigkeit vergeben, und an ihre Sünden will ich nicht mehr denken.
Hebräer 8,12

„So gibt es nun kein Verdammungsurteil für die, die in Christus Jesus sind" (Römer 8,1).

„Gott spricht den gerecht, der an Jesus glaubt" (Römer 3,26).

Für Menschen, die zu Jesus Christus gehören, sind diese Versprechen Gottes mehr als eine Quelle der Freude. Sie schaffen die Grundlage für echten Lebensmut. Hier wird Ihnen die Garantie dafür gegeben, dass Ihre Sünden den Filter des Opfers Jesu passieren. Sein Tod am Kreuz macht Ihre Sünden für Gott unsichtbar. Wenn Gott Sie anschaut, sieht er nicht mehr Sie, sondern den, der Sie mit seinem Blut bedeckt. Deshalb müssen Sie keinen Gedanken mehr ans Scheitern verschwenden. Für Sie steht der Sieg bereits fest. Wie könnten Sie da nicht mutig sein?

Das Wasser des Dieners

Dann goss er Wasser in ein Becken,
fing an, den Jüngern die Füße zu waschen,
und trocknete sie mit dem Schurz ab, den er
umgebunden hatte.
Johannes 13,5

Unsere Füße in die Schüssel Jesu zu setzen, heißt, ihm die schmutzigsten Teile unseres Lebens auszuliefern. Im alten Orient waren die Füße der Menschen schmutzverkrustet. Bei einem Festessen hatte der Diener dafür zu sorgen, dass die Füße der Eingeladenen gesäubert wurden. Jesus nimmt hier die Rolle des Dieners ein. Er will auch den schlimmsten Schmutz von Ihrem Leben abwaschen.

Aber nur, wenn Sie es ihm gestatten. Das Wasser des Dieners reinigt uns erst, wenn wir zugeben, schmutzig geworden zu sein – wenn wir bekennen, dass wir schmutzverkrustet sind, dass wir verbotenen Wegen und falschen Pfaden gefolgt sind.

Wir werden so lange nicht gereinigt, bis wir eingestehen, dass wir uns verunreinigt haben. Wir sind so lange nicht sauber, bis wir zugeben, dass wir schmutzig sind. Und wir können die Füße derer, die uns verletzt haben, so lange nicht waschen, bis wir es dem Jesus, den wir verletzt haben, gestatten, uns die Füße zu waschen.

Unser Hohepriester

Wir haben ja nicht einen Hohepriester, der nicht mitfühlen könnte mit unserer Schwäche, sondern einen, der in allem wie wir in Versuchung geführt worden ist, aber nicht gesündigt hat.
Hebräer 4,15

J. B. Phillips übersetzt Hebräer 4,15 folgendermaßen:
Denn wir haben nicht einen übermenschlichen Hohepriester, dem unsere Schwächen unbegreiflich wären – er selbst hat vielmehr völligen Anteil gehabt an allem, was wir an Versuchungen erdulden, nur hat er niemals gesündigt.

Der Verfasser des Hebräerbriefs ist sich darüber im Klaren, dass wir Gefahr laufen, Gott vorzuhalten: „Du hast es dort oben leicht. Du weißt nicht, wie schwer wir es hier auf der Erde haben." Deshalb verkündigt er beherzt, dass Jesus durchaus in der Lage ist, Verständnis für uns aufzubringen. Sehen wir uns den Wortlaut noch einmal genauer an.

Er selbst. Nicht ein Engel. Nicht ein Botschafter. Nicht ein Abgesandter. Sondern Jesus selbst.

Völligen Anteil. Nicht teilweise. Nicht annähernd. Nicht größtenteils. Sondern völlig! Jesus hat völligen Anteil gehabt an dem, was wir erdulden.

An allem, was wir ... erdulden. An jeder Verletzung. An jedem Schmerz. An allem Stress und an allen Spannungen. Es gab für ihn keine Ausnahmen, keine Ausweichmöglichkeit. Weshalb? Damit er mit unserer Schwäche mitfühlen kann.

10. JANUAR

Für den Himmel geschaffen

Mein Reich ist nicht von dieser Welt.
Johannes 18,36

Das Unglücklichsein auf dieser Erde ruft ein Verlangen nach dem Himmel hervor. Indem Gott uns mit tiefer Unzufriedenheit beschenkt, sorgt er dafür, dass unsere Aufmerksamkeit auf ihn gerichtet bleibt. Es ist daher ein tragischer Fehler, sich vorzeitig zufriedenzugeben. Sich mit dieser Erde zu begnügen. Sich endgültig in der Fremde niederzulassen.

Wir sind hier nicht glücklich, weil wir hier nicht zu Hause sind. Wir sind hier nicht glücklich, weil wir hier nicht glücklich sein sollen. Wir sind wie „Fremde und Gäste in dieser Welt" (1. Petrus 2,11).

Sie werden auf dieser Welt niemals wunschlos glücklich sein, und zwar deshalb, weil Sie nicht für diese Welt geschaffen sind. O ja, Sie werden Ihre freudigen Momente erleben. Es werden Ihnen sicher Lichtblicke geschenkt. Sie werden Momente, vielleicht auch Tage voller Frieden kennenlernen. Doch sind sie nichts, verglichen mit dem Glück, das Ihnen noch bevorsteht.

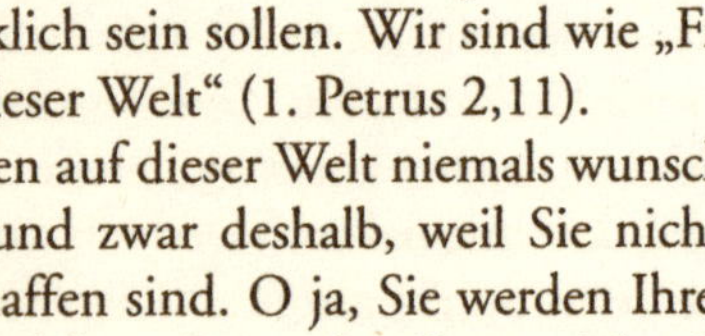

Treu an unserer Seite

Denn der Menschensohn ist gekommen,
zu suchen und zu retten, was verloren ist.
Lukas 19,10

Gott geht uns nach. Ist Ihnen schon einmal bewusst geworden, dass er Ihnen nachgeht? Er ist auf die Erde gekommen, um Verlorene zu suchen und zu retten. Ist Ihnen schon einmal bewusst geworden, dass er Sie sucht?

Haben Sie schon einmal seine Gegenwart dank der Freundlichkeit eines Fremden gespürt? Oder aufgrund der Farbenpracht eines Sonnenuntergangs oder des Mysteriums einer romantischen Beziehung? Oder vielleicht durch die Frage eines Kindes oder die Hingabe Ihres Ehepartners? Haben Sie ihn durch ein Wort oder eine Berührung zur rechten Zeit gespürt?

Gott schenkt sich uns selbst. Auch wenn wir seinem Haus unsere Bruchbude, seiner Gnade unseren Müll vorziehen – dennoch geht er uns nach. Er zwingt uns nicht. Er verlässt uns nicht. Er harrt geduldig aus, bleibt treu an unserer Seite. Er wendet seine ganze Macht auf, um uns davon zu überzeugen, dass er wirklich Gott ist und dass wir uns ihm anvertrauen können, damit er uns nach Hause führt.

Wer ist der Diener?

Martha aber hatte alle Hände voll zu tun …
Maria hat das Bessere gewählt; das soll ihr nicht genommen werden.
Lukas 10,40-42

Martha kümmert sich um etwas Gutes. Sie hat Jesus zum Essen eingeladen. Sie ist buchstäblich dabei, Gott zu bedienen. Ihr Ziel war, Jesus zu gefallen. Und doch beging sie einen weit verbreiteten, aber gefährlichen Fehler. Während sie für ihn schuftete, wurde ihr die Arbeit wichtiger als der Herr. Was als Möglichkeit anfing, Jesus zu dienen, verwandelte sich unmerklich in eine Möglichkeit, sich selbst zu dienen. Sie hat vergessen, dass die Mahlzeit zur Ehre Jesu stattfindet, nicht Martha zu Ehren.

Man kann allzu leicht vergessen, wer der Diener ist und wem gedient werden soll.

Er denkt an Sie

In allen Dingen lasst eure Bitten in Gebet und Flehen mit Danksagung vor Gott kommen.
Philipper 4,6

Der Himmel kennt keinen Unterschied zwischen Sonntagmorgen und Mittwochnachmittag. Gott sehnt sich danach, uns am Arbeitsplatz ebenso deutlich anzusprechen wie im Gottesdienst. Er möchte, dass wir ihn am Mittagstisch anbeten und nicht nur am Abendmahlstisch. Sie mögen tagelang nicht an ihn denken, es vergeht jedoch kein einziger Augenblick, in dem er nicht an Sie denkt.

Da wir das wissen, verstehen wir das hochgesteckte Ziel des Paulus: „Wir nehmen alles Denken gefangen und führen es zum Gehorsam gegen Christus" (2. Korinther 10,5). Es leuchtet ein, weshalb er uns auffordert, „ohne Unterlass" zu beten (1. Thessalonicher 5,17), „beharrlich im Gebet" zu sein (Römer 12,12) und „im Beten nicht nachzulassen" (Kolosser 4,2).

So wie Sie sind

In eurem Leben sollt ihr
wie Jesus Christus denken und handeln.
Philipper 2,5

Es kann gefährlich sein, große Wahrheiten in einem einzigen Satz zusammenfassen zu wollen. Dennoch möchte ich es versuchen. Könnten wir das Verlangen Gottes für unser Leben in zwei Sätzen einfangen, so würden sie vielleicht folgendermaßen aussehen:

Gott liebt Sie so, wie Sie sind, doch weigert er sich, Sie so zu lassen, wie Sie sind. Er möchte, dass Sie Jesus ähnlich werden.

Gott liebt Sie so, wie Sie sind. Gehen Sie davon aus, dass seine Liebe zu Ihnen noch stärker wäre, wenn auch Ihr Glaube stärker wäre, dann irren Sie sich. Gehen Sie davon aus, dass seine Liebe noch tiefer wäre, wenn auch Ihre Gedanken tiefer wären, dann irren Sie sich. Verwechseln Sie die Liebe Gottes nicht mit menschlicher Liebe. Menschliche Liebe nimmt oftmals entsprechend unseren Leistungen zu, und sie nimmt ab, wenn wir Fehler begehen. Gottes Liebe ist anders. Er liebt Sie dort, wo Sie sich gerade befinden.

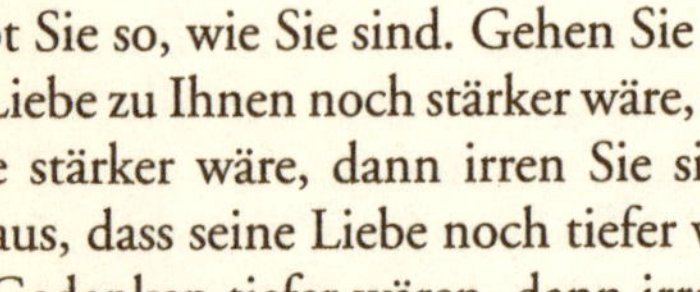

Die guten Gaben Gottes

Alle guten Gaben und alle vollkommenen Gaben kommen von oben herab.
Jakobus 1,17

Kommt es Ihnen manchmal so vor, als besäßen Sie nichts? Dann sehen Sie sich einmal die Gaben an, die Gott Ihnen gegeben hat:

Er hat seine Engel gesandt, damit sie auf Sie aufpassen, seinen Heiligen Geist, damit er in Ihnen wohnt, seine Gemeinde, um Ihnen Mut zu machen, und sein Wort, um Sie zu unterweisen.

Jedes Mal, wenn Sie mit ihm reden, hört er zu; sprechen Sie eine Bitte aus, dann geht er darauf ein.

Er wird niemals zulassen, dass Sie über Gebühr in Versuchung geraten oder so sehr straucheln, dass Sie nicht wieder aufstehen können.

Sobald Ihnen die Tränen kommen, ist er da, um sie abzuwischen.

Sprechen Sie Worte der Liebe, so ist er sofort da, um sie zu hören.

Sosehr Sie ihn sehen möchten, er möchte Sie noch mehr sehen.

Sie sind von Christus erwählt worden ... Er hat Sie dazu berufen, seine Geliebte zu sein.

Gott wählt immer den richtigen Zeitpunkt

Sollte Gott nicht auch seinen
Auserwählten Recht verschaffen,
die Tag und Nacht zu ihm rufen,
und etwa bei ihnen zögern?
Lukas 18,7

Warum wartet Gott, bis das Geld verbraucht ist? Warum wartet er, bis die Krankheit sich hinzieht? Warum erhört er unsere Gebete um Heilung erst auf der anderen Seite des Grabes?

Ich weiß es nicht. Ich weiß nur, dass er immer den richtigen Zeitpunkt wählt. Gott macht alles genau richtig, mehr weiß ich dazu nicht zu sagen.

Er spricht, auch wenn Sie nichts hören. Er handelt, auch wenn Sie nichts sehen. Bei Gott gibt es keine Zufälle. Jede einzelne Begebenheit unseres Lebens ist dazu gedacht, uns ihm näher zu bringen.

Kleider des Heils

Denn dieses Vergängliche muss sich mit
Unvergänglichkeit bekleiden
und dieses Sterbliche mit Unsterblichkeit.
1. Korinther 15,53

Liegt Jesus etwas an der Kleidung, die wir tragen?

Scheinbar doch, denn die Bibel teilt uns aufs Genaueste mit, welche Garderobe Gott sich für uns wünscht.

„Legt als neues Gewand den Herrn Jesus Christus an, und sorgt nicht so für euren Leib, dass die Begierden erwachen“ (Römer 13,14).

„Denn ihr alle, die ihr auf Christus getauft seid, habt Christus als Gewand angelegt. Ihr seid alle durch den Glauben Söhne Gottes in Christus Jesus“ (Galater 3,27+26).

Die Kleidung, von der hier die Rede ist, hat nichts mit Sonntagskleidern, Jeans oder Anzügen zu tun. Gott geht es um unser geistliches Gewand. Er bietet uns eine himmlische Robe an, die nur der Himmel sehen und nur der Himmel schenken kann. Hören Sie auf die Worte Jesajas: „Ich freue mich im Herrn und meine Seele ist fröhlich in meinem Gott; denn er hat mir die Kleider des Heils angezogen und mich mit dem Mantel der Gerechtigkeit bekleidet“ (Jesaja 61,10).

Friedenssaat aussäen

Sät gute Taten aus,
dann werdet ihr die Früchte eurer Treue ernten.
Hosea 10,12

Möchten Sie ein Wunder erleben? Dann sollten Sie ein liebevolles Wort tief im Herzen eines anderen einpflanzen. Düngen Sie es mit einem Lächeln und einem Gebet, und Sie werden sehen, was daraus wird.

Einem Arbeitgeber wird ein Kompliment gemacht. Einer Ehefrau wird ein Blumenstrauß geschenkt. Ein frisch gebackener Kuchen wird zum Nachbarn getragen. Eine Witwe wird umarmt, ein Tankstellenwart geehrt, ein Prediger gelobt.

Friedenssaat auszusäen ist nicht anders, als wenn man Bohnen aussät. Man weiß nicht, warum es funktioniert, aber es klappt trotzdem. Die Samen werden in die Erde gelegt, und nach kurzer Zeit bricht die oberste Bodenschicht der Verletzungen auf.

Vergessen Sie dieses Prinzip nicht. Unterschätzen Sie niemals die Kraft eines Samenkorns.

Ein sicherer Ort

Ich bin bei euch alle Tage.
Matthäus 28,20

David, der Mann nach Gottes Herzen, sagte: „Eines bitte ich vom Herrn, das hätte ich gerne: dass ich im Hause des Herrn bleiben könne mein Leben lang" (Psalm 27,4).

Was meint David hier mit dem „Hause des Herrn"? Geht es ihm etwa um einen physikalischen Raum? Um ein Gebäude mit vier Wänden und einer Tür, durch die er hineingehen, aber nie wieder hinauskommen kann? Nein. „Gott ... wohnt nicht in Tempeln, die mit Händen gemacht sind" (Apostelgeschichte 17,24). Wenn David von sich sagt: „Ich werde bleiben im Hause des Herrn immerdar" (Psalm 23,6), dann meint er nicht, dass er sich am liebsten vor den Menschen verkriechen möchte. Damit will er vielmehr ausdrücken, dass er sich nach der Gegenwart Gottes sehnt, ganz gleich, wo diese zu finden ist.

Eine Welt ohne Sünde

Da werden die Wölfe bei den Lämmern wohnen
und die Panther bei den Böcken lagern.
Jesaja 11,6

Können Sie sich eine Welt ohne Sünde vorstellen? Haben Sie in letzter Zeit etwas getan, was eine Folge der Sünde war?

Wenn nichts anderes, so haben Sie sicherlich über Ihr Los gestöhnt. Sie haben sich Sorgen gemacht. Sie haben gemurrt. Sie haben Ihren Besitz für sich behalten, statt ihn mit anderen zu teilen. Sie haben sich von anderen abgewandt, statt ihnen zu Hilfe zu eilen.

Die Sünde hat bewirkt, dass Sie den Menschen gegenüber, die Ihnen am liebsten sind, schnippisch waren und sich mit ihnen gestritten haben. Sie haben sich geschämt und fühlten sich schuldig oder bitter.

Die Sünde hat tausendfach Kummer verursacht und eine Million Versprechen gebrochen. Ihre Abhängigkeiten gehen auf die Sünde zurück. Ihr Misstrauen geht auf die Sünde zurück. Intoleranz, Diebstahl, Ehebruch – das alles sind Folgen der Sünde. Doch im Himmel wird es das alles nicht mehr geben.

Können Sie sich eine Welt ohne Sünde vorstellen? Wenn ja, können Sie sich den Himmel vorstellen.

Seinem Herzen ähnlich

Wir sind Ton, du bist unser Töpfer,
und wir alle sind deiner Hände Werk.
Jesaja 64,7

Gott möchte, dass wir Jesus ähnlich sind.

Das ist doch eine gute Nachricht, oder? Sie müssen mit Ihrem jetzigen Charakter nicht vorliebnehmen. Sie sind nicht zum ewigen Grantig-Sein verurteilt. Gott hat noch nicht das Letzte aus Ihnen herausgeholt. Auch wenn Sie sich bisher jeden Tag Ihres Lebens Sorgen gemacht haben, müssen Sie es nicht für den Rest Ihres Lebens tun. Sie wurden intolerant geboren? Sie müssen nicht intolerant sterben.

Woher kommt nur die Vorstellung, wir könnten uns nicht ändern? Woher rühren Behauptungen wie: „Es liegt in meiner Natur, mir Sorgen zu machen" oder: „Ich bin der ewige Pessimist. So bin ich eben." Wer sagt es denn? Würden wir ähnliche Behauptungen etwa über unseren körperlichen Zustand aufstellen? „Es liegt in meiner Natur, mir das Bein gebrochen zu haben. Daran kann ich nichts ändern." Niemals! Wenn unser Körper nicht richtig funktioniert, suchen wir ärztlichen Beistand. Sollten wir nicht ähnlich vorgehen, wenn mit unserem Herzen etwas nicht stimmt? Sollten wir unserer griesgrämigen Haltung wegen nicht Hilfe suchen? Dürfen wir für unsere egoistischen Schimpfkanonaden keine Behandlung erbitten? Natürlich dürfen wir es! Jesus kann unser Herz verändern. Er will, dass unser Herz seinem Herzen ähnlich wird.

Der erreichbare Jesus

Der an uns dachte in unsrer Erniedrigung,
denn seine Huld währt ewig.
Psalm 136,23

Gott beschloss, sich durch einen menschlichen Leib zu offenbaren.

Es handelte sich bei der Zunge, die den toten Lazarus aus dem Grab hervorrief, um eine menschliche Zunge. Die Hand, mit der Jesus den Aussätzigen berührte, hatte Dreck unter den Fingernägeln. Die Füße Jesu, die eine Frau mit ihren Tränen benetzte, hatten Hornhaut und waren staubig. Und seine Tränen – verpassen Sie nur nicht seine Tränen! – entquollen einem Herzen, das mindestens ebenso gebrochen war, wie es Ihr Herz oder meines jemals gewesen ist.

Darum kamen die Menschen zu ihm. Ach, wie sie zu ihm hinströmten! Sie kamen mitten in der Nacht; sie berührten ihn, während er durch die Straßen ging; sie folgten ihm um den See Genezareth; sie luden ihn zu sich nach Hause ein und legten ihre Kinder ihm zu Füßen. Warum? Weil er sich weigerte, eine Statue in einem Münster oder ein Priester auf einer erhöhten Kanzel zu sein. Er beschloss stattdessen, ein nahbarer, berührbarer, erreichbarer Jesus zu sein.

Segnungen an Gottes Tisch

Du bereitest vor mir einen Tisch
im Angesicht meiner Feinde.
Psalm 23,5

Halten Sie einen Augenblick inne und stellen Sie sich das Szenario in Gottes königlichem Speisezimmer vor.

Nicht von unserer Schönheit, sondern von seinem eigenen Versprechen angetrieben, ruft er uns zu sich und lädt uns ein, uns einen dauerhaften Platz an seinem Tisch auszusuchen. Wir setzen uns neben die anderen erlösten Sünder und bekommen Anteil an Gottes Herrlichkeit.

Darf ich eine unvollständige Liste der Segnungen weitergeben, die Sie am Tisch Gottes erwarten?

Sie sind für jedes Verdammungsurteil außer Reichweite (Römer 8,1).

Sie sind Mitglied in seinem Königreich (Kolosser 1,13).

Sie sind an Kindes statt angenommen worden (Römer 8,15).

Sie haben in jedem Augenblick Zugang zu Gott (Epheser 2,18).

Sie werden niemals allein gelassen (Hebräer 13,5).

Sie besitzen ein unvergängliches Erbteil (1. Petrus 1,4).

Der barmherzige Christus

Als Jesus aus dem Boot stieg,
sah er die vielen Menschen.
Er bekam Mitleid mit ihnen. ...
Darum sprach er lange zu ihnen.
Markus 6,34

Jesus gelangt bei Betsaïda ans Ufer, verlässt das Galiläische Meer und begibt sich in ein Menschenmeer. Vergessen Sie nicht, dass er den See Genezareth überquert hatte, um den Menschenmengen zu entkommen. Er braucht Zeit, damit er um Johannes den Täufer trauern kann. Er sehnt sich danach, sich mit seinen Anhängern zu entspannen. Er braucht alles, nur nicht Tausende von Menschen, die unterwiesen und geheilt werden wollen.

Dennoch überwindet seine Liebe zu den Menschen seine Ruhebedürftigkeit.

Viele von denen, die Jesus heilte, würden sich niemals bei ihm bedanken. Er hat sie trotzdem geheilt. Den meisten ging es wohl eher um ihre Gesundheit als um die Heiligung. Er hat sie trotzdem geheilt. Einige von denen, die heute um Brot baten, würden ein paar Monate später sein Blut fordern. Er hat sie trotzdem geheilt. Jesus hatte Mitleid – Erbarmen – mit ihnen.

Von Gott adoptiert

So bezeugt der Geist selber unserem Geist,
dass wir Kinder Gottes sind.
Römer 8,16

Wenn wir zu Jesus kommen, erlangen wir nicht nur die Vergebung unserer Sünden. Darüber hinaus nimmt uns Gott als seine Kinder an. Aus verurteilten, aller Hoffnung beraubten Waisenkindern werden durch eine Reihe dramatischer Ereignisse adoptierte Kinder ohne jegliche Furcht. Und so geschieht das: Sie treten voller Widerspenstigkeit und Fehler vor den Richtstuhl Gottes. Weil er absolut gerecht ist, kann er Ihre Sünde nicht übersehen. Aber seiner Liebe wegen kann er Sie nicht unverrichteter Dinge wieder wegschicken. Daher hat er bei einer Tat, die den ganzen Himmel in Erstaunen versetzte, am Kreuz die Strafe für Ihre Sünden auf sich genommen. So kommen Gottes Gerechtigkeit und seine Liebe gleichermaßen auf ihre Kosten. Und Sie, das Geschöpf Gottes, erlangen Vergebung. Doch endet die Geschichte nicht mit der Sündenvergebung.

Es würde nicht ausreichen, wenn Gott lediglich Ihren Namen reinwaschen würde. Er geht darüber hinaus. Er schenkt Ihnen seinen Namen.

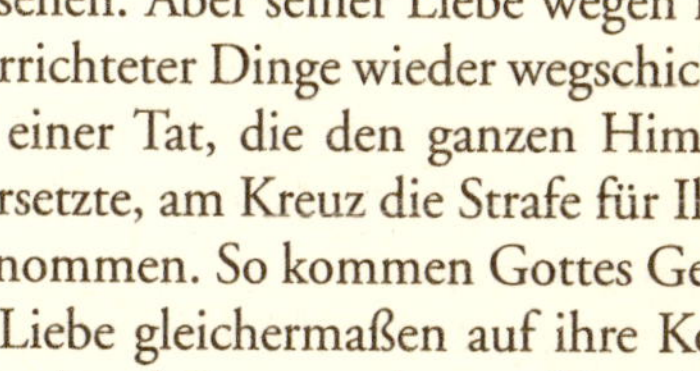

Achten Sie auf Ihre Einstellung

Unser Herr Jesus Christus
aber und Gott, unser Vater,
der mache eure Herzen getrost und stärke euch
in jedem guten Werk und Wort.
2. Thessalonicher 2,16+17

„Herr, fragst du nicht danach, dass mich meine Schwester allein dienen lässt?“ (Lukas 10,40)

Marthas Leben war ausgefüllt. Ihr hätte eine Pause gutgetan. „Martha, Martha, du hast viel Sorge und Mühe“, erklärte ihr der Meister. „Eins aber ist nötig. Maria hat das Bessere gewählt“ (Lukas 10,41+42).

Wofür hatte sich Maria denn entschieden? Sie hatte sich entschieden, sich zu den Füßen Jesu hinzusetzen. Gott gefällt die stille Aufmerksamkeit einer aufrichtigen Dienerin besser als die lärmende Tätigkeit einer sauer gewordenen Jüngerin.

Wichtiger als die Art unseres Dienens ist das Herz, das dahintersteckt. Eine negative Einstellung macht die Gabe, die wir an Gottes Altar abgeben, wertlos.

Ihr seid etwas Besonderes

Darum gibt es in der ganzen Welt nichts,
was uns jemals von Gottes Liebe trennen kann.
Römer 8,39

Wir möchten wissen, wie lange Gottes Liebe vorhält. Nicht nur am Ostersonntag, wenn unsere Schuhe auf Hochglanz poliert sind und unsere Frisur sitzt. Nicht nur dann, wenn ich voller Elan, positiv eingestellt und bereit bin, den Kampf gegen den Welthunger aufzunehmen. Dann nicht. Ich weiß sehr wohl, wie Gott mich dann sieht. In solchen Situationen mag ich mich sogar selbst.

Ich möchte wissen, wie er zu mir steht, wenn ich jeden anschreie, der in meine Nähe kommt, wenn meine Gedanken sich auf Gossenniveau bewegen und wenn meine Zunge so spitz ist, dass sie einen Felsen durchdringen könnte. Wie sieht mich Gott dann?

Kann uns irgendetwas von der Liebe Jesu trennen?

Gott hat unsere Frage beantwortet, ehe wir sie überhaupt gestellt haben. Und damit wir seine Antwort nicht übersehen, hat er den Himmel mit einem Stern erleuchtet. Damit wir sie nicht überhören, füllte er die Nacht mit Chorgesang. Und damit wir daran glauben, tat er, was niemandem auch nur im Traum eingefallen wäre: Er wurde ein Mensch und wohnte unter uns.

Er legte der Menschheit eine Hand auf die Schulter und sagte: „Ihr seid etwas Besonderes."

Eine Ahnung und eine Hoffnung

Meine Tochter, dein Glaube hat dich geheilt;
geh hin mit Frieden und sei gesund von deiner Plage.
Markus 5,34

Möglicherweise haben Sie nichts als eine törichte Ahnung und eine leise Hoffnung. Sie haben nichts zu geben. Sie sind verletzt. Alles, was Sie Gott anzubieten haben, ist Ihr Verletztsein.

Vielleicht hat Sie das davon abgehalten, zu Gott zu kommen. Sie sind sehr wohl den einen oder anderen Schritt auf ihn zugegangen. Doch dann fielen Ihnen die anderen Menschen auf, die sich in seiner Nähe aufhielten. Sie alle kamen Ihnen so sauber, so ordentlich, so glaubensstark vor. Dadurch versperrten sie Ihnen den Blick auf Gott selbst. Und deshalb traten Sie einen Schritt zurück.

Wenn ich Sie mit dieser Beschreibung getroffen habe, dann sollten Sie sich mit einer bestimmten Person befassen, die Jesus um ihres Glaubens willen lobt. Es handelt sich nicht um eine reiche Spenderin, eine treue Nachfolgerin oder eine beliebte Pastorin. Es handelt sich vielmehr um eine von Scham überwältigte, bitterarme Ausgestoßene, eine Frau, die seit zwölf Jahren am Blutfluss leidet, aber an ihrer Ahnung festhält, dass Jesus sie heilen kann. Und an ihrer Hoffnung, dass er es tatsächlich tun wird.

Damit haben wir einigermaßen treffend das Wesen des Glaubens definiert: Die Überzeugung, dass ER kann, und die Hoffnung, dass ER wird.

Ein Herz voller Frieden

Die Weisheit von oben ist erstens heilig, sodann friedlich, freundlich, gehorsam.
Jakobus 3,17

Das Herz Jesu war rein. Tausende von Menschen sahen in Jesus den Retter und schauten zu ihm auf, dennoch begnügte er sich mit einem einfachen Lebensstil. Er wurde ständig von Frauen umsorgt (Lukas 8,1-3), dennoch hat man ihm nie lüsterne Gedanken vorgeworfen. Menschen, die er selbst erschaffen hatte, verhöhnten ihn, dennoch war er bereit, ihnen zu vergeben, noch ehe sie ihn um Erbarmen anflehten. Petrus, der dreieinhalb Jahre mit ihm unterwegs war, bezeichnete Jesus einmal als „Lamm ohne Fehl und Makel" (1. Petrus 1,19).

Johannes gelangte, nachdem er die gleiche Zeitspanne mit Jesus verbracht hatte, zu der Überzeugung: „In ihm ist keine Sünde" (1. Johannes 3,5).

Das Herz Jesu war voller Frieden. Seine Jünger zerbrachen sich den Kopf darüber, wie die versammelten Tausenden zu speisen wären; nicht aber Jesus. Er dankte Gott für das Problem. Seine Jünger schrien während des Sturms auf dem See Genezareth vor Angst; nicht aber Jesus. Er schlief. Petrus zückte das Schwert, um mit den Soldaten, die Jesus verhaften wollten, zu kämpfen; nicht aber Jesus. Er hob vielmehr die Hand, um den Knecht des Hohepriesters zu heilen. Sein Herz war voller Frieden.

Gott heilt unsere Verletzungen

Und er hatte Erbarmen mit ihnen allen.
Matthäus 14,14

Das griechische Wort, das in unserer Bibel mit „Erbarmen“ wiedergegeben wird, heißt *splanchnizomai* und wird Ihnen vermutlich nicht bekannt sein, es sei denn, Sie arbeiten in einem Heilberuf und haben während Ihrer Ausbildung Splanchnologie studiert. Sollte das jedoch der Fall sein, dann wissen Sie sicher noch, dass es sich bei der Splanchnologie um die Lehre von den Eingeweiden handelt.

Wenn Matthäus berichtet, dass Jesus mit den Menschen Erbarmen hatte, möchte er keineswegs zu verstehen geben, dass Jesus gelegentlich Mitleid empfand. Nein, das Wort, das er verwendet, ist recht anschaulich. Matthäus möchte andeuten, dass Jesus die Verletzungen der Menschen tief in seinem Inneren mitempfand.

Er empfand das Humpeln der Gelähmten.

Er empfand die Schmerzen der Erkrankten.

Er empfand die Einsamkeit der Aussätzigen.

Er empfand die Schamgefühle der Sünder.

Und hatte er einmal ihre Verletzungen empfunden, dann konnte er nicht anders, als diese Verletzungen zu heilen.

Der Herr ist Friede

Und der Friede Gottes,
der höher ist als alle Vernunft,
wird eure Herzen und Gedanken bewahren
in Christus Jesus.
Philipper 4,7

Der Herr erschien Gideon und sagte ihm, er solle sein Volk zum Sieg über die Midianiter führen. Das war in etwa so, als würde Gott einer Ehefrau sagen, sie solle sich gegen ihren Mann zur Wehr setzen, statt sich von ihm schlagen oder missbrauchen zu lassen. Oder so, als würde er einem Schüler sagen, er solle gegen die Drogendealer an seiner Schule vorgehen, oder einem Pfarrer, er solle einer pharisäischen Gemeinde reinen Wein einschenken. „D-d-du s-s-solltest lieber jemand anderen beauftragen", stammeln wir. Doch dann erinnert uns Gott daran, dass ihm von vornherein klar war: Wir sind nicht dazu in der Lage, aber er sehr wohl. Um das zu beweisen, schenkt er uns eine wunderbare Gabe: den Geist des Friedens. Den Frieden vor dem Sturm. Einen Frieden, der alle Logik übersteigt.

Diesen Frieden schenkte Gott David, nachdem er ihm Goliat gezeigt hatte. Er schenkte ihn dem Saulus, nachdem er ihm das Evangelium gezeigt hatte. Er schenkte ihn Jesus, nachdem er ihm das Kreuz vor Augen geführt hatte. Und er schenkte ihn Gideon. Und Gideon seinerseits benannte Gott danach. Er baute einen Altar und nannte ihn „Jahwe-Schalom", der Herr ist Friede (Richter 6,24).

Das Herz als Gewächshaus

Denn was der Mensch sät, das wird er ernten.
Galater 6,7

Stellen Sie sich Ihr Herz für einen Moment als ein Gewächshaus vor. Wie ein Gewächshaus muss auch Ihr Herz gepflegt werden.

Stellen Sie sich Ihre Gedanken für einen Moment als Saatkörner vor. Aus einigen Gedanken werden Blumen. Aus anderen wird Unkraut. Säen Sie die Saat der Hoffnung, so werden Sie sich zum Optimisten entwickeln. Säen Sie die Saat des Zweifels, so müssen Sie mit Unsicherheit und mangelnder Geborgenheit rechnen.

Der Beweis findet sich überall, wohin Sie schauen. Haben Sie sich schon mal gefragt, warum einige Leute, als wären sie teflonbeschichtet, die Fähigkeit haben, negative Gedanken abzuweisen und geduldig, optimistisch und nachsichtig zu bleiben? Könnte es sein, dass diese Leute die Saat der Güte fleißig ausgesät haben und sich jetzt an der Ernte erfreuen?

Haben Sie sich schon mal gefragt, warum andere einen dermaßen grantigen Eindruck machen oder eine so pessimistische Ausstrahlung haben? Es würde auch Ihnen nicht anders ergehen, wenn Ihr Herz ein Gewächshaus voller Unkraut und Dornen wäre.

2. FEBRUAR

Der Heilige unter uns

Freue dich und sei fröhlich, du Tochter Zion!
Denn siehe, ich komme und will bei dir wohnen,
spricht der Herr.
Sacharja 2,14

Gott wurde ein Baby. Er trat in eine Welt voller Probleme und Schmerzen ein.

„Und das Wort wurde Mensch und wohnte unter uns ... voller Gnade und Wahrheit" (Johannes 1,14).

Das entscheidende Wort in diesem Vers ist *unter.* Er wohnte unter uns. Er zog sich das köstlichste aller Gewänder an: einen menschlichen Körper. Er machte eine Krippe zur Krone und ein paar Kühe zum königlichen Hofstaat. Er nahm einen weit verbreiteten Namen – Jesus – an und machte ihn heilig. Er nahm ganz gewöhnliche Menschen und tat für sie das Gleiche. Er hätte auf höherer Ebene oder weit von uns entfernt wohnen können. Er tat es aber nicht. Er wohnte unter uns.

Er wurde zum Freund der Sünder und zum Bruder der Armen.

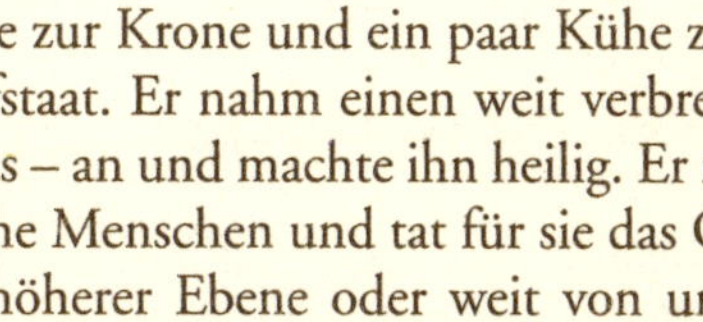

Der Tag des Sieges kommt

*Halte fest, was du hast,
damit niemand deine Krone nimmt!*
Offenbarung 3,11

Einige unter Ihnen haben in ihrem ganzen Leben noch nie einen Preis gewonnen. Vielleicht waren Sie Quartiermeister Ihrer Pfadfindertruppe, oder Sie hatten die Verantwortung für die Getränke bei einer Weihnachtsfeier in der Schule, aber damit ist die Liste Ihrer Erfolge mehr oder weniger erschöpft. Sie haben noch nie viel gewonnen. Sie haben zugesehen, wie die Michael Schumachers dieser Welt die Trophäen nach Hause trugen und die Pokale einheimsten. Alles, was Sie selbst haben, sind Erinnerungen an verpasste Möglichkeiten.

Habe ich damit den Nagel auf den Kopf getroffen, dann wird Ihnen folgende Verheißung viel bedeuten: „Dann werdet ihr, wenn der Erzhirte erscheinen wird, die unvergängliche Krone der Herrlichkeit empfangen" (1. Petrus 5,4).

Der Tag kommt, an dem auch Sie den Sieg davontragen. Was die Welt übersehen hat, daran hat Ihr Vater gedacht. Sie werden, eher als Sie vielleicht denken, von Ihrem Vater gesegnet werden.

Gottes Hilfe ist nah

Der Herr ist nahe allen, die ihn anrufen,
allen, die ihn ernstlich anrufen.
Psalm 145,18

Heilung setzt ein, wenn wir etwas dafür tun. Sie beginnt, wenn wir uns nach ihr ausstrecken. Wenn wir einen Schritt auf Gott zugehen.

Gottes Hilfe ist nah und stets zugänglich, doch wird sie nur denen zuteil, die sie suchen. Untätigkeit bringt nichts.

Gott steht zu einem radikalen, risikobereiten Glauben.

Wird eine Arche gebaut, dann werden Menschenleben gerettet. Marschieren die israelitischen Soldaten, dann fällt Jericho. Wird ein Stab gen Himmel gestreckt, dann teilen sich heute noch Meere. Wird ein Mittagessen geteilt, dann werden Tausende satt. Wird das Gewand Jesu berührt, ob durch die Hand einer blutarmen Frau aus Galiläa oder durch die Gebete eines Bettlers aus Bangladesch, dann bleibt Jesus stehen. Ja, er bleibt stehen und geht auf unsere Bitte ein.

Der zielstrebige Gott

Der Menschensohn ist gekommen, um zu dienen und sein Leben zu geben als Lösegeld für viele.
Matthäus 20,28

Jesus lehnte es ab, sich durch irgendetwas anderes als durch seine hohe Berufung bestimmen zu lassen. Er war von Herzen zielstrebig. Die meisten Menschen haben in ihrem Leben kein bestimmtes Ziel und erreichen deshalb nichts. Jesus hatte ein klares Ziel: Er wollte die Menschheit vor der Sünde retten. So vermochte er sein Leben in dem kurzen Satz zusammenzufassen: „Der Menschensohn ist gekommen, zu suchen und zu retten, was verloren ist“ (Lukas 19,10). Für Jesus stand seine Aufgabe so sehr im Mittelpunkt, dass er ganz genau wusste, wann es an der Zeit war, zu sagen: „Es ist vollbracht!“ (Johannes 19,30).

Dennoch war er nicht so zielstrebig, dass es ihn unausstehlich gemacht hätte. Ganz im Gegenteil. Wie lieblich waren seine Gedanken! Kinder fanden Jesus unwiderstehlich. Er erkannte die Schönheit der Lilien, hatte seine Freude am Gottesdienst und sah Probleme als Möglichkeiten an. Er verbrachte ganze Tage mit Mengen von Kranken und konnte danach immer noch Mitleid mit ihnen empfinden. Er verbrachte mehr als drei Jahrzehnte damit, durch den Schmutz und den Schlamm unserer Sünde zu waten, und dennoch waren wir es ihm wert, für unsere Fehler in den Tod zu gehen.

Gott schenkt stets seine Gnade

Für Gott ist alles möglich.
Markus 10,27

Unsere Fragen machen deutlich, dass wir nicht verstanden haben.

Wie kann Gott überall zugleich vorhanden sein? (Wer sagt, dass Gott an einen Körper gebunden ist?)

Wie kann Gott alle Gebete hören, die zu ihm emporsteigen? (Vielleicht sind Gottes Ohren anders als die Ihren.)

Wie kann Gott gleichzeitig Vater, Sohn und Heiliger Geist sein? (Kann es sein, dass die Physik im Himmel anders funktioniert als hier auf der Erde?)

Wenn mir schon Menschen nicht verzeihen wollen – um wie viel schwerer wiegt meine Schuld vor dem heiligen Gott! (Das Gegenteil ist wahr. Gott vermag auch dann Gnade zu schenken, wenn wir Menschen es nicht können. Schließlich hat er die Gnade „erfunden".)

Ein Zuhause für Ihr Herz

Herr, ich habe lieb die Stätte deines Hauses
und den Ort, da deine Ehre wohnt.
Psalm 26,8

Wenn es um Ruhe für die Seele geht, dann gibt es keinen geeigneteren Ort als das große Haus Gottes. „Von Jahwe möchte ich nur eines erbitten", schrieb David. „Ja, ich habe nur einen einzigen Wunsch: mein ganzes Leben lang mit ihm in seinem Haus zu wohnen. Dort will ich seine Schönheit betrachten und zu seinen Füßen studieren. Das ist für mich der einzige Ort der Stille und Geborgenheit in einer Welt voller Lärm" (Psalm 27,4+5).

Worum würden Sie Gott bitten, wenn Sie einen Wunsch frei hätten? David sagt uns, was ihm wichtig war. Er sehnt sich danach, im Hause des Herrn zu *wohnen*. Das Wort wohnen hebe ich hier zu Recht hervor. David will nicht plaudern. Er wünscht sich nicht lediglich eine Tasse Kaffee bei Gott auf der Terrasse. Auch bittet er nicht etwa um eine Mahlzeit oder um einen Abend bei Gott zu Hause. Er möchte vielmehr für immer bei ihm einziehen. Er bittet um ein eigenes Zimmer. Er möchte sich nicht bloß vorübergehend bei Gott im Hause aufhalten, sondern am liebsten würde er sich auf Dauer dorthin zurückziehen. Ihm liegt nicht an einem begrenzten Aufenthalt, sondern am lebenslangen Wohnrecht.

8. FEBRUAR

Jesus versteht uns

Fürwahr, er trug unsre Krankheit
und lud auf sich unsre Schmerzen.
Jesaja 53,4

Jesus weiß genau, wie es Ihnen geht. Sie stehen an Ihrer Arbeitsstelle unter Beschuss? Jesus weiß, wie Sie sich fühlen. Sie haben mehr zu tun, als ein Mensch jemals bewältigen kann? Ihm ist es ähnlich ergangen. Die Leute verlangen, dass Sie mehr geben als nehmen? Auch das kennt Jesus. Ihre heranwachsenden Kinder hören Ihnen nicht zu? Ihre Schüler und Schülerinnen geben sich keine Mühe? Jesus weiß genau, wie Sie sich fühlen.

Sie sind für ihn kostbar. So kostbar, dass er ein Mensch wurde wie Sie, damit Sie zu ihm kommen.

Haben Sie zu kämpfen, dann hört er Ihnen zu. Haben Sie Sehnsucht, dann kommt er Ihnen entgegen. Stecken Sie voller Fragen, dann leiht er Ihnen sein Ohr. Es ist ihm selbst nicht anders ergangen.

Ein Brief voller Freude

Freut euch im Herrn allezeit,
und abermals sage ich: Freut euch!
Philipper 4,4

Begleiten Sie mich zweitausend Jahre in die Geschichte zurück. Gehen wir nach Rom. Wir betreten dort ein ziemlich tristes Zimmerchen, das von hohen Mauern umgeben ist. Wir sehen, wie im Inneren ein Mann auf dem Fußboden hockt. Er ist älteren Jahrgangs und hat hängende Schultern und eine ziemliche Glatze. Hände und Füße sind ihm gefesselt.

Es handelt sich um den Apostel Paulus. Er, der von sich behauptete, nur durch den Willen Gottes gebunden zu sein, ist jetzt tatsächlich gefesselt – ein Gefangener in diesem düsteren Gebäude, angekettet an einen römischen Offizier.

Er schreibt gerade einen Brief. Es muss sich wohl um einen Klagebrief an Gott handeln. Sicher enthält er eine ganze Latte Beschwerden. Paulus hat allen Grund, bitter zu sein und sich zu beklagen. Genau das tut er aber nicht. Vielmehr schreibt er einen Brief, der zweitausend Jahre später immer noch als Abhandlung über die Freude gilt: den Philipperbrief.

Sie sollten sich eine Zeit lang damit befassen.

Das Herz bestellen

So fern der Morgen ist vom Abend,
lässt er unsre Übertretungen von uns sein.
Psalm 103,12

Ein Sündenbekenntnis bewirkt für die Seele exakt das, was die Bestellung des Bodens für einen Acker bewirkt. Ehe der Bauer die Saat ausbringt, bearbeitet er die Ackerkrume, entfernt größere Steine und zieht Wurzelknollen heraus. Er weiß, dass die Saat besser aufgeht, wenn der Boden vorher bestellt wird. Mit einem Sündenbekenntnis laden wir Gott ein, den Acker unseres Herzens zu bestellen. „Vater, da ist ein Felsbrocken namens Habgier, den ich allein nicht fortschaffen kann. Und drüben am Zaun steht der Baum der Schuld. Seine Wurzeln sind lang und tief. Darf ich dir auch ein Stück dürren Bodens zeigen, der zu verhärtet ist, als dass er Samen aufnehmen könnte?“ Gottes Saat geht besser auf, wenn der Boden des Herzens bestellt wird.

Deshalb gehen der Vater und der Sohn gemeinsam über den Acker. Sie graben um, ziehen Wurzelknollen heraus und bereiten den Boden darauf vor, dass er Frucht hervorbringt. Mit einem Sündenbekenntnis laden wir den Vater ein, den Boden unserer Seele zu bearbeiten.

Ein bisschen Freundlichkeit

Wenn aber jemand hat, was er zum Leben braucht,
und sieht seinen Bruder Not leiden
und verschließt sein Herz vor ihm,
wie bleibt dann die Liebe Gottes in ihm?
1. Johannes 3,17

Der große russische Schrifsteller Leo Tolstoi erzählt, wie er einst bei einem Spaziergang an einem Bettler vorbeikam. Tolstoi langte in seine Tasche, um dem Bettler Geld zu geben, musste jedoch feststellen, dass sie leer war. Daraufhin wandte er sich an den Mann und sagte: „Es tut mir leid, mein Bruder, aber ich habe nichts, was ich dir geben könnte."

Das Gesicht des Bettlers erhellte sich, und er sagte: „Du hast mir mehr gegeben, als worum ich bat, denn du hast mich ‚Bruder' genannt."

Für Menschen, die sich geliebt wissen, ist ein liebevolles Wort ein Leckerbissen. Für den Liebeshungrigen indes kann ein solches Wort ein Festbankett sein.

Schauen Sie, was Gott getan hat

Die Himmel erzählen die Ehre Gottes.
Psalm 19,2

Wie wichtig ist es doch, dass wir uns beim Beten mit der Gewissheit wappnen, dass Gott im Himmel ist! Wenn Sie ohne diese Überzeugung beten, so sind Ihre Gebete furchtsam, seicht und hohl. Verbringen Sie also Zeit damit, durch die Werkstatt des Himmels zu wandern und auf das zu achten, was Gott getan hat. Es wird Ihr Gebetsleben neu beleben.

Sehen Sie die Sonne? Sie strahlt ständig mit einer riesigen Energieleistung. Dabei ist unsere Sonne, so kraftvoll sie auch ist, nur ein kleinerer Stern unter den rund 100 Milliarden, die unsere Galaxie, die Milchstraße, ausmachen. Halten Sie auf Armeslänge eine Ein-Euro-Münze zwischen den Fingern und schauen Sie daran vorbei zum Himmel; sie versperrt Ihnen die Sicht auf fünfzehn Millionen Sterne. Wenn Jesus uns den Himmel zeigt, zeigt er uns die Werkstatt seines Vaters. Er tippt uns gewissermaßen auf die Schulter und sagt: „Mit diesem oder jenem Problem wird der Vater schon fertig."

Die Stimme des Abenteuers

Wer sein Leben zu erhalten sucht,
der wird es verlieren;
und wer es verlieren wird, der wird es erhalten.
Lukas 17,33

Das Leben kann auf wunderbare Weise rau sein. Tun Sie alles, um diese Rauheit nicht zu verpassen. Hören Sie nicht auf die Klagen derer, die sich mit einem Leben zweiter Klasse begnügen und von Ihnen verlangen, dasselbe zu tun, damit sie sich nicht schuldig fühlen müssen. Wir streben nicht ein langes Leben an, sondern das wahre Leben.

Jesus stellt uns vor eine klare Entscheidung. Auf der einen Seite ertönt die Stimme der Sicherheit. Sie können am heimischen Herd ein Feuer anzünden, sich daneben hinsetzen und warm, trocken und sicher bleiben.

Oder Sie können auf die Stimme des Abenteuers hören – des Abenteuers mit Gott. Zünden Sie ein Feuer an, aber nicht am heimischen Herd, sondern in Ihrem Herzen. Folgen Sie den Impulsen, die Gott Ihnen gibt. Adoptieren Sie das Kind. Gehen Sie ins Ausland. Übernehmen Sie die Klasse. Wechseln Sie die Karriere. Lassen Sie sich als Kandidat oder Kandidatin aufstellen. Leben Sie so, dass es einen Unterschied macht! Sicher ist das gewiss nicht, aber was heißt schon „sicher“?

14. FEBRUAR

Ihr persönlicher Segen

Dann wird ein jeder von Gott sein Lob empfangen.
1. Korinther 4,5

Welch ein unglaublicher Satz. Ein jeder wird von Gott sein Lob empfangen. Nicht „die Besten unter ihnen", auch nicht „einige" oder „die, die etwas geleistet haben". Nein: „Dann wird ein jeder von Gott sein Lob empfangen."

Auch Sie bleiben nicht außen vor. Gott wird schon dafür sorgen. Denn er selbst erteilt das Lob. Wenn es darum geht, seine Anerkennung auszusprechen, delegiert Gott nicht. Nicht Michael wird die Kronen verteilen. Auch wird nicht Gabriel als Sprecher des Königs auftreten. Gott höchstpersönlich wird die Aufgabe übernehmen. Gott selbst wird seine Kinder loben.

Was noch mehr erstaunt: Es wird ein persönliches Lob sein! Belohnungen werden nicht ganzen Nationen, ganzen Gemeinden oder ganzen Generationen zugesprochen. Die Kronen werden einzeln vergeben. Gott selbst wird Ihnen ins Auge schauen und Sie mit den Worten segnen: „Gut gemacht, du tüchtiger und treuer Diener!" (Matthäus 25,23).

Das Herz Jesu

Was der Vater tut, das tut auch der Sohn.
Johannes 5,19

Eine Eigenschaft setzte dem vollkommenen Charakter Jesu die Krone auf: Sein Herz war geistlich ausgerichtet. Seine enge Beziehung zum Vater spiegelte sich in seinen Gedanken wider. „Ich bin im Vater und der Vater in mir“, sagte er einmal (Johannes 14,11).

Jesus ließ sich von Gott unterweisen. Er machte es sich zur Gewohnheit, den Gottesdienst zu besuchen (Lukas 4,16) und Bibelverse auswendig zu lernen (Lukas 4,4). Lukas erzählt uns, dass Jesus sich öfters „in einsame Gegenden zurückzog, um zu beten“ (Lukas 5,16). In diesen Gebetszeiten erhielt er Klarheit darüber, was als Nächstes zu tun war. So kehrte er einmal von einer solchen Gebetszeit zurück und kündigte an, dass es nun an der Zeit sei, in eine andere Stadt zu ziehen (Markus 1,38). Bei einer weiteren Gebetszeit bereitete er die Wahl der zwölf Apostel vor (Lukas 6,12+13). Jesus wurde von einer unsichtbaren Hand geleitet.

Das Herz Jesu war geistlich ausgerichtet.

Heilige Freude

Glücklich sind solche Menschen, die um ihre großen geistlichen Defizite wissen, denn ihnen gehört das Himmelreich.
Matthäus 5,3

Jesus verspricht hier höchstes Glück. Sein Versprechen gilt jedoch Menschen, bei denen wir so etwas eher nicht annehmen würden. Zu ihnen zählen:

„Die da geistlich arm sind." Bettler in Gottes Suppenküche.

„Die da Leid tragen." Anonyme Sünder, zusammengeschweißt durch die nackte Wahrheit ihrer Begrüßungsformel: „Hallo, ich heiße X und bin ein Sünder."

„Die Barmherzigen." Sie haben den Millionen-Jackpot gewonnen und teilen den Gewinn mit ihren Feinden.

„Die reines Herzens sind." Ärzte, die Leprakranke lieben, aber es schaffen, selbst nicht angesteckt zu werden.

„Die Friedfertigen." Architekten, die mit dem Holz eines römischen Kreuzes Brücken bauen.

„Die um der Gerechtigkeit willen verfolgt werden." Solche, die es schaffen, ihren Blick auf den Himmel gerichtet zu halten, obwohl sie die Hölle auf Erden durchmachen.

Dieser Pilgerschar verspricht Gott einen besonderen Segen: himmlisches Glück, heilige Freude.

Das Wesen des Christentums

Denn ich habe euch ein Beispiel gegeben,
damit ihr tut,
was ich an euch getan habe.
Johannes 13,15

Merken Sie sich: Wir sind, was wir sehen. Sehen wir nur uns selbst, dann wird unser Grabstein eines Tages die Worte tragen, mit denen Paulus die Feinde Christi bedachte: „Ihr Gott ist ihr eigener Appetit, ihr Ruhm besteht in Dingen, deren sie sich lieber schämen sollten, und ihr Horizont beschränkt sich auf diese Welt“ (Philipper 3,19).

Wir Menschen wurden nicht dazu erschaffen, im abgestandenen Nebel des Tieflands ohne Gottesschau auszuharren.

Beim christlichen Glauben geht es im Kern darum, Jesus zu sehen. Bei dem Dienst, den wir Jesus schuldig sind, handelt es sich in seiner reinsten Form lediglich um die Nachahmung dessen, den wir sehen. Seine Majestät zu erblicken und ihn nachzuahmen – darin besteht das Wesen des Christentums.

Sie sind Gott nicht egal

Seht die Vögel unter dem Himmel an; sie säen nicht, sie ernten nicht, sie sammeln nicht in die Scheunen; und euer himmlischer Vater ernährt sie doch.
Matthäus 6,26

Schauen Sie sich einmal die Erde an! Das Gewicht unseres Planeten wird auf sechs Trilliarden Tonnen geschätzt (das ist eine Sechs mit einundzwanzig Nullen). Dennoch beträgt ihre Neigung genau 23 Grad; ein Grad mehr oder weniger und unsere Jahreszeiten würden in einer Sintflut aus geschmolzenem Polareis untergehen. Und obwohl unsere Erde sich mit einer Geschwindigkeit von rund 1.600 km in der Stunde dreht – das sind fast 40.000 km pro Tag, 14 Millionen Kilometer im Jahr –, wird niemand in eine Erdumlaufbahn geschleudert.

Während Sie innehalten und Gott in seiner Werkstatt beobachten, gestatten Sie mir, ein paar Fragen zu stellen. Wenn Gott imstande ist, die Sterne an ihren Platz zu stellen und den Himmel wie einen Baldachin über uns aufzuhängen, halten Sie es da im Entferntesten für möglich, dass er Ihnen Wegweisung für Ihr Leben geben kann? Wenn Ihr Gott mächtig genug ist, um die Sonne in Brand zu stecken, könnte es sein, dass er auch mächtig genug ist, Ihnen den Weg zu erleuchten? Und wenn ihm so sehr am Planeten Saturn liegt, dass er ihn mit Ringen versehen hat, oder an der Venus, dass er sie funkeln lässt, gibt es da eine klitzekleine Möglichkeit, dass ihm so sehr an Ihnen liegt, dass er sich um Ihre Bedürfnisse kümmert?

Gute Gewohnheiten

Wir wollen jetzt die Anfangslektionen der christlichen Botschaft hinter uns lassen und uns dem zuwenden, was für die im Glauben Erwachsenen bestimmt ist.
Hebräer 6,1

Mir gefällt die Geschichte von dem kleinen Jungen, der aus dem Bett fiel. Als seine Mutter ihn fragte, was passiert sei, erwiderte er: „Ich weiß es nicht. Ich schätze, ich bin zu nahe an der Stelle gewesen, wo ich eingestiegen bin."

Es ist allzu leicht, im Glauben ebenso zu handeln. Wir sind versucht, an der Stelle zu bleiben, wo wir „eingestiegen" waren und uns nicht weiterzubewegen.

Suchen Sie sich einen Zeitpunkt aus der nicht allzu weit zurückliegenden Vergangenheit aus. Stellen Sie sich dann ein paar Fragen. Wie schneidet Ihr jetziges Gebetsleben ab im Vergleich zu damals? Wie steht es um Ihre Spendenbereitschaft? Geben Sie größere Beträge als damals mit mehr Freude? Oder wie steht es um den Gottesdienstbesuch? Stellen Sie fest, dass Sie geistlich gewachsen sind? Und das Studium der Bibel? Lernen Sie täglich dazu?

Machen Sie nicht den gleichen Fehler wie der kleine Junge. Bleiben Sie nicht an der Stelle liegen, wo Sie „eingestiegen" sind. Sich auf der Kante zur Ruhe zu legen, ist riskant.

Gebete bewirken etwas

Wir wissen, dass Gott die Sünder nicht erhört;
sondern den, der gottesfürchtig ist
und seinen Willen tut, den erhört er.
Johannes 9,31

Es stünde den meisten unter uns gut an, unser Gebetsleben generalüberholen zu lassen.

Einigen fehlt die Konsequenz im Gebetsleben. Wir befinden uns entweder immer in der Wüste oder in einer Oase. Das heißt, lange, trockene, unfruchtbare Abschnitte werden von kurzen Episoden des Eintauchens in das Wasser der Gemeinschaft unterbrochen.

Anderen fehlt es wiederum an Ernsthaftigkeit. Unsere Gebete sind ein wenig hohl und starr und klingen wie auswendig gelernt. Mehr Liturgie als Leben. Wir beten zwar täglich, doch ist schon längst Langeweile aufgekommen.

Anderen mangelt es – es muss gesagt werden – an Ehrlichkeit. Wir fragen uns ehrlich, ob das Gebet überhaupt etwas bewirkt. Warum in aller Welt sollte Gott mit mir reden wollen? Wer bin ich schon, dass ich dem Allwissenden irgendetwas erzähle? Wer bin ich schon, dass ich mir irgendetwas vornehme, wo doch Gott alles bestimmt?

Unsere Gebete sind vielleicht ungeschickt. Unsere geistlichen Gehversuche fallen womöglich schwach aus. Da aber die Macht des Gebets von dem herrührt, der das Gebet hört, und nicht von dem, der es spricht, können wir mit unseren Gebeten wirklich etwas bewirken.

Über unsere Vorstellungskraft hinaus

Im Hause meines Vaters sind viele Wohnungen ...
ich gehe ja hin, um die Stätte für euch
bereitzumachen.
Johannes 14,2

Auf dieser Erde ist jede Ruhe eine falsche Ruhe. Nehmen Sie sich vor denen in Acht, die Sie drängen, hier schon das Glück zu suchen; Sie werden es nicht finden. Hüten Sie sich vor den Menschen, die Ihnen weismachen wollen, die Freude käme Ihnen zugeflogen, wenn Sie nur eine Diät machen, heiraten oder eine neue Arbeitsstelle suchen.

Versuchen Sie einmal Folgendes: Stellen Sie sich eine perfekte Welt vor. Denken Sie dabei an Frieden? Dann malen Sie vor Ihr geistiges Auge ein Bild absoluter Ruhe. Bringen Sie eine perfekte Welt mit Freude in Verbindung? Dann malen Sie sich Ihr höchstes Glück aus. Ist eine perfekte Welt voller Liebe? Wenn ja, stellen Sie sich einen Ort vor, wo die Liebe keine Grenzen kennt. Was auch immer der Himmel für Sie bedeuten mag, stellen Sie sich genau das vor. Machen Sie sich davon ein klares Bild.

Und dann: Lächeln Sie, während der Vater Sie daran erinnert: Was in keines Menschen Herz gekommen ist, das hat Gott bereitet denen, die ihn lieben (1. Korinther 2,9).

Wenn es darum geht, den Himmel zu beschreiben, so sind wir allesamt glückliche Versager.

In sein Bild verwandelt

Wir Christen haben tatsächlich einen gewissen Anteil an den Gedanken und der Gesinnung Christi in uns.
1. Korinther 2,16

Der Abstand zwischen unserem Herzen und dem Herzen Jesu scheint unüberbrückbar zu sein. Wie können wir uns da einbilden, jemals das Herz Jesu zu haben?

Sind Sie für eine Überraschung bereit? Sie haben es bereits! Sind Sie „in Christus", dann haben Sie schon das Herz Jesu. Eines der höchsten Versprechen Gottes wird oft als ein solches nicht erkannt. Es lautet sinngemäß: Sofern Sie Jesus Ihr Leben übergeben haben, hat er Ihnen sich selbst zum Geschenk gemacht. Er hat Ihr Herz zu seiner Wohnung gemacht. Es könnte kaum gelingen, es treffender auszudrücken als der Apostel Paulus: „Christus lebt in mir" (Galater 2.20).

Er ist bei Ihnen eingezogen, hat seine Koffer ausgepackt und wartet nur noch darauf, Sie „in sein Bild" zu verwandeln, „von einer Herrlichkeit zur anderen" (2. Korinther 3,18).

23. FEBRUAR

Gottes Hilfe ist nah

Glaube aber ist: Feststehen in dem, was man erhofft,
Überzeugtsein von Dingen, die man nicht sieht.
Hebräer 11,1

Glaube ist die Überzeugung, dass Gott eine Realität ist und dass er gut ist. Glaube ist die Entscheidung, daran festzuhalten, dass der Schöpfer seine Schöpfung nicht sich selbst überlassen hat und dass er immer noch Licht ins Dunkel schickt und auf Gesten des Glaubens reagiert.

Glaube ist die Überzeugung, dass Gott stets gerecht handelt.

Gott spricht: Je hoffnungsloser Ihre Umstände, umso besser stehen die Chancen, dass Sie seine Hilfe erleben. Je größer Ihre Sorgen, umso echter Ihre Gebete. Je dunkler der Raum, umso größer das Bedürfnis nach Licht.

Gottes Hilfe ist nah und stets zugänglich, doch wird sie nur denen zuteil, die sie suchen.

Eine Stufe höher

Seid stille und erkennet, dass ich Gott bin!
Psalm 46,11

Das Wort „heilig" bedeutet „abgesondert". Der Begriff lässt sich auf einen alten Wortstamm mit der Bedeutung „schneiden" zurückverfolgen. Heilig sein bedeutet also, von der Norm „abgeschnitten" zu sein – eine Stufe höher, überlegen, außerordentlich zu sein. Der Heilige lebt auf einer anderen Ebene als wir Menschen. Was uns erschrickt, jagt ihm keinen Schrecken ein. Was uns beunruhigt, bereitet ihm keine Not.

Ich bin eigentlich eher eine Landratte, doch habe ich beim Angeln genug Zeit in einem Boot verbracht, um zu wissen, wie man während eines Sturms an Land kommt. Man darf keinem anderen Boot folgen. Man darf auf keinen Fall in die Wogen starren. Man richtet seinen Blick auf irgendeinen Gegenstand, der vom Wind nicht beeinflusst wird, beispielsweise ein Licht am Ufer, und rudert schnurstracks darauf zu.

Wenn Sie Ihren Blick auf Gott richten, kommen Sie einem näher, der „eine Stufe höher" lebt als jeder Sturm, den das Leben mit sich bringt. Bei ihm finden Sie Frieden.

Komm und sieh

Natanael sagte zu Philippus:
Was kann aus Nazaret Gutes kommen?
Philippus antwortete ihm: Komm und sieh es!
Johannes 1,46

Natanaels Frage klingt heute noch, zweitausend Jahre später, nach: Kann irgendetwas Gutes aus Nazaret kommen? Komm und sieh!

Komm und sieh die Menschen, deren Leben umgekrempelt wurde:

den neuerdings „trockenen" Alkoholiker,

den ehemals Verbitterten, der jetzt vor Freude strahlt,

den Beschämten, der jetzt die Vergebung erlangt hat …

erneuerte Ehen, Waisen, die eine Familie gefunden haben,

Strafgefangene, die vom Heiligen Geist angerührt worden sind.

Komm und sieh, wie die durchbohrte Hand Gottes das gemeinste Herz berührt, von einem gezeichneten Gesicht die Tränen abwischt und die hässlichste Sünde verzeiht.

Komm und sieh. Er meidet keinen, der ihn sucht. Er fürchtet keine Suchaktion. Komm und sieh.

26. FEBRUAR

Die Güte Gottes

Reiche und Arme sind sich darin gleich,
dass der Herr sie alle gemacht hat.
Sprüche 22,2

Ist Ihnen schon aufgefallen: Gott bittet Sie nicht um einen Beleg dafür, dass Sie Ihr Gehalt möglichst sinnvoll nutzen? Haben Sie es schon gemerkt: Wenn Sie Gottes Gaben missbrauchen, schaltet er Ihnen die Sauerstoffzufuhr nicht ab? Macht es Sie nicht froh, dass Gott Sie auch dann noch beschenkt, wenn Sie vergessen, ihm zu danken?

Die Güte Gottes liegt in seiner Natur und hat nichts damit zu tun, ob wir ihrer würdig sind oder nicht.

Jemand fragte einst einen meiner Mitarbeiter: „Nach welchem biblischen Prinzip ist uns aufgetragen, den Armen zu helfen, auch wenn diese nicht den geringsten Wunsch haben, sich zu Christus zu bekehren?“

Mein Mitarbeiter entgegnete einsilbig: „Gott.“

Gott hilft täglich Millionen solcher Menschen.

Was Gott getan hat

Aus Gnade seid ihr gerettet.
Epheser 2,5

Lesen Sie langsam und aufmerksam folgenden Absatz, in dem der Apostel Paulus beschreibt, was Gott für Sie getan hat: „Als ihr um eurer Sünden willen geistlich tot wart, und da ihr von der Macht eures sündigen Ichs nicht freikamt, hat Gott euch mit Christus lebendig gemacht und uns alle unsere Sünden vergeben. Er hat unseren Schuldbrief, in dem all die Regeln, die wir nicht befolgt haben, aufgezählt waren, außer Kraft gesetzt. Er hat diese Aufzeichnung zusammen mit den Regeln fortgenommen und ans Kreuz geheftet. Gott hat den geistlichen Herrschern und Mächtigen ihre Autorität genommen. Am Kreuz errang er den Sieg und zeigte so der Welt, dass sie entmachtet waren" (Kolosser 2,13-15).

Nachdem Sie diesen Absatz studiert haben, beantworten Sie mir folgende Frage: Wer vollbringt das Werk? Sie oder Gott? Wer ist dabei aktiv? Sie oder Gott? Wer ist für die Rettungstat verantwortlich? Sie oder Gott?

Ein gottloser Lebensstil

Sie haben ihre Gedanken dem Nichtigen zugewandt, und ihr unverständiges Herz ist verfinstert worden. Während sie sich für weise hielten, sind sie zu Narren geworden.
Römer 1,21+22

Da der Hedonist niemals die Hand gesehen hat, die das All erschuf, geht er davon aus, dass es ein Leben jenseits unserer gegenwärtigen Wirklichkeit nicht gibt. Seiner Überzeugung nach gibt es keine Wahrheit, die über das hinausgeht, was er hier und jetzt wahrnimmt. Für ihn dient die Welt einem einzigen Zweck: seiner eigenen Sinneslust. Den Faktor Gott gibt es nicht. Das Ewige ist ihm vollkommen gleichgültig.

Der Hedonist sagt: „Was soll's? Vielleicht bin ich kein guter Mensch. Na und? Mein Verhalten geht nur mich etwas an." Ihm ist es wichtiger, seine Begierden zu befriedigen, als den Vater zu kennen. Er ist durch und durch vergnügungssüchtig. Für Gott gibt es keinen Platz in seinem Leben, er hat keine Zeit für ihn.

Liegt er damit richtig? Ist es akzeptabel, sich das Leben möglichst bequem einzurichten und Gott eine lange Nase zu machen?

Darauf antwortet der Apostel Paulus: „Keineswegs!"

Wenn wir uns von Gott verabschieden, verlieren wir mehr als nur ein paar Buntglasfenster oder Altarbilder (Römer 1). Wir verlieren unseren moralischen Halt, unseren Lebenssinn und unsere Spiritualität.

Nur eines zählt

Was keinem Menschen in den Sinn gekommen ist,
das hat Gott denen bereitet, die ihn lieben.
1. Korinther 2,9

Stellen Sie sich die Wiederkunft Jesu vor. Sie befinden sich unter der riesigen Schar der Erlösten. Um Sie herum gibt es ein großes Gedränge. Dennoch kommt es Ihnen vor, als wären Sie mit Jesus allein.

Folgendes ist reine Spekulation, doch frage ich mich, ob Jesus Sie vielleicht so ansprechen wird: „Ich bin stolz darauf, dass du dich von mir hast gebrauchen lassen. Deinetwegen sind heute eine ganze Reihe anderer Menschen hier. Möchtest du sie kennenlernen?"

An dieser Stelle wendet sich Jesus mit einer auffordernden Geste an die Menge. Einer nach dem anderen tritt vor.

Als Erstes bemerken Sie Ihren früheren Nachbarn, einen ziemlich unzugänglichen Typ. Seien wir ehrlich: Sie haben nicht damit gerechnet, ihn hier anzutreffen. „Du hast nicht gewusst, dass ich dich beobachtete", erklärt er. „Hab's aber doch die ganze Zeit getan. Ich bin deinetwegen hier."

Im Nu sehen Sie sich von kostbaren Seelen umringt, die Sie auf die eine oder andere Weise für Jesus gewonnen haben. Einige darunter erkennen Sie wieder, andere jedoch nicht. Wie dem auch sei, Sie empfinden bei ihrem Anblick genau das, was auch Paulus einmal empfunden hat: „Ihr seid unser Siegespreis, auf den wir stolz sein können" (siehe 1. Thessalonicher 2,19).

Ein heiliger Lebenswandel

So soll euer Licht leuchten vor den Menschen,
damit sie eure guten Werke sehen
und euren Vater im Himmel preisen.
Matthäus 5,16

Sie wollen die Menschen, die Tag für Tag mit Ihnen in Berührung kommen, zum Guten hin beeinflussen? Dann führen Sie einen heiligen Lebenswandel!

Bleiben Sie Ihrem Ehepartner oder Ihrer Ehepartnerin treu.

Haben Sie im Büro nichts mit irgendwelchem „Schmu" zu schaffen.

Verhalten Sie sich Ihren Nachbarn gegenüber freundlich und hilfsbereit.

Erledigen Sie Ihre Arbeit, ohne darüber zu klagen oder zu murren.

Zahlen Sie Ihre Rechnungen.

Seien Sie in allem engagiert, und lassen Sie sich dabei den Spaß nicht verderben.

Achten Sie darauf, dass Ihr Verhalten Ihre Worte nicht Lügen straft.

Die Leute achten eher auf unser Verhalten als auf das, was wir ihnen sagen.

Kühnheit vor dem Thron

Darum lasst uns mit Zuversicht
vor den Thron der Gnade treten.
Hebräer 4,16

Jesus spricht: „Darum sollt ihr so beten: Unser Vater im Himmel! Dein Name werde geheiligt. Dein Reich komme“ (Matthäus 6,9+10).

Wer ernsthaft betet: „Dein Reich komme“, der lädt den Messias persönlich ein, in sein Leben zu treten. „Komm und sei mein König! Besteige in diesem Land den Thron. Regiere in meinem Herzen. Sei mit mir an meinem Arbeitsplatz. Tritt in meine Ehe ein. Sei der Herr über meine Familie, meine Ängste und meine Zweifel.“ Es handelt sich hier keineswegs um eine lahme Bitte, sondern um die kühne Aufforderung an Gott, jeden Winkel meines Daseins auszufüllen.

Wer sind Sie aber, dass Sie sich eine solche Bitte erlauben? Wer sind Sie, dass Sie Gott auffordern, die Herrschaft über Ihre persönliche Welt zu übernehmen? Sie sind sein Kind, um Himmels willen! Deshalb dürfen Sie mit Kühnheit und Zuversicht bitten.

Jesus überwindet Zweifel

Denn wer ist größer: der bei Tisch sitzt oder der dient?
Doch wohl der, der bei Tisch sitzt.
Ich aber bin unter euch wie der Dienende.
Lukas 22,27

Anderen die Füße zu waschen, war in neutestamentlicher Zeit eine Aufgabe nicht nur für Diener, sondern für den niedrigsten Diener. Jeder Kreis hat seine Hackordnung, und da machte der Kreis der Hausangestellten keine Ausnahme. Sich mit einem Handtuch und einer Schüssel hinzuknien, das erwartete man nur von dem Diener, der in dieser Hackordnung den untersten Rang einnahm.

Der in diesem Fall mit Handtuch und Schüssel hantiert, ist der König des Universums. Hände, die Sterne geformt haben, waschen nun Dreck ab. Finger, die Berge gebildet haben, massieren jetzt Zehen. Der, vor dem eines Tages alle Völker das Knie beugen werden, geht vor seinen Jüngern auf die Knie. Es sind nur noch Stunden bis zu seinem Hinscheiden, doch beschäftigt sich Jesus mit einem einmaligen Anliegen: Er möchte, dass seine Jünger erkennen, wie sehr er sie liebt. Zusammen mit dem Schmutz, den er abwäscht, nimmt Jesus ihnen auch die Zweifel.

Alleiniger Versorger, alleiniger Tröster

Kommt her zu mir, alle, die ihr mühselig und beladen seid; ich will euch erquicken.
Matthäus 11,28

Solange Jesus nur eine von mehreren zur Wahl stehenden Möglichkeiten ist, steht er überhaupt nicht zur Wahl.

Solange Sie Ihre Lasten allein tragen können, brauchen Sie keinen Lastenträger. Solange Ihre Lebensumstände keine Not mit sich bringen, werden Sie keinen Trost empfangen. Und solange Sie Jesus entweder annehmen oder auf ihn verzichten können, wären Sie vermutlich gut beraten, auf ihn zu verzichten, denn auf eine halbherzige Nachfolge legt Jesus keinen Wert.

Wenn Sie aber Leid tragen, das heißt: Wenn Sie an den Punkt kommen, wo Ihnen Ihre Sünden leidtun; wenn Sie sich eingestehen müssen, dass Ihnen keine andere Möglichkeit offen bleibt, als alle Ihre Sorgen auf ihn zu werfen; und wenn es wirklich keinen anderen Namen gibt, den Sie anrufen könnten; dann, ja dann sollten Sie alle Ihre Sorgen auf ihn werfen, denn genau darauf wartet er, mitten im Sturm.

Der Preis seiner Gabe

Christus hat ja für die Sünden
der Menschen gelitten,
der Schuldlose für die Schuldigen ...
Damit hat er euch den Weg zu Gott frei gemacht.
1. Petrus 3,18

Jesus kam aus einem einzigen Grund auf die Erde: um sein Leben für Sie, für mich, für uns alle als Lösegeld hinzugeben. Er brachte sich selbst als Opfer dar, um uns eine zweite Chance zu geben. Er hätte alles dafür getan. Und er tat auch alles dafür. Er ging ans Kreuz, wo die äußerste Verzweiflung des Menschen mit der unnachgiebigen Gnade Gottes zusammentraf. Und in dem Augenblick, als die große Gabe Gottes vollendet war, zeigte der barmherzige Christus der Welt, wie viel ihn seine Gabe kostete.

Der Vollkommene übertrug auf uns seine Vollkommenheit, während ihm unsere Unvollkommenheit zugerechnet wurde. So wurde die Heiligkeit Gottes geehrt und seinen Kindern die Vergebung zugesprochen.

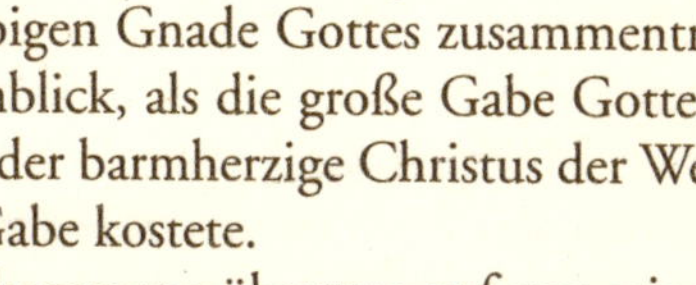

Gerade noch rechtzeitig

Dein Gott, dem du ohne Unterlass dienst,
der helfe dir!
Daniel 6,17

Sehen Sie sich einmal Jona im Bauch des Fisches an, umspült von Magensäften und eingesogenem Seetang. Er betet. Noch ehe er „Amen“ sagen kann, zieht sich der Bauch zusammen, der Fisch rülpst, und Jona landet kopfüber auf dem Strand.

Sehen Sie sich einmal Daniel in der Löwengrube an. Seine Lage ist kaum aussichtsreicher als die des Jona. Jona war aufgefressen worden, Daniel stand das gleiche Schicksal kurz bevor.

Oder sehen Sie sich einmal Josef in der Grube an, dort in einem lehmigen Loch mitten in der heißen Wüste. Man hat das Loch wieder zugedeckt und Josef auch noch Sand in die Augen gestreut. Josef sitzt wie Jona und Daniel in der Falle. Ihm sind die Möglichkeiten ausgegangen. Es gibt keinen Ausweg, keine Hoffnung. Und dennoch: Der Weg zum Palast macht zwar einen Umweg über das Gefängnis, am Ende führt er doch zum Thron.

So sind eben die biblischen Geschichten: eine einzige Folge von Erlebnissen, bei denen Menschen um Haaresbreite dem Tod entkommen. Genau in dem Augenblick, wenn wir mit dem Hals auf dem Richtblock liegen, gerade dann, wenn uns die Schlinge um den Hals gelegt wird, da ereignet sich Golgatha.

Vom Geist geleitet

Echte Kinder Gottes lassen sich von Gottes Geist leiten.
Römer 8,14

So, wie viele unter uns reden, müsste man annehmen, wir glauben diesem Vers nicht. Man müsste sogar annehmen, wir glauben nicht an die heilige Dreifaltigkeit. Wir sprechen vom Vater und studieren den Sohn – was aber den Heiligen Geist angeht, sind wir bestenfalls verwirrt, schlimmstenfalls verängstigt. Verwirrt, weil wir nicht unterrichtet worden sind. Verängstigt, weil man uns eingeimpft hat, Angst zu haben.

Darf ich ein wenig vereinfachen? Der Heilige Geist ist die Gegenwart Gottes in unserem Leben, die das Werk Jesu fortsetzt. Der Heilige Geist hilft uns in drei Richtungen: nach innen, indem er uns die Frucht des Geistes schenkt (Galater 5,22-24), nach oben, indem er für uns Fürbitte leistet (Römer 8,26), und nach außen, indem er die Liebe Gottes in unseren Herzen ausgießt (Römer 5,5).

Dein Wille geschehe

Dein Reich komme.
Dein Wille geschehe
wie im Himmel so auf Erden.
Matthäus 6,10

„Dein Wille geschehe." Wer so betet, sucht das Herz Gottes. Der Begriff Wille bedeutet „starkes Verlangen". Die Frage lautet also: Was hat Gott auf dem Herzen? Was brennt ihm auf der Seele? Er möchte, dass Sie es erfahren.

Oder will Gott etwa seine Pläne vor uns verbergen? Offenbar nicht, denn er hat jede Menge auf sich genommen, um uns seinen Willen klarzumachen. Hätte er denn mehr tun können, als seinen Sohn in die Welt zu schicken, um uns zu leiten? Hätte er mehr tun können, als sein Wort zu schenken, um uns zu unterweisen? Hätte er mehr tun können, als die Ereignisse so zu ordnen, dass wir erweckt wurden? Hätte er mehr tun können, als seinen heiligen Geist zu schicken, um uns Wegweisung zu geben?

Gott ist nicht ein Gott der Unordnung. Immer wenn er ernsthaft suchende, aber verwirrte Menschen vorfindet, leitet er alle notwendigen Schritte ein, um sicherzustellen, dass sie seinen Willen erkennen. Darauf können Sie sich verlassen.

Gott ist verrückt nach Ihnen

Nun aber sind auch eure Haare
auf dem Haupt alle gezählt.
Matthäus 10,30

Es gibt vielerlei Gründe, weshalb Gott Sie errettet hat. So wollte er beispielsweise dafür sorgen, dass ihm allein die Ehre zukommen würde. Er wollte seinen Zorn beschwichtigen und gleichzeitig seine Gerechtigkeit erweisen. Und er wollte das freie Walten seiner Gnade für alle sichtbar machen. Einer der herrlichsten Gründe, weshalb er Sie errettet hat, ist jedoch der, dass er Sie mag. Es macht ihm Freude, Sie um sich zu haben. Seiner Ansicht nach sind Sie das Beste, was ihm seit Langem passiert ist.

Wenn Gott einen Kühlschrank hätte, würde Ihr Bild an der Tür hängen. Wenn er eine Brieftasche hätte, wäre Ihr Foto darin. Er schickt Ihnen jedes Frühjahr Blumen und jeden Morgen den Sonnenaufgang. Wann immer Sie zum Reden aufgelegt sind, hört er Ihnen bereitwillig zu. Er hätte sich überall im gesamten Universum eine Wohnung einrichten können, doch entschied er sich für Ihr Herz.

Finden Sie sich mit den Tatsachen ab, mein Freund. Gott ist verrückt nach Ihnen.

Halten Sie sich seine Barmherzigkeit vor Augen!

Seid aber zueinander freundlich und herzlich und vergebt einer dem andern, wie auch Gott euch in Christus vergeben hat.
Epheser 4,32

Jesus wickelt sich den Gürtel eines Dieners um die Taille, nimmt die Schüssel in die Hand und kniet sich vor einem seiner Jünger hin. Er schnürt eine Sandale auf, hebt sanft den dazugehörigen Fuß an und lässt ihn in die Schüssel hinabgleiten. Er gießt Wasser darüber und wäscht ihn. Einen nach dem anderen, einen schmutzverkrusteten Fuß nach dem anderen arbeitet sich Jesus durch die ganze Reihe.

Sie können sich sicher sein: Jesus kennt die Zukunft dieser Füße. Diese vierundzwanzig Füße werden den nächsten Tag nicht damit verbringen, ihrem Herrn zu folgen und seine Sache zu verteidigen. Diese Füße werden sich beim ersten Aufblitzen eines römischen Schwertes aus dem Staub machen und sich verstecken.

Merken Sie sich, was für eine Gabe Jesus seinen Nachfolgern gibt. Er weiß, was diese Männer als Nächstes tun werden. Und er möchte, dass sie, wenn sie so weit sind, sich daran erinnern, wie er vor ihnen auf die Knie ging und ihnen die Füße wusch. Er möchte, dass ihnen klar wird: Ihre Füße sind noch sauber. Er hat ihnen ihre Sünde vergeben, noch ehe sie sie begingen. Er hat ihnen sein Erbarmen angeboten, noch ehe sie es suchten.

Im Dienst des Guten

Jetzt seid ihr von der Sünde frei geworden
und gehört Gott.
So kommt es, dass ihr tut, was Gott gefällt,
und am Ende erwartet euch ewiges Leben.
Römer 6,22

Wie könnten wir, die wir von der Sünde frei geworden sind, so dumm sein, zu ihr zurückkehren zu wollen? Bevor wir Jesus kennenlernten, war unser Leben außer Kontrolle geraten. Wir waren nachlässig und allzu nachsichtig gegen uns selbst. Erst durch die Begegnung mit ihm ist uns klar geworden, wie undiszipliniert und unordentlich wir vorher waren.

Dann zog Jesus in unser Leben ein. Es vollzog sich ein Wandel. Was wir vorher in die Ecke geschmissen haben, das räumten wir jetzt weg. Was wir vorher vernachlässigt haben, das hielten wir jetzt sauber. Was vorher ein Durcheinander gewesen ist, das wurde jetzt ordentlich. Ja, natürlich hat es gelegentliche Rückfälle im Gedankenleben und im Verhalten gegeben. Im Großen und Ganzen jedoch hat Jesus Ordnung in unser Leben gebracht.

Wir merken plötzlich, dass wir Gutes tun wollen. Zur alten Unordnung zurückkehren? Das kann doch wohl nicht Ihr Ernst sein! „Früher wart ihr Sklaven der Sünde; aber jetzt gehorcht ihr von ganzem Herzen der Wahrheit, wie sie euch gelehrt worden ist. Ihr seid vom Dienst der Sünde befreit und steht nun im Dienst des Guten“ (Römer 6,17+18).

Ein Ausbruch der Liebe

Trachtet nach dem Königreich Gottes,
dann wird euch alles andere, was ihr braucht,
geschenkt werden.
Lukas 12,31

Manchmal geht Gott das, was er sieht, so sehr zu Herzen, dass er uns nicht nur das gibt, worum wir ihn gebeten haben, sondern darüber hinaus alles, was wir benötigen.

Dafür sollten wir dankbar sein. Denn wer wäre jemals auf den Gedanken gekommen, Gott um das zu bitten, was er uns tatsächlich gegeben hat? Wer hätte je gewagt, folgendermaßen zu beten: „Lieber Gott, würdest du dich bitte an ein Folterwerkzeug hängen lassen als stellvertretendes Opfer für alle Fehler, die ich jemals begangen habe?" Und wer hätte die Unverschämtheit gehabt hinzuzufügen: „Und nachdem du mir vergeben hast, könntest du bitte eine Wohnung für mich bereiten, in der ich ewig leben darf?"

Und dann (als wäre das nicht genug): „Würdest du bitte auch in mir wohnen, mich beschützen und leiten und mir mehr Segnungen zuteilwerden lassen, als ich mir jemals verdienen könnte?"

Seien wir ehrlich. Hätten wir die Unverfrorenheit gehabt, um all das zu bitten?

Jesus kannte den Preis der Gnade im Voraus. Er wusste schon vorher, was es kosten würde, uns die Sündenvergebung zu sichern. Und trotzdem bietet er sie uns an. Sein Herz ist zum Bersten voll von Liebe.

Der Himmel steht auf Ihrer Seite

Jesus ist nicht nur für uns gestorben,
sondern ist jetzt
in der Gegenwart Gottes
und setzt sich dort für uns ein.
Römer 8,34

Jesus betet für uns. Jesus hat gesprochen, Satan hat zugehört. Der Teufel mag zwar gelegentlich einen Volltreffer landen, vielleicht gehen sogar ein paar Runden hintereinander an ihn, doch den Kampf gewinnt er nie. Warum? Weil Jesus sich für uns einsetzt. „Er vermag stets, alle zu retten, die durch ihn zu Gott kommen, weil er ewig lebt und Gott ständig bittet, ihnen zu helfen“ (Hebräer 7,25).

Jesus beschützt Sie gerade jetzt. Alles Böse muss an Jesus vorbei, ehe es mit Ihnen in Berührung kommen darf. Und Gott wird „niemals zulassen, dass die Prüfung über eure Kraft geht; er sorgt stets dafür, dass ihr sie besteht“ (1. Korinther 10,13).

Feuer im Herzen

Und er fing bei Mose an und allen Propheten und legte ihnen aus, was in der ganzen Schrift über ihn gesagt war.
Lukas 24,27

„Da wurden ihre Augen geöffnet, und sie erkannten ihn. Und er verschwand vor ihnen. Und sie sagten zueinander: Brannte nicht unser Herz in uns, als er mit uns auf dem Wege redete und uns dabei die Schrift öffnete?" (Lukas 24,31+32).

Sind diese Verse nicht großartig? Dass die Jünger mit Jesus zusammen gewesen waren, merkten sie daran, dass in ihrem Herzen ein Feuer brannte. Gott zeigt uns seinen Willen dadurch, dass er unsere Seele in Brand setzt. So gab er Jeremia eine feurige Leidenschaft für harte Herzen. Nehemia brannte das Herz für eine vergessene Stadt. Abraham gab Gott ein brennendes Verlangen nach einem Land, das er nie gesehen hatte. Jesaja wurde von einer Vision in Brand gesetzt, der er sich nicht widersetzen konnte. Und vierzig Jahre fruchtloser Verkündigung konnten das Feuer, das in Noah brannte, nicht zum Verlöschen bringen.

Merken Sie sich: Jesus kommt, um Sie in Brand zu setzen. Er geht wie eine Fackel von einem Herzen zum anderen, wärmt die kalt Gewordenen, taut die Unterkühlten auf und entfacht neue Glut in der Asche. Er kommt, um Krankes zu läutern und Ihnen ein Licht auf dem Weg zu sein.

Hören Sie auf seine Stimme

Ich will dich nicht verlassen
und nicht von dir weichen.
Hebräer 13,5

Lassen Sie mich etwas ganz Wichtiges sagen. Einen Zeitpunkt, zu dem Jesus nicht redet, gibt es nicht. Niemals. Einen Ort, an dem Jesus nicht anwesend ist, gibt es nicht. Niemals. Es gibt keinen Raum, der zu dunkel, und keinen gesellschaftlichen Kreis, der zu diesseitig wäre, und es gibt auch kein Büro, wo die Mitarbeiter zu modern und aufgeklärt wären, als dass der allgegenwärtige, treue Freund nicht da wäre und sanft an die Tür ihres Herzens klopft und auf Einlass wartet.

Es sind wenige, die seine Stimme hören. Und noch weniger, die ihm die Tür aufmachen.

Unsere Abgestumpftheit dürfen Sie aber niemals dahin gehend deuten, dass Jesus nicht da ist. Denn zwischen den flüchtigen Vergnügungen, die die Sünde bietet, findet sich die zeitlose Verheißung seiner Gegenwart.

„Und siehe, ich bin bei euch alle Tage bis an das Ende der Welt“ (Matthäus 28,20).

Kein Geschrei ist so laut, dass wir die Stimme Gottes nicht mehr hören könnten – wenn wir sie nur hören wollten.

Um seiner Gabe willen

Ich möchte ja ihn erkennen
und die Kraft seiner Auferstehung
und die Gemeinschaft seiner Leiden
und so seinem Tode gleichgestaltet werden.
Philipper 3,10

Folgen Sie den Fußspuren des Erlösers – dieses Gottes, der seine himmlische Königswürde gegen irdische Armut eintauschte. Als Bett diente ihm bestenfalls eine geliehene Pritsche, für gewöhnlich schlief er auf dem harten Boden. Ein regelmäßiges Einkommen hatte er nicht, sondern er lebte von milden Gaben. Manchmal hatte er einen solchen Hunger, dass er bereit war, rohes Getreide zu essen oder Obst von einem Baum am Wegesrand zu pflücken. Er wusste, was es heißt, ohne ein eigenes Zuhause dazustehen. Er wurde verspottet. Seine Nachbarn versuchten, ihn zu lynchen. Einige hielten ihn für wahnsinnig. Mitglieder seiner eigenen Familie versuchten, ihn in ihrem Haus einzusperren. Auch seine Freunde waren ihm nicht immer treu.

Ihm wurde ein Verbrechen zur Last gelegt, das er nicht begangen hatte. Man bestach die Zeugen, damit sie einen Meineid leisteten. Auch die Schöffen waren keineswegs unvoreingenommen. Und ein in politische Intrigen verwickelter Richter verurteilte ihn zum Tode.

Sie brachten ihn um.

Weshalb? Der Gabe wegen, die nur er geben konnte.

Tun Sie, was recht ist

Alles, was aus Gott geboren ist, überwindet die Welt; und unser Glaube ist der Sieg, der die Welt überwunden hat.
1. Johannes 5,4

Manchmal verlieren Sie bei dem Versuch, eine sündige Gewohnheit zu überwinden, die Geduld. Aus lauter Enttäuschung über sich selbst fangen Sie an, sich zu fragen, wo denn die Kraft Gottes bleibt. Warten Sie es ab. Gott benutzt Ihre heutigen Schwierigkeiten, um Sie für morgen zu stärken. Er rüstet Sie zu. Der Gott, der das Wachstum schenkt, wird auch Ihnen helfen, Frucht hervorzubringen.

Denken Sie intensiv darüber nach, dass Gott in Ihnen wohnt. Denken Sie über seine Kraft nach, die Ihnen das Leben schenkt. Die Erkenntnis, dass Gott in Ihnen wohnt, wird möglicherweise bei der Wahl der Orte, wo Sie heute hingehen, und der Dinge, die Sie heute tun, eine Änderung bewirken.

Handeln Sie diese Woche richtig, ganz gleich, wie dieses richtige Handeln aussieht, und ganz gleich, was auf Sie zukommt und welchen Problemen und schwierigen Entscheidungen Sie sich gegenübersehen. Tun Sie einfach, was recht ist. Schon möglich, dass niemand anders so handelt; lassen Sie sich trotzdem nicht davon abbringen! Seien Sie ehrlich. Beharren Sie auf Ihrem Standpunkt. Seien Sie wahrhaftig. Denn schließlich tut Gott – ganz gleich, wie Sie manchmal handeln – genau das Richtige: Er rettet Sie durch seine Gnade.

Die Schüssel seiner Gnade

Das Blut Jesu, des Sohnes Gottes,
macht uns rein von aller Ungerechtigkeit.
1. Johannes 1,7

Johannes sagt uns, dass wir durch das Blut Jesu von aller Sünde gereinigt werden. Die Zeitform des Verbs lässt die Deutung zu: Diese Reinigung findet ständig und immer wieder statt. Die Reinigung durch das Blut Jesu ist also kein Versprechen für die Zukunft, sondern eine gegenwärtige Wirklichkeit. Fällt ein Staubkörnchen auf die Seele eines Heiligen, so wird es sofort abgewaschen. Landet etwas Dreck auf dem Herzen eines Gotteskindes, so wird es sofort weggewischt.

Unser Erlöser kniet sich hin und sieht sich die dunkelsten Aspekte unseres Lebens genau an. Er fährt jedoch nicht entsetzt zurück, sondern streckt uns freundlich die Hand entgegen mit den Worten: „Das alles kann ich rein machen, wenn du möchtest." Dann schöpft er eine Hand voll Barmherzigkeit aus der Schüssel seiner Gnade und wäscht unsere Sünde von uns ab.

Damit ist sein Handeln an uns noch längst nicht erschöpft. Weil er in uns lebt, können Sie und ich ebenso handeln wie er. Weil er uns die Sünden vergeben hat, können auch wir anderen vergeben.

Vom Himmel her

Jetzt hat Gott euch mit Christus zusammen lebendig gemacht. Er hat uns unsere ganze Schuld vergeben. Den Schuldschein, der uns mit seinen Forderungen belastet hatte, hat er für ungültig erklärt.
Kolosser 2,13+14

Sämtliche Weltreligionen lassen sich einem von zwei Lagern zuordnen: dem Lager des Gesetzes oder dem Lager der Gnade. Entweder der Mensch handelt, oder Gott handelt. Das Heil ist entweder der Lohn für eine Leistung – oder eine Gabe, die uns aufgrund des Todes Jesu geschenkt wird.

Der Gesetzesmensch glaubt, sein eigenes Verhalten garantiere ihm das Heil. Wer richtig aussieht, richtig redet und Mitglied der richtigen Gemeinde ist, der wird errettet. Die Hauptlast der Verantwortung liegt nicht bei Gott, sondern beim Menschen.

Was hat das für Folgen? Das Äußere glänzt. Es gibt hehre Worte und einen konsequenten Lebenswandel. Sehen Sie dennoch etwas genauer hin. Etwas fehlt. Es ist die Freude. Und was finden wir sonst vor? Angst (die Angst, nicht genug zu leisten), Überheblichkeit (weil man bereits genug geleistet hat), Niedergeschlagenheit (weil man versagt hat).

Geistliches Leben ist nicht mit menschlichem Bemühen gleichzusetzen. Es wurzelt vielmehr im Wirken und Wollen des Heiligen Geistes. Echte Spiritualität hat in Gott selbst ihren Ursprung und wird von ihm selbst mit Leben erfüllt.

Gott hört unsere Gebete

Wenn die Gerechten schreien, so hört der Herr und errettet sie aus all ihrer Not.
Psalm 34,18

Ein Bote wird hingeschickt, um Jesus zu berichten, dass Lazarus todkrank ist. Er überbringt die Nachricht mit den Worten: „Herr, dein Freund, den du lieb hast, ist krank." Seine Aufforderung, Lazarus zu heilen, beruht nicht auf der unvollkommenen Liebe des Notleidenden, sondern auf der vollkommenen Liebe des Erlösers. Der Bote sagt nicht: „Der dich lieb hat, ist krank", sondern: „Den du lieb hast, ist krank." Mit anderen Worten: Die Kraft, die im Gebet steckt, hängt nicht vom Betenden ab, sondern von dem, der sein Gebet hört.

Wir können und müssen das Anliegen des Boten auf unterschiedlichste Weise wiederholen. „Der, den du lieb hast, ist müde, traurig, hungrig, einsam, verängstigt, niedergeschlagen." Die Worte, die wir im Gebet verwenden, sind unterschiedlich, aber die Reaktion, die wir daraufhin bekommen, ändert sich nicht. Der Heiland hört unser Gebet. Er gebietet dem Himmel zu schweigen, damit er keine Silbe verpasst. Er hört, wenn wir zu ihm beten.

Finstere Nächte – Gottes Lichter

Betet für alle Menschen. Bittet Gott dabei um alles, was sie benötigen, und seid ihm stets dankbar.
1. Timotheus 2,1

Sie fragen sich, ob es eher ein Segen oder ein Fluch ist, einen wachen Geist zu haben. Doch sind Sie lieber ein Zyniker als ein Heuchler, und deshalb fahren Sie fort, sehenden Auges zu beten und sich allerhand Gedanken zu machen über Kinder, die Hunger leiden müssen, über die Auswirkungen Ihrer Gebete über Christen, die an Krebs erkranken ...

Schwierige Fragen. Fragen, vor denen man das Handtuch werfen könnte. Fragen von der Art, wie sie auch die Jünger gestellt haben müssen, als sie auf dem See Genezaret in einen Sturm gerieten.

Die Wellen schlugen gegen das Boot, die Jünger wurden hin und her geworfen und sahen nichts um sich als die nächtliche Finsternis.

Dann aber kam eine Gestalt zu ihnen, die auf dem Wasser wandelte. Ihren Erwartungen entsprach das ganz und gar nicht. Sie hätten beinahe die Antwort auf ihre Gebete verpasst.

Wenn wir nicht ganz genau hinsehen und hinhören, laufen wir Gefahr, den gleichen Fehler zu begehen wie sie. Gottes Lichter in unseren finsteren Nächten sind so zahlreich wie die Sterne, wenn wir nur nach ihnen Ausschau halten.

Der Mantel des Menschseins

Und er nahm Petrus, Jakobus und Johannes mit sich, und es ergriff ihn Angst und Furcht.
Markus 14,33

„Jesus hat in seinem Erdenleben Bitten und Flehen unter lautem Geschrei und unter Tränen vor den gebracht, der ihn vom Tod erretten konnte“ (Hebräer 5,7).

Du meine Güte, welch ein Porträt! Jesus erleidet Schmerzen. Jesus tritt auf der Bühne der Furcht auf. Jesus trägt den Mantel, nicht eines Heiligen, sondern des Menschseins.

Wenn Sie das nächste Mal vom Nebel eingeschlossen werden, täten Sie gut daran, sich an Jesus im Garten zu erinnern. Wenn Sie das nächste Mal das Gefühl haben, von niemandem verstanden zu werden, sollten Sie wieder einmal das vierzehnte Kapitel des Markusevangeliums durchlesen. Überzeugt Sie Ihr Selbstmitleid, dass niemand einen Gedanken an Sie verschwendet, dann sollten Sie Gethsemane besuchen. Und wenn Sie sich das nächste Mal fragen, ob Gott den Schmerz, der auf diesem staubigen Planeten herrscht, wirklich wahrnimmt, dann sollten Sie einmal lauschen, wie Jesus unter den knorrigen Bäumen zu Gott fleht.

Der Maßstab

Wir sind ein für alle Mal geheiligt durch das Opfer des Leibes Jesu Christi.
Hebräer 10,10

Nur wer heilig ist, wird Gott schauen. Heiligkeit ist eine Grundvoraussetzung, wenn man in den Himmel kommen will. Das ewige Leben setzt Vollkommenheit voraus. Wir wünschen, dem wäre nicht so. Wir handeln, als wäre dem nicht so. Wir tun so, als würden die „Anständigen" Gott schauen. Wir geben zu verstehen, dass, wer sich Mühe gibt, Gott schauen wird. Wir machen uns vor, wir seien gute Menschen, solange wir nichts besonders Schlimmes anstellen. Und wir machen uns vor, dieses Gutsein genüge, um uns für den Himmel zu qualifizieren.

In unseren Augen mag das richtig sein, nicht aber in Gottes Augen. Und Gott ist derjenige, der den Maßstab festlegt, einen durchaus hohen Maßstab: „Darum sollt ihr vollkommen sein, wie euer Vater im Himmel vollkommen ist" (Matthäus 5,48).

Sehen Sie, nach Gottes Plan ist Gott selbst der Maßstab der Vollkommenheit. Wir vergleichen uns nicht mit anderen Menschen; sie alle sind genauso verdorben wie wir selbst. Das Ziel heißt, so zu sein wie er. Alles andere wäre unangemessen.

Nur noch ein paar Szenen

In der Welt habt ihr Angst;
aber seid guten Mutes,
ich habe die Welt überwunden.
Johannes 16,33

Gott macht kein Geheimnis daraus. Er hat uns klipp und klar gesagt, dass wir auf dem Weg durchs Leben mit allerlei Nöten zu rechnen haben. Unser Körper wird von Krankheiten heimgesucht. Unser Herz wird durch eine Ehescheidung gebrochen. Der Tod macht uns zur Witwe oder zum Witwer. Ganze Landstriche werden durch Kriege verwüstet. Etwas anderes dürfen wir nicht erwarten. Dennoch müssen wir nicht in Panik geraten, nur weil der Teufel, gehässig lachend, seinen Auftritt hat.

Unser Herr spricht von einer vollendeten Tat: „Es ist vollbracht“ (Johannes 19,30). Die Schlacht ist vorbei. Seien Sie wachsam, aber lassen Sie sich nicht erschrecken. Das Manuskript ist bereits veröffentlicht. Das Buch ist bereits gebunden. Satan wird eine Zeit lang losgelassen, doch handelt es sich nur um eine „kurze Zeit“ (Offenbarung 20,3). Nur noch ein paar Szenen, nur noch ein paar Windungen des Weges, und dann wird es mit ihm aus sein.

Die Kraft einer Berührung

Jesus streckte die Hand aus, rührte ihn an und sagte: Ich will' s tun; sei rein!
Matthäus 8,3

Ach, welche Kraft steckt in der Berührung durch jemandes Hand! Haben Sie diese Kraft nicht schon selbst erlebt – durch die Berührung eines Arztes, der Sie behandelt, oder einer Lehrerin, die Ihnen einst die Tränen getrocknet hat? Hat Ihnen nie jemand auf einer Beerdigung die Hand gehalten? Oder Ihnen während eines Prozesses eine Hand auf die Schulter gelegt? Oder Ihnen bei der Begrüßung am neuen Arbeitsplatz die Hand gegeben?

Können wir nicht das Gleiche für andere tun?

Viele unter Ihnen tun es bereits. Einige unter Ihnen verstehen es, die meisterhafte Berührung des großen Arztes weiterzugeben. Sie verwenden Ihre Hände, um über den Kranken zu beten und um den Gebrechlichen zu dienen. Wenn Sie sie nicht persönlich berühren, dann schreiben Sie mit den Händen Briefe, tätigen Anrufe, backen Torten. Sie haben gelernt, welche Kraft in einer Berührung steckt.

Andere unter uns neigen eher dazu, es zu vergessen. Das Herz haben wir schon auf dem rechten Fleck; wir haben nur ein schlechtes Gedächtnis. Wir vergessen, wie viel eine einzige Berührung ausmachen kann.

Wie gut, dass Jesus nicht den gleichen Fehler begangen hat!

27. MÄRZ

Gottes Priorität

Mach dich vom Herrn abhängig;
vertrau ihm, und er wird für dich sorgen.
Psalm 37,5

Gott hat sich verpflichtet, für unsere Bedürfnisse aufzukommen. Nach Ansicht des Apostels Paulus ist ein Mensch, der die eigene Familie nicht versorgen will, schlimmer als ein Heide (1. Timotheus 5,8). Um wie viel mehr wird sich der heilige Gott um seine Kinder kümmern! Denn wie sollen wir seinen Auftrag erfüllen, wenn unser Mangel nicht ausgefüllt wird? Würde Gott uns etwa für seine Armee rekrutieren und dann keine Verpflegungsstelle einrichten? Natürlich nicht!

„Ich bete, dass der Gott des Friedens euch alles schenkt, was ihr benötigt, damit ihr seinen Willen tun könnt“ (Hebräer 13,20+21). Ist dieses Gebet nicht schon oft in unserem Leben erhört worden? Vielleicht gab es kein Bankett, doch haben wir immer zu essen gehabt, stimmt's? Ein Festessen war es nicht immer, aber an Brot hat es uns nicht gefehlt. Und häufig genug hat es doch ein Bankett gegeben.

Ein Kind Gottes

Seht, welch große Liebe uns der Vater
darin erwiesen hat,
dass wir Gottes Kinder heißen –
und wir sind es auch!
1. Johannes 3,1

Gestatten Sie mir, Ihnen zu sagen, wer Sie sind. Nein, lassen Sie mich vielmehr proklamieren, wer Sie sind.

Sie sind ein Erbe Gottes und ein Miterbe Christi (Römer 8,17).

Sie sind ewig, einem Engel gleich (Lukas 20,36).

Sie haben eine Krone, die niemals vergehen wird (1. Korinther 9,25).

Sie sind ein heiliger Priester (1. Petrus 2,5), ein besonderes Eigentum (2. Mose 19,5).

Doch schwerer als das alles – bedeutender als jeder Titel und jede Stellung – wiegt die Tatsache, dass Sie ein Kind Gottes sind.

„Wir sind wirklich seine Kinder."

Daraus folgt: Wenn Ihnen etwas wichtig ist, dann ist es auch Gott wichtig.

Fußstapfen der Jüngerschaft

Wenn ihr einander liebt, werden alle erkennen, dass ihr meine Jünger seid.
Johannes 13,35

Sehen Sie sich an, wie ein kleiner Junge seinem Vater durch tiefen Schnee folgt. Er macht die Beine ganz lang, damit er genau dort hintreten kann, wo vor ihm sein Vater getreten ist. Keine leichte Aufgabe. Er muss die kurzen Beine so stramm machen, wie es nur geht, um mit den Füßen in die Fußstapfen seines Vaters treten zu können.

Der Vater sieht, wie sein Sohn sich abmüht, lächelt und fängt an, kürzere Schritte zu machen, damit dieser ihm leichter folgen kann.

Damit hätten wir eine bildliche Darstellung der Jüngerschaft.

Im Glauben treten wir in jemandes Fußstapfen: in die Fußstapfen eines Elternteils, einer Lehrerin, eines Jugendhelden. Keiner unter uns braucht als Erster diesen Weg zu gehen. Wir alle haben jemanden, dem wir folgen.

Im Glauben hinterlassen wir Fußstapfen, die anderen den Weg zeigen: einem Kind, einem Bekannten, einem Neubekehrten. Niemand sollte sich selbst überlassen werden und den Weg allein gehen müssen.

Damit haben wir das Prinzip der Jüngerschaft umrissen.

Ein unglaublicher Plan

Im Gehorsam gegen Gott erniedrigte er sich so tief, dass er sogar den Tod auf sich nahm, ja, den Verbrechertod am Kreuz.
Philipper 2,8

Als menschliche Hände die göttlichen Hände mit Nägeln an ein Kreuz hefteten, da waren es nicht die römischen Soldaten, die die Hände Jesu festhielten. Es war Gott, der sie festhielt. Es waren dieselben Hände, die die Weltmeere gemacht und die Berge gebildet hatten. Dieselben Hände, die das Morgenrot entwarfen und jede einzelne Wolke formten. Dieselben Hände, die für Sie und für mich einen unglaublichen Plan ausarbeiteten.

Machen Sie einmal einen Spaziergang bis an den Hügel, der Golgatha heißt. Bis an das Kreuz, wo die Hand, die Sie auf diesen Planeten brachte, mit heiligem Blut das Verheißungswort schrieb: „Gott gibt lieber seinen einzigen Sohn dahin, als Sie aufzugeben."

Die Stimme des Hirten

Es kommt die Stunde, in der alle,
die in den Gräbern sind,
seine Stimme hören werden,
und die Gutes getan haben,
werden herauskommen zur Auferstehung des Lebens.
Johannes 5,28+29

Es kommt ein Tag, an dem jeder Mensch die Stimme Jesu hört. Es kommt ein Tag, an dem alle anderen Stimmen schweigen. An jenem Tag wird seine Stimme, und nur seine Stimme, zu hören sein.

Einige Menschen werden seine Stimme zum allerersten Mal hören. Nicht, dass er vorher nie zu ihnen gesprochen hat; sie haben nur nicht zugehört. Für diese Menschen wird die Stimme Gottes die Stimme eines Fremden sein. Sie werden sie einmal hören und nie wieder. Sie werden die Ewigkeit damit zubringen, die Stimmen derer abzuwehren, denen sie auf Erden gefolgt sind.

Andere hingegen werden durch eine vertraute Stimme aus dem Grab gerufen. Denn hier handelt es sich um Schafe, die ihren Hirten kennen. Es sind Diener, die damals, als Jesus bei ihnen anklopfte, die Tür bereitwillig aufmachten.

Einst wird die Tür wieder aufgehen. Dann aber wird nicht Jesus unser Haus betreten, sondern wir seines.

Eine Begegnung zweier Momente

Ihr habt ihn ans Kreuz schlagen
und umbringen lassen.
Doch so habt ihr den Plan Gottes erfüllt,
den er vor langer Zeit gefasst hat.
Apostelgeschichte 2,23

Das Geschehen am Kreuz war kein Zufall.

Der Tod Jesu war keineswegs die Folge einer Panikreaktion seitens des kosmischen Baumeisters. Das Kreuz war nie und nimmer eine tragische Überraschung. Golgatha war keine reflexartige Reaktion darauf, dass die Welt unweigerlich auf die Zerstörung zusteuerte. Beim Tod des Sohnes Gottes handelte es sich weder um einen nachträglichen Einfall noch um eine Notlösung. Dass Jesus sterben musste, war alles andere als eine unerwartete Wende.

Nein, das alles war Teil eines unglaublichen Planes. Eine bewusste Entscheidung.

In dem Moment, als Eva die verbotene Frucht mit den Lippen berührte, erschien am Horizont der Schatten des Kreuzes. Und zwischen diesem Moment und jenem Moment, als der Soldat den Nagel ansetzte, um ihn durch das Handgelenk Gottes zu schlagen, erfüllte sich ein meisterhafter Plan.

Ein kreuzförmiger Schatten

Johannes spricht: „Siehe, das ist Gottes Lamm, das die Sünde der Welt trägt."
Johannes 1,29

Jesus wurde als Gekreuzigter geboren. Immer wenn ihm bewusst wurde, wer er war, wurde ihm zugleich bewusst, was ihm bevorstand. Der kreuzförmige Schatten war stets sichtbar. Die gequälten Schreie der in der Hölle Gefangenen waren für ihn stets hörbar.

Das erklärt die Entschlossenheit, die in seinem Gesicht zu lesen war, als er sich zum letzten Mal auf die Reise nach Jerusalem begab. Es war sein Todesmarsch (Lukas 9,51).

Das erklärt die Entschiedenheit folgender Worte Jesu: „Darum liebt mich mein Vater, weil ich mein Leben lasse, um es wieder zu nehmen. Niemand nimmt es von mir, sondern ich lasse es freiwillig" (Johannes 10,17+18).

Nennen Sie es, wie Sie wollen: einen Akt der Gnade, den Plan der Erlösung, das Opfer eines Märtyrers. Aber wie Sie es auch nennen, sprechen Sie nie von einem Zufall. Das Kreuz war alles andere als ein Zufall.

Seine Fürbitte galt Ihnen

Dann entfernte er sich von ihnen ungefähr einen Steinwurf weit,
kniete nieder und betete.
Lukas 22,41

Das letzte Gebet Jesu galt Ihnen. Die Schmerzen, die er erlitt, erlitt er um Ihretwillen. Sein Leiden nahm er aus Liebe zu Ihnen auf sich. Bevor er ans Kreuz ging, ging Jesus in den Garten Gethsemane. Als er dort mit seinem Vater sprach, betete er auch für Sie.

Da konnte Gott Ihnen nicht länger den Rücken zukehren. Er konnte es deshalb nicht, weil er Sie sah und weil ein Blick auf Sie genügte, um ihn zu überzeugen. Er sah Sie mitten in einer Welt voller Ungerechtigkeiten. Er sah, wie Sie mitten in den Strom eines Lebens geworfen wurden, um das Sie nicht gebeten hatten. Er sah, wie Sie von Menschen, die Ihnen lieb und teuer waren, verraten wurden. Er sah, dass Sie einen Körper haben, der gebrechlich, und ein Herz, das schwach werden wird.

Am Vorabend des Kreuzes traf Jesus seine Entscheidung. Er wollte lieber für Sie in die Hölle als ohne Sie in den Himmel fahren.

Die Schuld ist beglichen

Wenn eure Sünde auch blutrot ist, soll sie doch schneeweiß werden,
und wenn sie rot ist wie Scharlach,
soll sie doch wie Wolle werden.
Jesaja 1,18

Als Jesus uns aufforderte, mit den Worten zu beten: „Vergib uns unsere Schuld, wie auch wir unseren Schuldigern vergeben", da wusste er, wer unsere Schuld begleichen würde. Er wusste, dass er selbst am Kreuz ausrufen würde: „Es ist vollbracht" – die Schuld ist beglichen!

Es gibt Fakten, an denen sich nie mehr etwas ändern wird. Dazu gehört, dass Ihnen vergeben ist. Sind Sie in Christus, dann sind Ihre Sünden bedeckt. Wenn Gott Sie ansieht, sieht er diese Sünden nicht. In Gottes Augen stehen Sie besser da als in den eigenen Augen. Das gehört zu den wunderbaren Tatsachen Ihres Lebens.

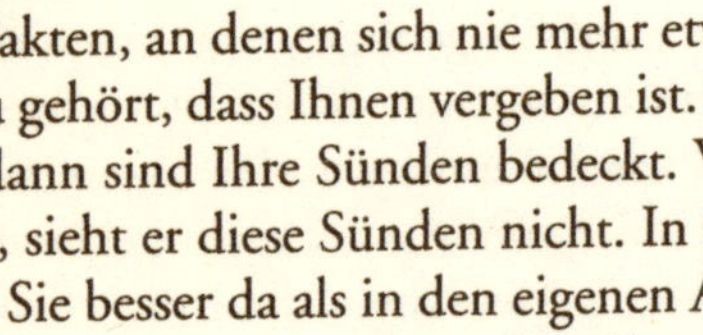

Ein Herz, zur Anbetung bereit

Kommt, lasst uns anbeten und knien und niederfallen vor dem Herrn, der uns gemacht hat.
Psalm 95,6

Anbetung. Auch nach zweitausend Jahren haben wir das noch nicht begriffen. Wir ringen immer noch um die richtigen Worte im Gebet. Wir verhaspeln uns beim Vorlesen der Heiligen Schrift. Wir wissen nicht, wann es angebracht ist, auf die Knie zu gehen oder aufzustehen. Wir wissen nicht, wie wir beten sollen.

Gott anzubeten ist eine hehre, aber schwierige Aufgabe.

Deshalb hat uns Gott den Psalter gegeben, ein Buch voller Lobgesänge für das Volk Gottes. Diese Sammlung von Liedern und Gebeten wird durch einen roten Faden zusammengehalten: ein Herz, das hungrig ist nach Gott.

Einige Psalmen wirken trotzig. Andere wiederum sind ehrfürchtig. Einige wollen offensichtlich vorgesungen, andere wiederum nachgebetet werden. Bei einigen handelt es sich um eine äußerst persönliche Äußerung ihres Verfassers, bei anderen hat man den Eindruck, sie wurden geschrieben, damit die ganze Welt sich an ihnen bedient.

Diese Vielfalt sollte uns daran erinnern, dass Anbetung stets Sache des Einzelnen ist. Eine für alle gültige Formel gibt es nicht. Jeder hat seinen eigenen Anbetungsstil. Es kommt nur darauf an, dass wir Gott tatsächlich anbeten.

Die himmlische Lösung

Ich bete dies alles, solange ich noch in der Welt bin, damit meine Freude ihnen in ganzer Fülle zuteilwird.
Johannes 17,13

Zwischen dem, was Jesus einmal vollbringen wollte, und dem, wozu er allem Anschein nach in der Lage war, bestand eine unüberbrückbare Kluft. Deshalb ging Jesus ins Gebet.

Wir wissen nicht genau, worum er betete. Dennoch habe ich eine Vermutung: Er betete um das Unmögliche.

Vielleicht habe ich aber Unrecht. Möglicherweise hat Jesus überhaupt keine Bitten ausgesprochen. Es kann sein, dass er sich in aller Stille in die majestätische Gegenwart Gottes begab und sich einfach an ihr erfreute. Vielleicht trat er, vom Kämpfen ermüdet, vor den Thron und ruhte sich dort aus.

Es ist denkbar, dass er sich dem Durcheinander, das auf dieser Erde herrscht, lange genug entzog, um die Lösung des Himmels zu erfahren. Vielleicht wurde er daran erinnert, dass harte Herzen den Vater keineswegs aus dem Konzept bringen. Und dass schwierige Menschen den Ewigen keineswegs in Unruhe versetzen.

Ein Wort von seinen Lippen

Seht, ich habe euch Macht gegeben ...
über alle Gewalt des Feindes.
Lukas 10,19

Auf der Bühne von Gethsemane treten viele Darsteller auf: Judas mit seinem verräterischen Vorhaben, Petrus mit seinem Schwert, die Soldaten mit ihren Waffen. Doch obwohl sie alle eine überaus wichtige Rolle spielen, sind sie keineswegs die Hauptdarsteller. Es geht hier nicht um eine Begegnung zwischen Jesus und den Soldaten, sondern zwischen Gott und Satan. Satan wagt es zum zweiten Mal nach Eden, einen Garten zu betreten, doch Gott behauptet das Feld, und Satan hat nicht die geringste Chance.

Satan wird in der Gegenwart Jesu zu Boden geworfen. Ein Wort von dessen Lippen, und die schlagkräftigste Armee der Welt bricht zusammen.

Satan schweigt, wenn Jesus spricht. Kein einziges Mal hat sich der Feind geäußert, ohne von Jesus dazu aufgefordert worden zu sein. In der Gegenwart Jesu hat Satan nichts zu melden.

Satan ist machtlos, wo Jesus seinen Schutz anbietet.

Wenn Jesus verspricht, Sie zu bewahren, dann können Sie ihn beim Wort nehmen. Um zu Ihnen zu gelangen, müssen die Streitkräfte der Hölle erst an ihm vorbei. Jesus ist durchaus in der Lage, Sie zu beschützen. Hat er versprochen, Sie sicher ans Ziel zu geleiten? Dann wird er Sie sicher ans Ziel geleiten.

Der Glaube sieht den Erlöser

Seid stark im Herrn und in der Macht seiner Stärke.
Epheser 6,10

Ich stehe vor dem Spiegel und blicke in das Gesicht eines Mannes, der versagt hat. Eines Mannes, der zum wiederholten Mal seinen Schöpfer enttäuscht hat. Ich hatte versprochen, es nicht zu tun, es nützte aber nichts. Ich habe geschwiegen, statt kühn vorzugehen. Ich habe mich zurückgelehnt, statt mich einzusetzen.

Wäre dies jetzt zum ersten Mal vorgekommen, dann wäre alles anders. Es ist jedoch keineswegs das erste Mal. Wie oft kann man fallen und dennoch erwarten, aufgefangen zu werden?

Mit den Augen blicken Sie in den Spiegel und sehen dort einen Sünder, einen Versager, jemanden, der nicht hält, was er versprochen hat. Im Glauben aber blicken Sie in den Spiegel und sehen einen heimgekehrten, in das beste Gewand gekleideten verlorenen Sohn, der am Finger den Ring der Gnade trägt und eben erst vom Vater einen Kuss empfangen hat.

Mit den Augen sehen Sie Ihre Fehler. Ihr Glaube aber sieht den Erlöser.

Mit den Augen sehen Sie Ihre Schuld. Ihr Glaube aber sieht sein Blut.

Was den Ausschlag gibt

Ihr sollt erkennen, wie unermesslich die Liebe ist, die Christus zu uns hat und die alles Begreifen weit übersteigt.
Epheser 3,19

Es war nicht in Ordnung, dass die Hände dessen, der die Erde formte, von Nägeln durchbohrt wurden. Und es war nicht in Ordnung, dass der Sohn Gottes gezwungen wurde, sich das Schweigen Gottes anzuhören.

Es war nicht in Ordnung, aber es passierte.

Denn während Jesus am Kreuz hing, blieb Gott untätig. Er wandte ihm den Rücken zu. Er ließ sich vom Geschrei des Unschuldigen nicht erweichen.

Er schwieg, als die Sünden der ganzen Welt auf seinen Sohn abgeladen wurden. Und er griff nicht ein, als ein Schrei, der vieltausendmal gequälter war als der Schrei des Johannes durch den düsteren Himmel hallte: „Mein Gott, mein Gott, warum hast du mich verlassen?"

War das in Ordnung? Nein.

War das gerecht? Nein.

War das Liebe? Ja.

Sein gebrochenes Herz

Als er die Volksmenge sah,
hatte er Mitleid mit ihnen,
weil sie verletzt und hilflos waren wie Schafe,
die keinen Hirten haben.
Matthäus 9,36

Ich kann es nicht begreifen. Ehrlich nicht. Warum starb Jesus am Kreuz? Ja, ich weiß, ich weiß. Ich kenne die üblichen Antworten. „Um den Forderungen des alttestamentarischen Gesetzes Genüge zu leisten." „Um die Schriften der Propheten zu erfüllen." Diese Antworten stimmen. Wirklich. Dennoch steckt mehr dahinter. Hier haben wir es mit Erbarmen zu tun. Mit Verlangen. Mit etwas sehr Persönlichem.

Womit denn genau?

Kann es sein, dass das Herz Jesu um all der Menschen willen gebrochen war, die verzweifelt zum düsteren Himmel emporschauen und das gleiche „Warum?" hinausschreien wie er? Kann es sein, dass sein Herz um der Verletzten willen gebrochen war?

Ich stelle mir vor, wie er sich neben verletzten Menschen niederbeugt, um ihnen zuzuhören. Ich stelle mir vor, wie sich sein Blick trübt und er mit der durchbohrten Hand eine Träne wegwischt. Der einst selbst allein gelassen wurde, versteht.

Liebe, die am Kreuz hing

Denn so sehr hat Gott die Welt geliebt,
dass er seinen einzigen Sohn dahingab,
damit alle, die an ihn glauben,
nicht verloren gehen,
sondern das ewige Leben haben.
Johannes 3,16

Er warf einen Blick um den Hügel und bekam eine Vorschau auf folgende Szene: Drei Gestalten hingen dort an Kreuzen, die Arme ausgebreitet, den Kopf vornübergebeugt. Sie wimmerten im Wind.

Auf dem Boden in der Nähe saßen Männer in Soldatenkluft.

Von Leid gezeichnete Frauen drängten sich am Fuß des Hügels zusammen, die Gesichter tränenüberströmt.

Der gesamte Himmel erhob sich, um zu kämpfen. Die gesamte Natur erhob sich, um zu retten. Die ganze Ewigkeit stand bereit, um zu beschützen. Doch der Schöpfer verweigerte den Befehl.

„Es muss also geschehen", sagte er und zog sich zurück.

Der Engel sprach wieder: „Es wäre weniger schmerzhaft …"

Der Schöpfer unterbrach ihn sanft: „Doch wäre es nicht Liebe."

Die Botschaft Gottes an die Menschen

Als nun Jesus den Essig genommen hatte, sprach er:
Es ist vollbracht!
und neigte das Haupt und verschied.
Johannes 19,30

„Es ist vollbracht!"

Halten Sie einen Augenblick inne und hören Sie zu. Lassen Sie diese Worte sich einen Weg durch Ihr Herz bahnen. Stellen Sie sich den Schrei vor, der am Kreuz erschallt. Der Himmel hat sich verfinstert. Die anderen beiden Opfer stöhnen vor Schmerz. Die Lästermäuler unter der Volksmenge schweigen. Vielleicht donnert es. Vielleicht hört man, wie einige der Umstehenden weinen. Vielleicht ist es einfach nur still. Dann holt Jesus tief Luft, drückt mit den Füßen gegen den römischen Nagel und schreit: „Es ist vollbracht!"

Was meinte er damit?

Der Plan, den Gott von Anfang an zur Erlösung der Menschen gefasst hatte, war in Erfüllung gegangen. Die Botschaft Gottes an die Menschen war vollendet. Das Werk, das Jesus als Mensch auf dieser Erde zu vollbringen hatte, war abgeschlossen. Dem Tod war der Stachel gezogen worden. Es war alles geschehen.

Der Schlüssel zu unserem Glauben

Da Jesus gestorben ist und sich von den Fesseln des Grabes gelöst hat,
wird Gott alle, die als echte Christen sterben,
ganz gewiss zu neuem Leben erwecken.
1. Thessalonicher 4,14

Für Nachfolger Jesu besteht das Versprechen Gottes einfach in Folgendem: Die Auferstehung Jesu ist der Beweis dafür, dass wir selbst auferstehen werden, und gleichzeitig so etwas wie eine Vorschau darauf.

Können wir uns auf dieses Versprechen verlassen? Ist Jesus denn wirklich auferstanden? Stimmt die Behauptung, dass das Grab leer war? Es handelt sich hierbei nicht nur um eine gute Frage, sondern um die Frage schlechthin. Denn es stimmt, was Paulus einmal geschrieben hat: „Ist Christus nicht auferstanden, so ist euer ganzer Glaube vergeblich. Eure Schuld ist dann nicht von euch genommen“ (1. Korinther 15,17). Mit anderen Worten: Ist Jesus tatsächlich auferweckt worden, dann werden sich ihm seine Anhänger anschließen; ist dem jedoch nicht so, dann sind seine Anhänger Narren. Die Auferstehung ist daher der Schlussstein im Bogen des christlichen Glaubens.

Ein edles Motiv

Als … der erste Tag der Woche anbrach, kamen Maria von Magdala und die andere Maria, um nach dem Grab zu sehen.
Matthäus 28,1

Es ist keineswegs die Hoffnung, die Maria und Maria Magdalena den Berg hinauf ans Grab führt. Es ist Pflichtgefühl. Nackte Hingabe. Sie erwarten keinerlei Gegenleistung. Was konnte Jesus ihnen geben? Was hat ein Toter zu bieten? Die beiden Frauen besteigen den Berg nicht, um etwas zu empfangen. Sie gehen zum Grab, um etwas zu geben. Punkt. Aus.

Es gibt kein edleres Motiv.

Vom Pflichtgefühl angeregter Dienst. Dazu sind wir als Jünger Jesu berufen.

Eine heilige Aufgabe

Alles, was ihr tut und was ihr sagt,
soll im Aufblick zu Jesus, dem Herrn, geschehen.
Kolosser 3,17

Maria und Maria Magdalena wussten, dass eine Aufgabe zu erledigen war. Der Leichnam Jesu musste zur Bestattung vorbereitet werden. Petrus machte keine Anstalten, es zu tun. Andreas meldete sich nicht freiwillig. Darum beschlossen Maria und Maria, die Aufgabe selbst zu übernehmen.

Ich frage mich, ob sie sich auf halber Strecke hinsetzten, um es sich noch einmal durch den Kopf gehen zu lassen. Was wäre gewesen, wenn sie einander angeschaut und mit einem Achselzucken gesagt hätten: „Es bringt ja doch nichts!"? Was wäre gewesen, wenn sie aufgegeben hätten? Was wäre gewesen, wenn eine der beiden verärgert mit den Händen gefuchtelt und ihr Leid geklagt hätte: „Ich habe es satt, die Einzige zu sein, die sich um alles kümmert. Andreas soll zur Abwechslung mal was tun. Und Natanael will ein Leiter sein? Dann soll er mal mit gutem Beispiel vorangehen!"

Ganz gleich, ob das für die beiden eine Versuchung war oder nicht – ich jedenfalls bin froh, dass sie nicht das Handtuch warfen. Das wäre eine Tragödie gewesen. Denn wir wissen etwas, was sie nicht wussten. Wir wissen, dass der Vater ihnen zuschaute. Die Marias dachten, sie seien auf sich allein gestellt. Waren sie aber nicht. Sie dachten, ihre Reise sei von niemandem bemerkt worden. Stimmte aber nicht. Gott sah alles.

Der einzige Weg

Ich bin der Weg und die Wahrheit und das Leben; niemand kommt zum Vater außer durch mich.
Johannes 14,6

Als Tugend steht Toleranz heute hoch im Kurs. Verständnis für Menschen aufzubringen, mit denen man Differenzen hat, das zeugt von echter Kultiviertheit. Auch Jesus war ein Verfechter der Toleranz:

Er war tolerant den Jüngern gegenüber, wenn sie zweifelten.

Er war tolerant den Volksmengen gegenüber, wenn sie ihn missverstanden.

Er ist auch uns gegenüber tolerant, wenn wir fallen.

Es gab jedoch ein Gebiet, auf dem Jesus intolerant war. Ein Gebiet, auf dem er unnachsichtig und dogmatisch war.

Für Jesus gibt es, was die Erlösung angeht, nicht mehrere Wege. Es gibt nur einen Weg. Es gibt nicht mehrere Straßen, die ans Ziel führen, sondern nur eine. Und diese Straße ist Jesus selbst.

Deshalb fällt es den Menschen so schwer, an Jesus zu glauben. Es wäre viel leichter, ihn als eine von mehreren zur Wahl stehenden Möglichkeiten zu betrachten. Eine derartige Betrachtungsweise steht uns jedoch nicht zur Wahl.

Ungenügende Deckung

Eine menschliche Leistung, die in der Lage wäre, jemanden vor Gott gerecht zu machen, gibt es nicht.
Römer 4,5

Hätte Jesus uns nicht mit seiner Gnade gedeckt, dann wäre das himmlische Bankkonto eines jeden unter uns hoffnungslos überzogen. Schecks, die auf unsere Gerechtigkeit ausgestellt werden, kommen mit dem Vermerk zurück: ungenügende Deckung. Die Heiligkeit, die wir von uns aus aufbringen, reicht nicht aus. Gott verlangt ein gewisses Guthaben an Rechtschaffenheit, und dieser Betrag übersteigt alles, was wir aus eigener Kraft zusammensparen könnten. Das Konto unserer Heiligkeit weist ungenügende Deckung auf. Ohne Heiligkeit wird jedoch niemand den Herrn sehen. Was also tun?

Wir könnten es mit ein paar Einzahlungen versuchen. Vielleicht kann ich mein Konto wieder ausgleichen, wenn ich meinem Nachbarn zuwinke, meinem Mann ein Kompliment mache oder nächsten Sonntag in den Gottesdienst gehe. Nur, woher weiß ich, wann ich genug eingezahlt habe?

Wenn Sie versuchen, Ihr Konto aus eigener Kraft auszugleichen, dann müssen Sie sich damit abfinden, niemals Frieden zu finden. Denn damit versuchen Sie, etwas zu leisten, wozu kein Mensch jemals imstande wäre. Es ist Gott, der gerecht macht (Römer 8,33).

Vollkommenheit nicht – sondern Vergebung

Gott hat Christus, der ohne Sünde war, an unserer Stelle als Sünder verurteilt, damit wir um Christi willen freigesprochen werden.
2. Korinther 5,21

Es waren nicht die Römer, die Jesus ans Kreuz nagelten. Es waren nicht die Nägel, die Jesus am Kreuz festhielten. Was ihn am Kreuz festhielt, war die Überzeugung, dass es für ihn notwendig war, ein stellvertretendes Sündopfer zu sein. Der reine, unschuldige Sohn Gottes nahm unseren Platz ein. So traf der Zorn Gottes nicht uns, die Geschöpfe, sondern ihn, den Schöpfer.

Als der Eine, der keine Sünde kannte, an unserer Stelle „zur Sünde" wurde, als die Sünden der ganzen Welt dem einen Sündlosen zur Last gelegt wurden, da rief Gott seine Engelheere nicht herbei, um ihn zu retten. Er tat es deshalb nicht, weil er lieber seinen Sohn dahingeben wollte, als uns aufzugeben.

Ganz gleich, was Sie getan haben – es ist nicht zu spät. Ganz gleich, wie tief Sie gefallen sind – es ist nicht zu spät. Wie lange der Fehler auch zurückliegen mag, es ist nicht zu spät, um ihn auszugraben, ihn mit der Wurzel herauszuziehen, ihn loszulassen und frei zu sein.

Was einen Christen zum Christen macht, ist nicht Vollkommenheit, sondern Vergebung.

Geflüsterte Fragen

Siehe, eine Jungfrau wird schwanger werden
und einen Sohn gebären,
und sie werden ihn Immanuel nennen,
das bedeutet: Gott mit uns.
Matthäus 1,23

Wer beim Bibellesen zwischen den Zeilen liest, der findet dort fruchtbaren Boden für Fragen. Man kann kaum die Bibel aufschlagen, ohne vor sich hin zu murmeln: „Ich frage mich, ob …"

„Ob Eva jemals wieder Obst gegessen hat?"

„Ob wohl Noah bei heftigem Regen gut schlafen konnte?"

Bei allen Überlegungen gibt es freilich eine Frage, die wir uns niemals stellen müssen: Sorgt sich Gott um uns? Sind wir für Gott wichtig? Liebt er seine Kinder immer noch?

Durch das Gesichtchen des im Stall geborenen Kindleins antwortet er: Ja.

Ja, dir sind die Sünden vergeben.

Ja, dein Name ist im Himmel verzeichnet.

Ja, Gott ist in deine Welt getreten.

Immanuel. Gott ist mit uns.

Das Feuer in Ihrem Herzen

Deinen Willen zu tun, mein Gott,
macht mir Freude,
deine Weisung trag' ich im Herzen.
Psalm 40,9

Möchten Sie den Willen Gottes für Ihr Leben erkennen? Dann beantworten Sie folgende Frage: Wodurch wird in Ihrem Herzen ein Feuer angezündet? Durch vergessene Waisenkinder? Durch Nationen, die noch nie das Evangelium gehört haben? Durch die Not im innerstädtischen Bereich? Durch entlegene Gebiete?

Achten Sie auf das Feuer in Ihrem Herzen!

Haben Sie eine Leidenschaft fürs Singen? Dann singen Sie! Ist das Management Ihr Herzensanliegen? Dann werden Sie Manager! Leiden Sie mit den Kranken mit? Dann behandeln Sie sie! Empfinden Sie Schmerz über die Verlorenen? Dann unterweisen Sie sie!

Als junger Mann empfand ich den Ruf zu predigen. Da ich mir nicht sicher war, den Willen Gottes für mein Leben richtig gedeutet zu haben, bat ich einen Geistlichen, den ich bewunderte, um Rat. Seine Worte sind heute ebenso wahr wie damals: „Werde keinesfalls Prediger“, sagte er, „solange du etwas anderes tun kannst.“

Beim Nachdenken über diese Worte fand ich meine Antwort: „Ich muss Prediger werden. Wenn ich es nicht tue, so wird mich das Feuer verzehren.“

Welches Feuer verzehrt Sie?

21. APRIL

Zeit zum Beten einplanen

Jesus zog sich zurück und hielt sich in einsamen Gegenden auf, um zu beten.
Lukas 5,16

Wann haben Sie das letzte Mal Gott gestattet, Sie ganz für sich zu haben?

Ich meine, Sie wirklich ganz für sich zu haben. Wie lange ist es her, dass Sie sich die Zeit nahmen, ohne Störungen und Unterbrechungen auf seine Stimme zu hören? Allem Anschein nach hat Jesus es des Öfteren getan. Er gab sich besondere Mühe, Zeit mit Gott zu verbringen.

Studiert man das Leben Jesu mit Blick auf seine Hörgewohnheiten, so erkennt man ein deutliches Muster. Er verbrachte regelmäßig Zeit mit Gott, um zu beten und ihm zuzuhören. Bei Markus heißt es: „In aller Frühe, als es noch dunkel war, stand [Jesus] auf und ging an einen einsamen Ort, um zu beten" (Markus 1,35).

Erlauben Sie mir eine nahe liegende Frage zu stellen. Wenn Jesus, der Sohn Gottes, der sündlose Retter der Menschheit, es für lohnenswert hielt, in seinem Terminkalender Zeit zum Beten fest einzuplanen, wären wir nicht gut beraten, es ihm gleichzutun?

22. APRIL

Gottes Opus magnum

Wir wissen doch: Wenn Jesus kommt,
werden wir ihm ähnlich sein,
weil wir ihn sehen werden, wie er wirklich ist.
1. Johannes 3,2

Sobald Sie im Himmel ankommen, wird sich etwas Wunderbares ereignen. Sie werden endgültig verwandelt werden. Danach werden Sie so sein wie Jesus.

Von allen Segnungen, die es im Himmel geben wird, werden Sie eine der größten sein! Sie werden Gottes Opus magnum sein, sein besonderes Kunstwerk. Den Engeln wird der Anblick den Atem verschlagen. Gott wird sein Werk an Ihnen zum Abschluss bringen. Endlich wird Ihr Herz dem seinen ganz entsprechen.

Sie werden mit vollkommener Liebe lieben.

Sie werden Gott mit strahlendem Gesicht anbeten.

Sie werden jedes Wort hören, das Gott zu Ihnen spricht.

Ihr Herz wird rein sein, Ihre Worte werden wie Juwelen und Ihre Gedanken wie Kostbarkeiten sein.

Sie werden so sein wie Jesus. Endlich, nach so langer Zeit, wird Ihr Herz dem seinen ganz entsprechen.

Mit Gott befreundet

Ich nenne euch nicht mehr Knechte; …
Vielmehr habe ich euch Freunde genannt.
Johannes 15,15

Durch den Opfertod Jesu wird uns die Vergangenheit verziehen und die Zukunft gesichert. Und da wir durch unseren Glauben in eine rechte Beziehung zu Gott versetzt worden sind, haben wir nun Frieden mit Gott.

Frieden mit Gott. Welch erfreuliche Folge unseres Glaubens! Nicht nur Frieden zwischen einzelnen Ländern, nicht nur Frieden zwischen Nachbarn, nicht nur Frieden in der Familie; nein, die Erlösung bringt uns Frieden mit Gott.

Gott ist nicht länger unser Feind, sondern unser Freund. Zwischen ihm und uns herrscht Frieden.

Ein Sündenbekenntnis schafft Frieden

Wohl dem, dem die Übertretungen vergeben sind, dem die Sünde bedeckt ist!
Psalm 32,1

Warum, wenn uns die Sünden bereits vergeben sind, fordert Jesus uns auf, mit den Worten zu beten: „Vergib uns unsere Schuld?"

Aus dem gleichen Grund, weshalb Sie von Ihren Kindern das Gleiche verlangen. Wenn meine Kinder meine Maßstäbe verletzen oder eine familiäre Regel missachten, verstoße ich sie nicht. Ich werfe sie nicht aus dem Haus und sage ihnen nicht, sie sollen sich gefälligst einen anderen Familiennamen zulegen. Ich erwarte jedoch, dass sie ehrlich sind und sich für ihr Verhalten entschuldigen.

Das Gleiche trifft auf unsere Beziehung zu Gott zu. Ein Sündenbekenntnis schafft keine neue Beziehung zu Gott, sondern stärkt die bereits bestehende. Sofern Sie gläubiger Christ sind, ändert es nichts an Ihrer Stellung vor Gott, wenn Sie Ihre Sünden zugeben, sondern fördert nur Ihren Frieden mit Gott.

Tief im Inneren des Menschen

Gott ist für uns Menschen unsichtbar. Dennoch war es schon immer einfach, ihn zu verstehen, wenn man sich nur mit dem befasste, was Gott geschaffen hat.
Römer 1,20

Das Gerichtsurteil, das Gott bei der Wiederkunft Jesu über alle Menschen fällt, steht in unmittelbarem Zusammenhang mit unserer Reaktion auf seine Botschaft an uns. Gott wird uns nie für etwas zur Rechenschaft ziehen, was er uns nicht vorher gesagt hat. Zugleich gilt, dass er niemanden sterben lässt, ohne ihm etwas mitzuteilen. Auch Menschen, die nie von Jesus Christus gehört haben, lässt Gott eine Botschaft über seinen Charakter zukommen. „Die Himmel rühmen die Herrlichkeit Gottes" (Psalm 19,1).

Die Natur ist Gottes erster Missionar. Wo keine Bibel vorhanden ist, sind funkelnde Sterne vorhanden. Hat jemand nichts außer der Natur, dann reicht sie aus, um ihm etwas über Gott zu zeigen. Paulus schreibt: „Das Gesetz Gottes ist keineswegs etwas Fremdes, das uns von außen her übergestülpt wird. Es ist vielmehr in das Gewebe der Schöpfung eingewebt. Tief im Inneren des Menschen befindet sich etwas, was dem Ja oder dem Nein Gottes zustimmt, das heißt: seinen Vorstellungen von Recht und Unrecht. Die Reaktion der Menschen auf Gottes Ja und Nein wird an dem Tag, an dem Gott seine endgültige Entscheidung über jeden Mann und jede Frau trifft, öffentlich bekannt gemacht." (Römer 2,15+16).

Charakter schafft Mut

Ihr, die ihr auf den Herrn vertraut,
seid stark, fasst Mut!
Psalm 31,25

In einer Legende aus Indien ist von einer Maus die Rede, die schreckliche Angst vor Katzen hatte. Dann erklärte sich ein Zauberer bereit, sie in eine Katze zu verwandeln. Damit war ihre Angst überwunden – so lange, bis sie einem Hund begegnete. Da verwandelte sie der Zauberer in einen Hund. Da war die ehemalige Maus zufrieden – so lange, bis sie einem Tiger begegnete. Aber da verwandelte sie der Zauberer ein weiteres Mal in das Tier, vor dem sie Angst hatte. Als sie sich jedoch als Tiger darüber beklagte, einem Jäger begegnet zu sein, verweigerte ihr der Zauberer seine Hilfe. „Ich verwandle dich wieder in eine Maus, denn obwohl du den Körper eines Tigers hast, hast du immer noch das Herz einer Maus."

Kommt Ihnen das bekannt vor? Wie viele Menschen kennen Sie, die sich ein eindrucksvolles Äußeres zugelegt haben, aber in ihrem Inneren vor Angst zittern? Wir begegnen unseren Ängsten mit Gewalt. Oder wir horten Reichtümer. Wir suchen Sicherheit im Besitz. Wir trachten nach Ruhm und Status.

Nur – funktionieren diese Methoden etwa?

Mut kann sich nur dann einstellen, wenn ein Mensch in seinem Inneren die nötigen Voraussetzungen mitbringt. Äußere Stützen können uns zwar eine Zeit lang Kraft geben, doch schafft nur Charakterstärke echten Mut.

Einzigartig

Du hast mich geschaffen mit Leib und Geist,
mich zusammengefügt im Schoß meiner Mutter.
Psalm 139,13

In meinem Kleiderschrank hängt ein Pullover, den ich selten anziehe. Er ist mir zu eng. Ich sollte ihn eigentlich wegwerfen, doch das lässt die Liebe nicht zu.

Er wurde nämlich von meiner Mutter hingebungsvoll angefertigt. Damit drückte sie ihre Liebe zu mir aus. Jede Faser, jeden Faden hat sie sorgfältig ausgewählt. Der Pullover ist mir nicht seiner Brauchbarkeit wegen wertvoll, sondern der Person wegen, die ihn gemacht hat.

Der Psalmist wird Ähnliches im Sinn gehabt haben, als er die Worte schrieb: „Du hast mich zusammengefügt im Schoß meiner Mutter."

Denken Sie einmal über diese Worte nach. Sie wurden sorgfältig zusammengefügt. Dass Sie so sind, wie Sie sind, ist kein Zufall. Bei Ihnen kann von Massenanfertigung nicht die Rede sein. Menschen wie Sie kommen nicht vom Fließband.

Sie wurden vielmehr vom Meister selbst sorgfältig geplant und mit besonderen Gaben ausgestattet. Liebevoll teilte er Ihnen einen Platz auf dieser Erde zu. Wir leben in einer Gesellschaft, die den Wert eines Menschen nach der Höhe seines Gehalts oder nach der Schönheit seines Körpers berechnet. Doch lassen Sie mich Ihnen etwas sagen: Der Plan Jesu mit Ihrem Leben ist ein Grund zur Freude!

Die Stimme der Gnade

Wahrlich, ich sage dir:
Heute wirst du mit mir im Paradies sein.
Lukas 23,43

Sagen Sie's mir: Wie hat sich der gekreuzigte Dieb die Hilfe Jesu verdient? Er hat doch sein Leben vergeudet. Wie kommt er dazu, um Verzeihung zu flehen? Er hat Jesus doch vor aller Augen verspottet. Mit welchem Recht betet er: „Jesus, denke an mich, wenn du in dein Reich kommst."

Wollen Sie es wirklich wissen? Mit dem gleichen Recht, mit dem Sie zu Gott beten.

Sehen Sie, das sind Sie und das bin ich, der dort am Kreuz hängt. Nackt, elend, hoffnungslos, entfremdet. Es sind wir, die dort hängen. Die Bitte des Diebes ist unsere Bitte.

Wir haben nichts vorzuweisen. Wir legen keine Liste unserer guten Taten vor. Jedes Opfer wirkt albern, wenn es dem gekreuzigten Gott dargeboten wird.

Wie dem Dieb bleibt auch uns nur noch ein Gebet. Und wie der Dieb beten wir auch.

Und wie der Dieb hören wir die Stimme der Gnade.

Spiritualität aus zweiter Hand

Naht euch Gott, dann naht er sich euch.
Jakobus 4,8

Einige unter uns haben erfolglos versucht, täglich eine Stille Zeit einzuhalten. Anderen fällt es schwer, sich dabei zu konzentrieren. Wir alle sind sehr beschäftigt. Also, statt Zeit mit Gott zu verbringen und auf seine Stimme zu hören, überlassen wir es anderen, Zeit mit ihm zu verbringen, damit wir Nutzen daraus ziehen können. Sie sollen uns doch weitersagen, was Gott zu ihnen gesprochen hat. Dazu werden Prediger bezahlt, oder nicht?

Wenn das Ihre Einstellung ist – wenn Ihre geistlichen Erfahrungen aus zweiter Hand stammen und nicht persönlich erlebt sind –, dann möchte ich Sie mit folgendem Gedanken herausfordern: Verfahren Sie auch in anderen Lebensbereichen so?

Sie tun es gewiss nicht, wenn es um Ihren Urlaub geht. Sie tun es ebenso wenig, wenn es um eine romantische Beziehung geht. Und Sie lassen doch nicht etwa einen anderen für Sie essen, oder? Es gibt bestimmte Dinge, die niemand anders für Sie erledigen kann.

Zu diesen Dingen gehört, Zeit mit Gott zu verbringen.

Bettler, die Brot brauchen

Gib uns, was wir heute zum Leben brauchen.
Vergib uns unsere Schuld,
wie auch wir jedem verzeihen,
der uns Unrecht getan hat.
Matthäus 6,11+12

Wir sind Sünder, die der Gnade bedürfen, Kämpfer, die Kraft brauchen. Jesus lehrt uns zu beten: „Vergib uns unsere Schuld … und führe uns nicht in Versuchung."

Wir alle haben Fehler gemacht. Und wir werden alle noch weitere Fehler machen. Die Linie, die die Besten unter uns von den Schlechtesten trennt, ist eine recht schmale, daher wären wir gut beraten, folgende Mahnung des Apostels Paulus ernst zu nehmen: Warum verurteilst du deine Brüder oder Schwestern in Christus? Warum hältst du dich für besser als sie? Wir alle werden vor Gott stehen, um von ihm gerichtet zu werden (Römer 14,10).

Ihr Nächster möchte, dass ich Sie daran erinnere: Er bedarf der Gnade. Ebenso wie Sie Vergebung brauchen, braucht er sie auch. In jeder zwischenmenschlichen Beziehung kommt es irgendwann einmal zu einer Situation, in der es schädlich wäre, auf sein Recht zu pochen. Alte Rechnungen zu begleichen, schürt nur das Feuer. Das Beste, was man in solchen Situationen tun kann, ist, seinen Bruder so anzunehmen, wie er ist. Bieten Sie ihm Gnade von der gleichen Qualität an, wie sie Ihnen zuteilgeworden ist.

Gebete sind kostbare Juwelen

Denn der Herr hat ein offenes Auge für die,
die das Rechte tun,
und ein offenes Ohr für ihre Bitten.
1. Petrus 3,12

Wir leben in einer Welt voller Lärm. Es ist deshalb nicht einfach, die Aufmerksamkeit eines anderen Menschen zu gewinnen. Der andere muss bereit sein, vorübergehend auf alle anderen Aktivitäten zu verzichten, damit er richtig zuhören kann. Er muss das Radio leise drehen, sich vom PC-Bildschirm abwenden oder in dem Buch, in dem er gerade liest, ein Eselsohr machen und es zur Seite legen. Dass jemand bereit ist, alles andere beiseitezulegen, damit er uns klar und deutlich hören kann, kommt so selten vor, dass wir es als kostbares Geschenk betrachten sollten.

Ihre Gebete sind für den Himmel so kostbar wie Juwelen. Ihre Worte steigen, gereinigt und bevollmächtigt, zum Herrn empor wie ein wohlriechender Duft. Sie sind erst am Ziel, wenn sie zum Thron Gottes gelangt sind.

Ein Gebet, das Sie auf Erden sprechen, setzt im Himmel die Kraft Gottes frei. Dann geschieht der Wille Gottes „wie im Himmel, also auch auf Erden".

Ihre Gebete sind für Gott ein Anlass, die Welt zu verändern. Das Geheimnis des Gebets verstehen Sie vielleicht nicht. Man muss es nicht unbedingt verstehen. So viel dürfte aber klar sein: Wenn auf Erden jemand betet, wird der Himmel tätig.

Wir blicken zu Gott hin

Petrus aber antwortete ihm: Herr, bist du es, so lass mich auf dem Wasser zu dir kommen.
Matthäus 14,28

Petrus stellt Jesus nicht auf die Probe; er fleht ihn vielmehr an. Nicht die Logik wird ihn bewogen haben, seinen Fuß auf das stürmische Meer zu setzen, sondern der Mut der Verzweiflung. Petrus packt die Bootskante und schwingt das Bein darüber. Unmittelbar darauf folgt das zweite Bein, und Petrus schafft mehrere Schritte. Man könnte fast annehmen, unter seinen Füßen wäre ein Felsenkamm. Am anderen Ende dieses Felsenkamms ist das glühende Antlitz eines Freundes, der nie aufgibt.

Wir tun es ihm alle gleich, nicht wahr? Wir kommen in einer Stunde großer Not zu Jesus. Wir verlassen das Boot der guten Werke. Wir erkennen, dass menschliche Kraft nicht ausreicht, um uns zu erlösen. Also blicken wir in unserer Verzweiflung zu Gott hin. Wir erkennen, dass alle guten Werke der Welt im Licht des Vollkommenen unbedeutend sind.

Gott sagt manchmal Nein

Lasst nicht nach im Beten;
seid dabei wachsam und dankbar!
Kolosser 4,2

Stellen Sie sich vor, was es für Folgen hätte, wenn wir als Eltern bei Familienausflügen auf jede Bitte unserer Kinder eingehen würden. Wir würden uns nur noch von einer Eisdiele zur nächsten schleppen.

Nun stellen Sie sich das Chaos vor, das sich einstellen würde, wenn Gott alle unsere Bitten erfüllen würde.

„Denn Gott hat uns nicht für das Zorngericht bestimmt, sondern dazu, das Heil zu gewinnen durch unsern Herrn Jesus Christus" (1. Thessalonicher 5,9).

Merken Sie sich Gottes Bestimmung für Ihr Leben: Sie sollen das Heil erlangen.

Es ist Gottes höchster Wunsch, dass Sie diesen Bestimmungsort erreichen. Zu dem Reiseplan, den Gott für Sie aufgestellt hat, gehören Aufenthalte, die Ihnen Mut für den Rest der Reise machen. Er missbilligt jedoch alles, was Sie von Ihrem Reiseziel abhält. Kommt es zu einem Zusammenstoß zwischen dem göttlichen Plan und Ihren irdischen Plänen, dann müssen Sie eine Entscheidung treffen: Wer hat bei dieser Reise das Sagen?

Wenn Gott wählen müsste, ob er Ihnen Zufriedenheit auf dieser Erde oder das himmlische Heil schenkt, für welches von beiden würde er sich wohl entscheiden? Was meinen Sie?

Der Meinung bin ich auch.

Gottes Leidenschaft, Gottes Plan

Dein Wort ist meines Fußes Leuchte
und ein Licht auf meinem Wege.
Psalm 119,105

Die Bibel dient in erster Linie dazu, Gottes Plan für die Rettung seiner Kinder zu verkünden. Sie behauptet, der Mensch sei verloren und müsse deshalb erlöst werden. Und sie übermittelt die Botschaft, dass Jesus der Fleisch gewordene Gott ist, der ausgesandt wurde, um die Kinder Gottes zu erlösen.

Obwohl die Bibel im Verlauf von sechzehn Jahrhunderten von vierzig verschiedenen Verfassern zu Papier gebracht wurde, hat sie ein zentrales Thema: die Erlösung durch den Glauben an Jesus. Von Mose in der einsamen Wüste von Arabien angefangen und von Johannes auf der einsamen Insel Patmos zum Abschluss gebracht, wird die Bibel von einem starken roten Faden zusammengehalten: von der Leidenschaft Gottes und dem Plan Gottes, seine Kinder zu erlösen.

Welch eine lebenswichtige Wahrheit! Den eigentlichen Zweck der Bibel zu erfassen, das ist so, als würde man einen Kompass richtig einstellen. Ist der Kompass richtig geeicht, so kommt der Reisende sicher ans Ziel. Ist aber der Kompass nicht richtig eingestellt, wer weiß, wo er dann landen könnte!

Der Freispruch

Wer kann die Auserwählten Gottes anklagen?
[Niemand, denn]
Gott ist es, der [sie] gerecht macht.
Römer 8,33

In jedem Augenblick Ihres Lebens bringt der Ankläger Klagen gegen Sie vor. Er hat sich jeden Fehler, jeden Ausrutscher gemerkt. Versuchen Sie, Ihre Vergangenheit zu vergessen, so wird er Sie daran erinnern. Versuchen Sie, Ihre Fehler wiedergutzumachen, so wird er Ihre Bemühungen vereiteln.

Dieser fachmännische Zeuge hat kein anderes Ziel, als Sie vor Gericht zu schleppen und dort Strafanzeige zu erstatten. Um wen handelt es sich wohl? Um den Teufel.

Er zieht über Sie her: „Gott, dieser Mensch, den du dein Kind nennst, ist nicht würdig."

Wenn er so spricht, lassen Sie den Kopf hängen. Sie haben keine Möglichkeit, sich zu verteidigen. Seine Anklagen sind gerechtfertigt. „Ich bekenne mich schuldig, euer Ehren", murmeln Sie.

„Und das Urteil?", fragt Satan.

„Der Lohn der Sünde ist der Tod", erklärt der Richter. „Doch in diesem Fall ist der Tod bereits eingetreten. Denn der Angeklagte ist mit Christus gestorben."

Satan schweigt plötzlich. Und Sie können plötzlich jubilieren. Sie sind vor dem Richter erschienen und haben gehört, wie er Sie freigesprochen hat.

Gott hat das Sagen

Der Geist, der in euch wirkt, ist mächtiger als der Geist, der diese Welt regiert.
1. Johannes 4,4

Satan hätte keinerlei Macht, wenn Gott sie ihm nicht gegeben hätte.

Der frühchristlichen Gemeinde in Smyrna ließ Jesus ausrichten: „Habt keine Angst wegen der Dinge, die ihr noch erleiden müsst. Der Teufel wird einige von euch ins Gefängnis werfen, um euch auf die Probe zu stellen. Zehn Tage lang wird man euch verfolgen. Haltet durch, auch wenn es euch das Leben kostet. Dann werde ich euch als Siegespreis ewiges Leben schenken" (Offenbarung 2,10).

Lassen Sie uns kurz die Worte Jesu analysieren. Er teilt der Gemeinde mit, dass ihr eine Verfolgung bevorsteht und wie lange sie anhalten wird (zehn Tage). Darüber hinaus sagt er ihr, aus welchem Grund sie verfolgt wird (um sie auf die Probe zu stellen) und welchen Ausgang diese Verfolgung haben wird (das ewige Leben als Siegespreis). Mit anderen Worten: Jesus bedient sich des Teufels, um seine Gemeinde zu stärken.

Auch dann, wenn Satan scheinbar den Sieg davonträgt, bleibt er der Verlierer.

Die Gnade lehrt uns

Er hat sich für uns hingegeben,
um uns von aller Schuld zu erlösen
und sich ein reines Volk zu schaffen,
das ihm als sein besonderes Eigentum gehört.
Titus 2,14

Kommt es jemals vor, dass wir abends einen Kompromiss eingehen in dem Wissen, dass wir am nächsten Morgen unsere Sünde bekennen werden?

Es fällt wohl niemandem schwer, es dem Burschen gleichzutun, der bei einem Besuch in Las Vegas einen Prediger anrief, um sich nach den Gottesdienstzeiten zu erkundigen. Der Prediger war beeindruckt. „Die meisten Besucher in Las Vegas kommen nicht hierher, um in die Kirche zu gehen."

„Ach, ich bin nicht zum Gottesdienst hierhergekommen. Ich bin wegen der Spielkasinos, der Partys und der leichten Mädchen hergekommen. Doch wenn ich nur halb so viel Spaß habe, wie ich hatte, werde ich am Sonntagmorgen einen Gottesdienst brauchen."

Ist es das, wozu Gott uns seine Gnade gegeben hat? Wollte Gott den Ungehorsam fördern? Wohl kaum. „Denn die Gnade Gottes [...] lehrt uns, im Sinne Gottes zu leben und auf die bösen Taten zu verzichten, die die ungläubige Welt von uns erwartet. Wir sollen doch klug und gerecht leben und damit deutlich machen, dass wir Gott dienen" (Titus 2,11+12). Die Gnade Gottes hat uns von der Ichsucht befreit. Zu ihr zurückzukehren, wäre abwegig.

Hören Sie auf, sich zum Richter aufzuspielen

Denn wie ihr richtet,
so werdet ihr gerichtet werden.
Matthäus 7,2

Wir verurteilen einen Mann dafür, dass er heute Morgen gestrauchelt ist, haben aber die Schläge nicht gesehen, die er gestern einstecken musste. Wir sitzen zu Gericht über eine Frau, die auf ihrem Weg durchs Leben hinkt, sehen aber den Nagel in ihrem Schuh nicht, der ihr das Gehen schwer macht. Wir lästern über die Angst, die in beider Augen zu lesen ist, haben aber keine Ahnung, vor wie vielen Steinen sie den Kopf einziehen mussten.

Sind sie zu furchtsam? Vielleicht haben sie Angst, noch einmal zu versagen. Zu langsam? Vielleicht sind sie, als sie sich das letzte Mal beeilten, gestürzt. Das wissen Sie nicht. Nur wer ihre gestrigen Schritte begleitet hat, kann ihr Richter sein.

Wagen wir es, ein Urteil über ein Buch zu fällen, von dem manche Kapitel noch gar nicht geschrieben sind? Wäre es etwa angebracht, ein kritisches Urteil über ein Gemälde abzugeben, solange der Maler noch den Pinsel in der Hand hält? Und Sie erlauben sich, einen Menschen abzuschreiben, noch ehe das Werk Gottes an ihm vollendet ist? „Ich bin ganz sicher: Gott wird sein Werk, das er bei euch angefangen hat, auch vollenden, bis zu dem Tag, an dem Jesus Christus kommt" (Philipper 1,6).

Auf Gott hören

Hier eine Regel, dort eine Regel.
Hier eine kleine Lektion, dort eine kleine Lektion.
Jesaja 28,10

Mit dem richtigen Werkzeug ausgerüstet, können wir lernen, auf Gott zu hören. Welches Werkzeug ist aber das richtige? Das sind die Werkzeuge, die sich mir als besonders hilfreich erwiesen haben:

Eine regelmäßige Verabredung mit Gott an ein und demselben Ort. Suchen Sie sich einen geeigneten Zeitpunkt und einen Winkel Ihrer persönlichen Welt aus und nehmen Sie sie für Gott in Anspruch. Einige Leute finden es besser, sich morgens Zeit zu nehmen, andere tun dies lieber abends.

Ein zweites Werkzeug, das Sie brauchen, ist eine aufgeschlagene Bibel. Gott spricht zu uns durch sein Wort. Der erste Schritt beim Bibellesen ist der, Gott um Hilfe zu bitten, damit man sein Wort versteht. Suchen Sie in der Schrift nicht nach einer Bestätigung Ihrer eigenen Vorstellungen; machen Sie sich vielmehr auf die Suche nach Gottes Gedanken.

Es gibt noch ein drittes Werkzeug. Wir brauchen nicht nur eine regelmäßige Verabredung mit Gott und eine aufgeschlagene Bibel, sondern darüber hinaus ein Herz, das Gott zuhört. Möchten Sie so sein wie Jesus? Dann gestatten Sie Gott, Sie ganz für sich zu haben. Hören Sie so lange auf ihn, bis Sie Ihre Lektion für den Tag empfangen haben. Und vergessen Sie nicht, das, was Sie gelernt haben, im Alltag umzusetzen.

10. MAI

Der Glaube begegnet der Gnade

Lasset uns hinzugehen mit wahrhaftigem Herzen in der Fülle des Glaubens, in den Herzen gereinigt vom bösen Gewissen.
Hebräer 10,22

Glaube entsteht nicht etwa am Verhandlungstisch, als würden wir unsere Gaben gegen Gottes Güte austauschen. Weder die klügsten Köpfe noch Menschen, die es in der Selbstdisziplin besonders weit gebracht haben, werden mit Glauben belohnt. Gläubig sein ist kein Titel, der den besonders Frommen vorbehalten ist.

Glaube ist ein verzweifelter Sprung aus dem sinkenden Boot menschlicher Anstrengungen – und das Gebet, Gott möge da sein, um uns aus dem Wasser zu fischen. Über Glauben dieser Art schrieb einmal der Apostel Paulus:

„Denn aus Gnade seid ihr gerettet durch den Glauben, und das nicht aus euch selbst: Gottes Gabe ist es, nicht aus Werken, damit sich niemand rühmen kann" (Epheser 2,8+9).

Was uns rettet, ist zuallererst die Gnade Gottes.

Einzelheiten der Gnade

Der Herr kennt die Seinen.
2. Timotheus 2,19

Stellen Sie sich das große Ereignis vor. Sie stehen vor dem Richterstuhl Christi. Das Buch wird aufgeschlagen, und daraus wird jede Sünde, jede Betrügerei, jeder negative Gedanke und jeder Anflug von Habgier vorgelesen. Doch sobald die Liste Ihrer Übertretungen zu Ende ist, wird Ihnen die Begnadigung verkündet.

Die Folge? Das barmherzige Urteil Gottes hallt durchs Universum. Zum ersten Mal in der Geschichte begreifen wir, wie tief seine Güte reicht. Einzelheiten der Gnade. Katalogisierte Güte. Ein Verzeichnis der Vergebung. Wir werden voll Ehrfurcht dabeistehen, während eine Sünde nach der anderen ausgerufen und anschließend vergeben wird.

Der Teufel wird ob seiner Niederlage zurückweichen. Die Engel werden vortreten, von Ehrfurcht überwältigt. Und wir, die Heiligen, werden die Gnade Gottes rühmen. Sobald wir erkennen, wie viel er uns vergeben hat, werden wir begreifen, wie sehr er uns liebt. Und wir werden ihn dafür anbeten.

Das wird uns zur ersten Gemeinschaft aus lauter Menschen, die Vergebung erfahren haben, zusammenschmieden. Nur einer ist von sich aus würdig, den Beifall des Himmels zu empfangen. Es ist der mit den durchbohrten Händen und Füßen.

Ein höherer Maßstab

[Ich] jage auf das Ziel zu,
den Siegespreis der himmlischen Berufung
Gottes in Christus Jesus.
Philipper 3,14

Was den Haushalt betrifft, bin ich fast mein ganzes Leben lang ein Drückeberger gewesen. Dann habe ich geheiratet ... Ich meldete mich zu einem Zwölf-Schritte-Programm für Drückeberger an. („Ich heiße Max und verabscheue das Staubsaugen.") Ein Physiotherapeut half mir, die Muskeln wieder zu entdecken, die man braucht, um Hemden aufzuhängen.

Dann kam die Stunde der Wahrheit. Denalyn verreiste für eine ganze Woche. Anfangs brach bei mir der alte Mensch wieder durch. Ich nahm mir vor, mich sechs Tage lang vor der Hausarbeit zu drücken und am siebten sauber zu machen. Es geschah jedoch etwas Seltsames. Ich verspürte eine ungewohnte Unruhe. Ich konnte mich nicht entspannen, solange sich das schmutzige Geschirr in der Spüle stapelte. Was war in mir vorgegangen? Ich war einem höheren Maßstab ausgesetzt gewesen.

Ist es nicht uns allen ähnlich ergangen? Ehe wir unser Leben Jesus übergaben, war es außer Kontrolle geraten. Wir waren schludrig und uns selbst gegenüber nachsichtig. Wir haben überhaupt erst gemerkt, dass wir Drückeberger waren, als wir Jesus begegneten. Plötzlich ertappten wir uns dabei, Gutes tun zu wollen. Zum alten Durcheinander zurückkehren? Das kann doch nicht Ihr Ernst sein!

Eine persönliche Frage

Und er fragte sie: Ihr aber, für wen haltet ihr mich?
Markus 8,29

Jesus wendet sich an seine Jünger und stellt ihnen eine Frage. Die Frage: „Ihr aber, für wen haltet ihr mich?"

Er fragt nicht: „Was haltet ihr von dem, was ich bisher getan habe?" Er fragt: „Für wen haltet ihr mich?"

Er fragt nicht: „Für wen halten mich eure Freunde? Für wen halten mich eure Eltern? Für wen halten mich Gleichaltrige im Allgemeinen?" Er stellt ihnen stattdessen diese äußerst persönliche Frage: „Für wen haltet ihr mich?"

Ihnen sind im Verlauf Ihres Lebens eine Reihe wichtiger Fragen gestellt worden:

„Willst du mich heiraten?"

„Wären Sie an einem anderen Arbeitsplatz interessiert?"

„Wie würdest du reagieren, wenn ich dir sagte, ich sei schwanger?"

Es sind Ihnen in der Tat einige sehr wichtige Fragen gestellt worden. Doch ist die bedeutendste unter ihnen nur ein Ameisenhaufen im Vergleich mit dem Mount Everest, mit dem wir im achten Kapitel des Markusevangeliums konfrontiert werden.

Du aber, wofür hältst du mich?

Gottesberge

Meine Gnade ist genug für dich.
Denn wenn du schwach bist,
wird meine Kraft in dir vollendet.
2. Korinther 12,9

Es gibt gewisse Berge, die nur Gott erklimmen kann.

Sie können es versuchen, wenn Sie wollen, aber es wird Ihnen nicht gelingen.

Steht der Begriff *Retter* in Ihrer Stellenbeschreibung, dann nur, weil Sie darauf bestehen. Sie sind berufen, der Welt zu helfen, aber nicht, sie zu retten. Mount Messias gehört zu den Bergen, für die Sie nicht geschaffen sind.

Das Gleiche gilt für den Berg mit der Bezeichnung „Nicht auf fremde Hilfe angewiesen". Sie können das Geschehen auf dieser Erde nicht bestimmen, noch können Sie die Welt in Gang halten. Einige unter Ihnen sind der Ansicht, Sie könnten es doch. Sie beugen das Knie nicht, sondern krempeln die Ärmel hoch und legen einen weiteren Zwölf-Stunden-Tag ein. Das genügt vielleicht, wenn es darum geht, sich seinen Lebensunterhalt zu verdienen oder ein Geschäft aufzubauen. Doch wenn Sie sich dem eigenen Grab oder der eigenen Schuld gegenübersehen, da wird Ihre eigene Kraft versagen.

Die richtige Lösung

Der Gerechte wird aus Glauben leben.
Römer 1,17

Im Moment komme ich mir nicht gerade schlau vor. Ich bin eben aus dem falschen Flugzeug gestiegen, das mich in die falsche Stadt geflogen und mich am falschen Flughafen abgesetzt hat. Ich bin nach Osten statt nach Westen geflogen und bin in Houston statt in Denver gelandet.

Es sah nicht aus wie das falsche Flugzeug. War es aber doch. Ich spazierte durch das falsche Gate, nickte auf dem falschen Flug ein und kam zum Schluss am falschen Ort an.

Paulus sagt, dass wir alle das Gleiche getan haben. Nicht im Zusammenhang mit Flugzeugen und Flughäfen, sondern im Hinblick auf unser Leben und auf Gott. Er schreibt seinen Lesern in Rom:

Da ist keiner, der gerecht ist, auch nicht einer (Römer 3,10).

Alle haben gesündigt und die Herrlichkeit verloren, die Gott ihnen zugedacht hatte (Römer 3,23).

Mit anderen Worten: Wir alle befinden uns im falschen Flugzeug. Wir alle, Juden wie Heiden. Jeder Mensch ist irgendwo falsch abgebogen. Und deshalb brauchen wir Hilfe. Vergnügungen und Stolz sind falsche Lösungen (Römer 1 und 2); die richtige Lösung ist Jesus Christus (Römer 3,21–26).

Nicht zu Hause

Ich habe euch aus der Welt herausgerufen, und ihr gehört nicht zu ihr.
Johannes 15,19

Wir alle wissen, wie es ist, sich in einem Haus aufzuhalten, das einem selbst nicht gehört. Vielleicht haben Sie eine gewisse Zeit in einem Studentenwohnheim oder in einer Kaserne verbracht. Vielleicht mussten sie des Öfteren in einem Hotel oder gar in einer Jugendherberge übernachten. Dort findet man Betten und Tische vor, möglicherweise ist es auch warm, und meistens bekommt man etwas zu essen. Dennoch sind solche Unterkünfte ganz etwas anderes als Ihr „Vaterhaus".

Ihr „Vaterhaus" ist dort, wo sich Ihr Vater befindet.

Hier auf der Erde fühlen wir uns nicht immer willkommen. Wir fragen uns, ob es für uns hier Raum gibt. Die Leute geben uns manchmal das Gefühl, wir seien unerwünscht. Tragische Vorfälle geben uns das Gefühl, wir seien Störenfriede. Fremdlinge. Eindringlinge in einem Land, das uns nicht gehört. Wir fühlen uns hier nicht immer willkommen.

Dieses Gefühl täuscht nicht. Das hier ist nicht unser Zuhause. Wenn wir uns nicht willkommen fühlen, so ist das nicht allzu tragisch. Es ist vielmehr normal, denn wir sind hier wirklich nicht zu Hause. Die Sprache, die wir hier sprechen, ist nicht unsere eigentliche Sprache. Wir sind mehr als der Körper, den wir mit uns herumtragen. Die Welt, in der wir leben, ist nicht unser Zuhause.

Keine unheiligen Augenblicke

Denn wir sind Gottes Mitarbeiter.
1. Korinther 3,9

Welch ein wunderbarer Tag, an dem wir aufhören, für Gott zu arbeiten, und anfangen, mit Gott zu arbeiten!

Jahrelang betrachtete ich Gott als so etwas wie einen mitfühlenden Geschäftsführer. Meine eigene Rolle war die eines loyalen Handelsvertreters. Er hatte sein Büro, ich meinen Vertreterbezirk. Ich konnte so oft, wie ich wollte, mit ihm in Verbindung treten. Ich brauchte gewissermaßen nur anzurufen oder zu faxen. Er ermutigte mich, stärkte mir den Rücken und unterstützte mich. Aber er ging nicht mit mir. Oder so kam es mir jedenfalls vor. Dann las ich 1. Korinther 3,9: „Wir sind Gottes Mitarbeiter."

Mitarbeiter? Soll das etwa heißen, dass Gott und ich Seite an Seite miteinander arbeiten? Sie können sich vorstellen, was für einen Paradigmenwechsel eine derartige Erkenntnis hervorruft. Wir erstatten Gott nicht länger Bericht, sondern wir arbeiten mit ihm zusammen. Statt uns bei ihm zu melden und dann loszuziehen, melden wir uns bei ihm und folgen. Wir leben ständig in Gottes Gegenwart. Unheilige Augenblicke gibt es nicht mehr!

18. MAI

Gefunden, berufen, adoptiert

Die Gesunden brauchen keinen Arzt,
sondern die Kranken. […]
Ich bin gekommen,
die Sünder zu rufen und nicht die Gerechten.
Matthäus 9,12+13

Als Gott sich unser verpfuschtes Leben anschaute, sagte er nicht: „Ich sterbe für euch dann, wenn ihr es verdient habt."

Er entschied sich vielmehr dafür, uns trotz unserer Sünde und unserer Auflehnung zu adoptieren. Und bei Gott gibt es kein Wenn und Aber. Es handelt sich bei seiner Gnade um die einzigartige Zusage, so zu ihm kommen zu dürfen, wie wir sind. Sie sind gefunden, berufen und adoptiert worden. Vertrauen Sie also Ihrem Vater und nehmen Sie folgenden Bibelvers für sich in Anspruch: „Gott erweist seine Liebe zu uns darin, dass Christus für uns gestorben ist, als wir noch Sünder waren" (Römer 5,8). Sie müssen sich nie wieder fragen, wer Ihr Vater ist. Sie sind von Gott an Kindes statt angenommen worden. Daher sind Sie ein Erbe Gottes (siehe Galater 4,6+7).

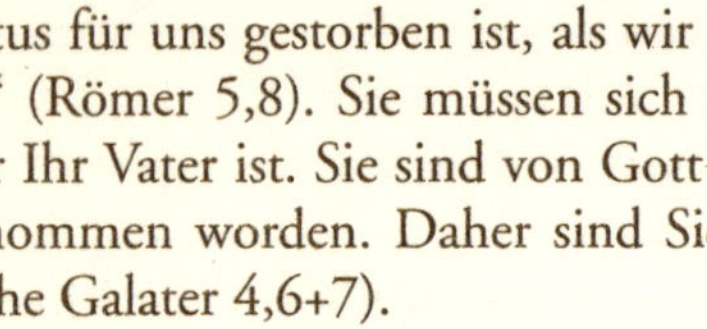

In Reichweite

Ist Gott für uns, wer kann gegen uns sein?
Römer 8,31

Die Frage lautet nicht einfach: „Wer kann gegen uns sein?" Das könnten Sie ohne Weiteres beantworten. Wie heißen denn Ihre Widersacher? Krankheiten, Inflation, Korruption, Erschöpfung. Sie sehen sich mit Unglücksfällen konfrontiert, werden von Ihren Ängsten gefesselt. Hätte Paulus nur gefragt: „Wer kann gegen uns sein?", fiele es uns leicht, unsere Feinde aufzuzählen – leichter jedenfalls, als sie zu bekämpfen. Die Frage ist jedoch eine andere. Es heißt hier: IST GOTT FÜR UNS, wer kann gegen uns sein?

Gott ist für Sie. Schon möglich, dass Ihre Eltern Sie vergessen, Ihre Lehrer Sie vernachlässigen, Ihre Geschwister sich Ihrer schämen. Doch wenn Sie beten, ist der in Reichweite, der die Weltmeere geschaffen hat: Gott!

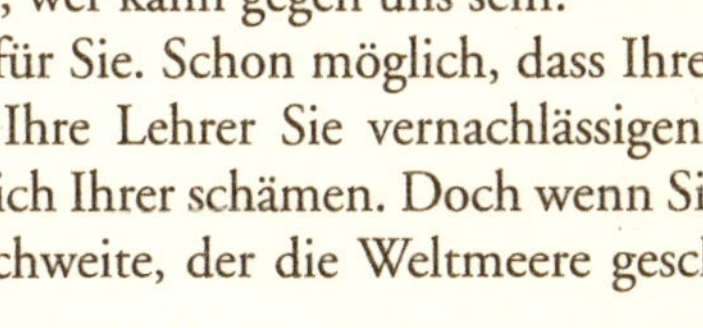

20. MAI

Gottes Zorn gilt dem Bösen

Trennt euch von allem Bösen in eurem Leben …
Das sind die Dinge, die den Zorn Gottes
nach sich ziehen.
Kolosser 3,5+6

Viele Menschen verstehen den Zorn Gottes nicht. Sie verwechseln den Zorn Gottes mit menschlichem Zorn. Doch haben die beiden nur wenig gemeinsam. Menschlicher Zorn rührt typischerweise von einem verletzten Ego her und ist anfällig für Wutausbrüche und Gewalt. Wir regen uns darüber auf, dass wir übersehen, vernachlässigt oder betrogen worden sind. Das ist menschlicher Zorn.

So ist der Zorn Gottes nicht. Gott wird nicht etwa zornig, weil es ihm nicht gelingt, seinen Willen durchzusetzen. Er wird zornig, weil Ungehorsam stets selbstzerstörerische Folgen nach sich zieht. Und was wäre das für ein Vater, der ruhig zuschauen könnte, während sein Kind sich verletzt?

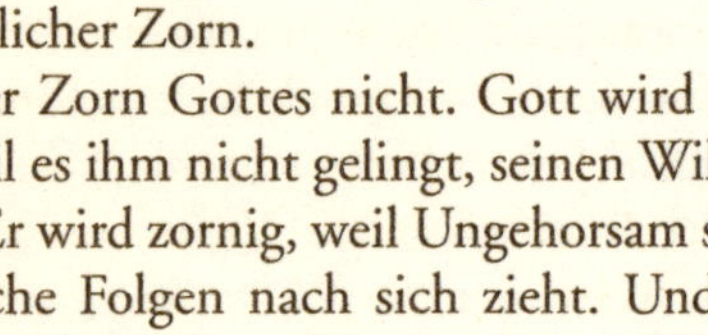

21. MAI

Gott kennt Ihren Namen

Ich habe deinen Namen
in meine Hand eingezeichnet.
Jesaja 49,16

Welch ein Gedanke: Ihr Name ist in Gottes Hand eingezeichnet. Ihr Name ist auf Gottes Lippen. Möglich, dass Sie Ihren Namen schon an einigen besonderen Stellen gesehen haben: auf einer Auszeichnung oder einem Diplom vielleicht. Aber dass Ihr Name bei Gott in die Hand eingezeichnet sein soll ... du liebe Zeit, ist so etwas denn möglich?

Kann es sein, dass Sie noch nie erlebt haben, wie Ihr Name geehrt wurde? Womöglich können Sie sich nicht daran erinnern, wann jemand ihn zuletzt mit freundlicher Stimme aussprach. Wenn dem so ist, wird Ihnen der Glaube, dass Gott Ihren Namen kennt, nicht in den Schoß fallen.

Es ist dennoch wahr. In seine Hand eingezeichnet. Durch seinen Mund ausgesprochen. Von seinen Lippen geflüstert. Ihr Name.

22. MAI

Die kurze Reise des Lebens

Unser Leben auf Erden ist wie ein Schatten.
1. Chronik 29,15

Der „für immer lebt“, hat sich selbst an die Spitze einer Pilgerschar gestellt, die immer wieder murmelt: „Wie lange noch, Herr?“ (Psalm 89,46).

„Wie lange muss ich diese Krankheit noch ertragen?“

„Wie lange muss ich es noch mit diesem Ehepartner aushalten?“

„Wie lange muss ich mich noch mit diesem Gehalt abfinden?“

Möchten Sie wirklich, dass Gott Ihnen eine Antwort gibt? Er könnte es ohne Weiteres. Er könnte es mit Begriffen aus dem Hier und Jetzt tun, das heißt: in Zeitabschnitten, wie wir sie hier kennen: „Die Krankheit wird noch zwei Jahre andauern.“ „Die Ehe wird den Rest deines Lebens halten.“ „Du wirst dich noch zehn Jahre mit Rechnungen herumplagen.“

Das tut Gott jedoch selten. Normalerweise entscheidet er sich dafür, das Hier und Jetzt am Jenseits zu messen. Wenn Sie nämlich dieses Leben mit jenem Leben vergleichen, so werden Sie feststellen: Dieses Leben ist wirklich sehr kurz.

Die Einigkeit wahren

Der Herr aber lenke eure Herzen zur Liebe Gottes und zur Geduld Christi.
2. Thessalonicher 3,5

„Daran, dass ihr Liebe zueinander habt, wird jeder erkennen, dass ihr meine Jünger seid" (Johannes 13,35). Halten Sie einen Augenblick inne und denken Sie über diesen Vers nach. Jesus gibt uns hier einen Schlüssel in die Hand, der es uns ermöglicht, die Welt für ihn zu erreichen? Und dass dieser Schlüssel Einigkeit heißt?

Wenn Einigkeit der Schlüssel zu einer wirksamen Missionstätigkeit ist, müsste sie nicht auch in unseren Gebeten den ersten Platz einnehmen? Sollten wir da nicht „bemüht sein, die Einigkeit im Geist zu wahren durch das Band des Friedens?" (Epheser 4,3). Wenn Einigkeit ganz oben auf der himmlischen Prioritätenliste steht, sollte sie nicht auch auf Erden Vorrang haben?

Allerdings werden wir nirgendwo aufgefordert, Einigkeit zu schaffen. Unser Auftrag lautet einfach, die Einigkeit zu wahren. Aus Gottes Blickwinkel betrachtet, gibt es nur „eine Herde und einen Hirten" (Johannes 10,16). Einigkeit muss man nicht erst schaffen; wir müssen sie nur erhalten.

Wie können wir das? Müssen wir etwa Zugeständnisse machen, was unsere Überzeugung betrifft? Nein. Müssen wir denn die Wahrheiten, die uns am Herzen liegen, aufgeben? Nein. Wir müssen nur eines: Unsere Einstellung überprüfen.

Wenn Sünde traurig macht

Wenn wir aber unsere Sünden bekennen,
ist er treu und gerecht
und vergibt uns die Sünden
und macht uns rein von aller Ungerechtigkeit.
1. Johannes 1,9

„Wenn wir unsere Sünde bekennen …" Das größte Wort in der Bibel hat möglicherweise nur vier Buchstaben: wenn. Denn: Unsere Sünden bekennen, unsere Fehler zugeben, gerade das lehnen wir, die wir Gefangene des Stolzes sind, rundweg ab.

„Ich? Ein Sünder? Es stimmt zwar, dass ich hin und wieder über die Stränge schlage, aber im Großen und Ganzen bin ich doch ein guter Mensch."

„Hören Sie mal her. Ich bin nicht schlechter als alle anderen. Ich zahle doch meine Steuern!"

Wir rechtfertigen uns. Wir rationalisieren. Wir vergleichen uns mit anderen. Unsere Argumente klingen gut. Jedenfalls klingen sie vertraut. In ihnen spiegeln sich die Werte unserer westlichen Kultur wider. Es gibt nur ein Problem: Im Reich Gottes klingen derartige Rechtfertigungsversuche unglaubwürdig.

Wenn Sie an den Punkt gelangt sind, wo Ihre Sünden Sie traurig machen und Sie zugeben müssen, keine andere Wahl zu haben, dann sollten Sie alle Ihre Sorgen auf Jesus werfen, denn er wartet darauf, dass Sie es tun.

Aus der Gnade Mut schöpfen

Ich habe Erbarmen gefunden,
damit Christus Jesus an mir,
dem schlimmsten aller Sünder, beweisen konnte,
dass seine Langmut keine Grenzen kennt.
1. Timotheus 1,16

Kurz nach Ausbruch des amerikanischen Bürgerkriegs wurde ein Soldat der Unionisten wegen Fahnenflucht verhaftet. Er konnte seine Unschuld nicht beweisen und wurde zum Tode verurteilt. Er ging jedoch in die Berufung, und die Akte landete schließlich auf dem Schreibtisch von Abraham Lincoln. Dem Präsidenten tat der Soldat leid, und er begnadigte ihn. Dieser kehrte zu seiner Einheit zurück und versah bis Kriegsende seinen Dienst, wurde jedoch in der allerletzten Schlacht getötet. In seiner Brusttasche fand man die vom Präsidenten unterzeichnete Begnadigungsurkunde.

Diese Zusage der Vergebung bewahrte der Soldat in der Nähe seines Herzens auf. Er schöpfte aus der Gnade Mut. Ich frage mich, wie viele Menschen aus dem Kreuz ihres himmlischen Königs Mut geschöpft haben.

Gott kommt immer noch zu uns

Der Herr ist nahe denen,
die zerbrochenen Herzens sind,
und hilft denen, die ein zerschlagenes Gemüt haben.
Psalm 34,19

„Was in den heiligen Schriften steht, wurde geschrieben, damit wir daraus lernen", meinte der Apostel Paulus. „Es soll uns Mut zusprechen, damit wir standhaft bleiben und das Ziel erreichen, auf das wir hoffen" (Römer 15,4).

Es handelt sich bei den biblischen Geschichten keineswegs nur um Anschauungsmaterial für den Kindergottesdienst. Ebenso wenig sind es romantische Fabeln. Es handelt sich vielmehr um historische Augenblicke, in denen ein real existierender Gott dem real existierenden Schmerz begegnete, damit wir eine Antwort auf die Frage hätten: „Wo ist Gott, wenn es wehtut?"

Wie reagiert Gott auf enttäuschte Hoffnungen? Lesen Sie die Geschichte von Jairus. Was empfindet der Vater für Kranke? Begeben Sie sich mit Jesus an den Teich Bethesda. Sehnen Sie sich danach, dass Gott zu Ihrem einsamen Herzen spricht? Dann hören Sie zu, während er sich mit den Emmausjüngern unterhält.

Er tut es nicht für sie allein. Er tut es für mich. Er tut es auch für Sie.

Der Gott, der einst redete, redet immer noch. Der Gott, der einst kam, kommt immer noch. Er tritt in unsere Welt ein. Er tritt in Ihre Welt ein. Er kann vollbringen, was Sie nicht schaffen.

Vertrauter Umgang mit dem Allmächtigen

Wie der Hirsch lechzt nach frischem Wasser,
so lechzt meine Seele, Gott, nach dir.
Psalm 42,2

Jesus wurde erst aktiv, wenn er zuvor gesehen hatte, wie sein Vater aktiv wurde. Er sprach erst ein Urteil aus, wenn er zuvor das Urteil seines Vaters gehört hatte. Er tat nichts, ohne sich zuvor die Wegweisung des Vaters zu erbitten.

Weil Jesus hören konnte, was andere nicht hörten, handelte er anders als sie. Erinnern Sie sich noch an die Situation, als alle sich um den blind Geborenen Sorgen machten? Jesus machte sich keine Sorgen. Irgendwie war ihm bewusst, dass die Blindheit des Mannes dazu dienen würde, die Kraft Gottes sichtbar zu machen (Johannes 9,3). Sie erinnern sich auch sicher an die Situation, als Lazarus erkrankte und alle sich Sorgen um ihn machten. Nur Jesus nicht. Es war, als konnte Jesus hören, was andere nicht hörten. Jesus hatte ununterbrochene Gemeinschaft mit seinem Vater.

Ist es denkbar, dass der Vater etwas Ähnliches für uns will? Ja, ganz und gar! Gott sehnt sich nach dem gleichen dauerhaft vertrauten Umgang mit Ihnen, wie er ihn mit seinem Sohn hatte.

Gott arbeitet noch an Ihnen

Jesus wird euch bis zuletzt stark machen,
sodass es an dem Tag,
an dem unser Herr Jesus Christus wiederkommt,
nichts Unrechtes an euch geben wird.
1. Korinther 1,8

Gott arbeitet noch an Ihnen. Ach, Sie meinen nicht? Sie meinen, der größte Teil der Arbeit sei bereits getan? Sie meinen, Gott kümmere sich nicht mehr persönlich um Sie?

Dann sollten Sie Ihre Meinung überdenken.

„Gott hat ein gutes Werk an euch angefangen, und ich bin mir sicher, dass er es fortsetzen wird, sodass es an dem Tag, an dem Jesus wiederkommt, fertig sein wird“ (Philipper 1,6).

Haben Sie sich gemerkt, was Gott tut? Ein gutes Werk an euch.

Haben Sie sich gemerkt, wann er damit fertig sein wird? An dem Tag, an dem Jesus wiederkommt.

Darf ich die Botschaft noch einmal klar und deutlich zusammenfassen? Gott hat die Arbeit an Ihnen noch lange nicht abgeschlossen!

Die Liebe hasst das Böse

Viele, die unter der Erde schlafend liegen,
werden aufwachen, die einen zum ewigen Leben,
die andern zu ewiger Schmach und Schande.
Daniel 12,2

Was hat die Hölle für einen Sinn? Wer die Vorstellung von einer Hölle aus der Bibel streichen möchte, der muss zugleich die Vorstellung von einem gerechten Gott und von einer zuverlässigen Offenbarung streichen.

Wenn es keine Hölle gibt, so ist Gott nicht gerecht. Wenn es keine Strafe für die Sünde gibt, so bleibt der Himmel gleichgültig gegenüber Vergewaltigern, Plünderern und Massenmördern. Wenn es keine Hölle gibt, so ist Gott gegenüber den Opfern derartiger Verbrechen blind und hat denen, die um seine Hilfe bitten, den Rücken gekehrt. Wenn Gott dem Bösen nicht mit Zorn begegnet, so ist Gott nicht die Liebe, denn die Liebe hasst das Böse.

Wer sagt, dass es keine Hölle gibt, der hält Gott und sein Wort für Lüge. Die Bibel lässt uns immer wieder klar und deutlich wissen, dass die Geschichte einen zweifachen Abschluss finden wird: Ein Teil der Menschheit wird gerettet, der Rest wird verloren gehen.

Jenseits unserer Fehler

Er hatte Erbarmen mit ihnen allen,
und er heilte ihre Kranken.
Matthäus 14,14

Matthäus teilt uns mit, dass Jesus „ihre Kranken heilte“. Nicht einige ihrer Kranken. Nicht die Gerechten unter den Kranken. Nicht diejenigen unter den Kranken, die es verdient hatten, geheilt zu werden. Sondern „ihre Kranken“.

Sicher gab es unter den vielen tausend Anwesenden einige, die nicht würdig waren, geheilt zu werden. Die gleiche Gottessohnschaft, die Jesus die Kraft verlieh, Menschen zu heilen, gab ihm die Kraft, in ihr Inneres zu blicken. Ich frage mich, ob Jesus versucht wurde, einem selbstgerechten Frommen zu sagen: „Raus hier, Freundchen, und nimm deine Überheblichkeit mit!“

Jesus sah nicht nur die Vergangenheit der Menschen, sondern auch ihre Zukunft.

Es gab zweifellos solche unter der Volksmenge, die ihre wiedererlangte Gesundheit dazu missbrauchen würden, andere zu verletzen. Jesus löste Zungen, die eines Tages Flüche ausstoßen würden. Er gab Menschen ihr Augenlicht wieder, die lüstern blicken würden. Er heilte Hände, die eines Tages andere töten würden.

Jedes Mal, wenn Jesus einen Menschen heilte, musste er dessen Zukunft wie auch dessen Vergangenheit außer Acht lassen.

So verfährt er übrigens heute noch.

Großartige Musik

Ich danke dir, dass du mich so wunderbar gestaltet hast.
Psalm 139,14

Antonio Stradivari war im siebzehnten Jahrhundert Geigenbauer. Sein Name ist heute gleichbedeutend mit vorzüglicher Arbeit. Einst sagte er Folgendes: Eine Geige weniger gut zu bauen, als er sie bauen könne, hieße, Gott zu berauben, denn Gott könne ohne Antonio keine Stradivaris bauen.

Er hatte recht. Gott konnte ohne Antonio Stradivari keine Stradivari-Geigen bauen. Diesem einen Kunsthandwerker waren bestimmte Gaben verliehen worden, über die kein anderer Geigenbauer verfügte.

Nach dem gleichen Prinzip gilt: Es gibt bestimmte Dinge, die nur Sie tun können und kein anderer. Ihren Kindern eine gute Mutter oder ein guter Vater zu sein vielleicht, oder Häuser zu bauen, oder Mutlose zu ermutigen. Jedenfalls gibt es Dinge, die nur Sie tun können, und Sie sind deshalb am Leben, damit Sie sie tun. In dem großen Orchester, das wir das Leben nennen, sind Ihnen ein Instrument und eine Melodie zugeteilt, und Sie sind es Gott schuldig, großartig zu spielen.

Gottes Lieblingswort

Jesus spricht: Kommt her, folgt mir nach!
Matthäus 4,19

Gott lädt gerne ein. Er lud Maria ein, seinen Sohn auf die Welt zu bringen, die Jünger, Menschenfischer zu werden, die Ehebrecherin, einen Neuanfang zu wagen, und Thomas, seine Wunden zu berühren. Gott ist der König, der den Palast bereitmacht, den Tisch deckt und seine Untertanen zu sich einlädt.

Wie es scheint, lautet sein Lieblingswort: „Kommt!"

„So kommt denn und lasst uns miteinander rechten, spricht der Herr: Wenn eure Sünde auch blutrot ist, soll sie doch schneeweiß werden" (Jesaja 1,18).

„Wer durstig ist, der komme zu mir und trinke!" (Johannes 7,37).

„Kommt her zu mir, alle, die ihr mühselig und beladen seid; ich will euch erquicken" (Matthäus 11,28)

Gott ist ein Gott, der einlädt. Gott ist ein Gott, der uns zu sich ruft.

Die Rebe und der Weinstock

Bleibt in mir, dann bleibe ich in euch.
Die Rebe kann aus sich keine Frucht bringen,
sondern nur, wenn sie am Weinstock bleibt.
Johannes 15,4

Gott möchte so eng mit uns verbunden sein wie eine Rebe mit einem Weinstock. Die eine ist eine Erweiterung des andern. Man kann unmöglich bestimmen, wo der Weinstock aufhört und die Rebe anfängt. Die Rebe ist nicht nur in dem Augenblick, in dem sie Frucht hervorbringt, mit dem Weinstock verbunden. Der Gärtner bewahrt die Reben nicht in einer Kiste auf, um sie an dem Tag, an dem er Trauben ernten möchte, dem Weinstock aufzupropfen. Nein, die Rebe nährt sich ständig aus dem Weinstock.

Gott verwendet auch den Tempel als Bild für den vertrauten Umgang, den er sich mit uns wünscht. „Wisst ihr nicht, dass euer Leib ein Tempel des Heiligen Geistes ist, der in euch wohnt und den ihr von Gott habt?“, fragt Paulus (1. Korinther 6,19). Denken Sie einen Moment mit mir zusammen über den Tempel nach. Gott ist nicht in seinen Tempel gekommen und dann bald wieder gegangen. Es war nicht so, dass er erschien und schnell wieder verschwand. Seine Gegenwart dort war von Dauer, und die Menschen hatten stets Zugang zu ihm.

Welch eine unglaubliche gute Nachricht für uns! Wir sind NIEMALS weit von Gott entfernt!

Ein heimlicher Held

Ich habe das Geheimnis gelernt,
zu jeder Zeit und in allem, was geschieht,
zufrieden zu sein.
Philipper 4,12

Werfen Sie einen Blick in das Gefängnis und sehen Sie sich Paulus einmal an: gebeugt und gebrechlich, gefesselt an das Handgelenk eines römischen Wachtpostens. Siehe da, der Apostel Gottes: Total abgebrannt. Keine Familie. Nichts, was er sein Eigen nennen konnte. Kurzsichtig. Erschöpft.

Er sieht nicht aus wie ein Held.

Er spricht auch nicht wie ein Held. Er stellt sich als der schlimmste Sünder der Geschichte vor. Ehe er zum geistlichen Leiter wurde, hatte er Christen umgebracht. Zeitweise war sein Herz so zentnerschwer, dass er seine Feder kaum über das Blatt bewegen konnte. „Ich elender Mensch! Wer wird mich erlösen von diesem todverfallenen Leib?" (Römer 7,24).

Der Himmel allein weiß, wie lange er diese Frage anstarrte, ehe er den Mut fand, gegen alle Logik die Worte zu schreiben: „Ich danke Gott dafür, dass er mich durch Jesus Christus, unseren Herrn, errettet hat!" (Römer 7,25).

Macht – und die schmerzlichen Folgen

Die Weisheit dieser Welt ist Torheit bei Gott.
1. Korinther 3,19

Macht tritt in vielerlei Gestalt auf.

Da ist der Ehemann, der seiner Frau ein freundliches Wort verweigert.

Da ist der Angestellte, dessen persönlicher Ehrgeiz größer ist als seine persönliche Integrität.

Da ist die Ehefrau, die sich sexuell von ihrem Mann zurückzieht, um ihn zu bestrafen oder ihn zu „bearbeiten".

Das alles wird auf ein und dieselbe Weise buchstabiert: M-A-C-H-T. Und alle diese Machtmenschen verfolgen ein und dasselbe Ziel: „Ich will mich um jeden Preis durchsetzen, auch wenn du das Nachsehen hast."

Doch am Ende nützt ihnen das nichts. Absolute Macht ist unerreichbar. Wenn man am Gipfel steht, falls es einen Gipfel gibt, da ist nur noch ein Weg nach vorne, und der führt nach unten. Der Abgang erweist sich oft als äußerst schmerzhaft.

Wird es in tausend Jahren noch von Bedeutung sein, mit welchem Titel die Welt Sie angeredet hat? Nein. Aber wessen Kind Sie sind, das wird für Sie buchstäblich den Unterschied zwischen Himmel und Hölle ausmachen.

Die mächtige Hand Gottes

Durch seine Macht wurde alles erschaffen –
im Himmel und auf der Erde,
Sichtbares und Unsichtbares.
Kolosser 1,16

Durch eine einzige Entscheidung wurde die Geschichte in Gang gesetzt. Die Existenz wurde messbar.

Aus dem Nichts entstand das Licht.

Aus dem Licht entstand der Tag.

Es folgten der Himmel und die Erde.

Und auf der Erde? Da war eine mächtige Hand am Werk.

Es wurden Schluchten in die Landschaft gemeißelt, Weltmeere ausgehoben. Berge brachen aus dem Flachland hervor, Sterne wurden ins All geschleudert. Ein ganzes Universum glitzerte.

Wenn Sie sich eine Schlucht anschauen, so werden Sie die Herrlichkeit des Schöpfers wahrnehmen. Wenn Sie eine Blume berühren, so werden Sie erkennen, welche kostbare Feinarbeit er geleistet hat. Wenn Sie dem Donner lauschen, so werden Sie seine Macht hören.

Heute werden Sie eine Begegnung haben mit Gottes Schöpfung. Wenn Sie die Schönheit wahrnehmen, die Sie umgibt, sollten Sie jedem Detail gestatten, Sie zum Lobpreis anzuregen. Sagen Sie Gott, wie sehr Sie seine Schöpfung schätzen. Ermutigen Sie auch andere, die Schönheit dieser Welt zu erkennen.

Alt, aber erlesen

Bis in euer Alter bin ich derselbe,
und ich will euch tragen, bis ihr grau werdet.
Jesaja 46,4

Das Älterwerden birgt Gefahren. Der Weg ist tückisch, und es gibt jede Menge Fallgruben. Es wäre klug, darauf vorbereitet zu sein. Sie wissen ja, was Ihnen bevorsteht. Es ist nicht so, dass Gott den Alterungsprozess geheim gehalten hat. Es ist nicht so, als müssten Sie dabei Pionierarbeit leisten. Andere sind diesen Weg vor Ihnen gegangen. Schauen Sie sich um. Sie werden mehr als genug Anlässe finden, sich vorzubereiten, und mehr als genug Fallbeispiele, die Sie sich zu Gemüte führen sollten. Wenn das Älterwerden Sie kalt erwischt, klagen Sie Gott nicht an. Er hat Sie im Voraus gewarnt. Er hat Ihnen ebenso jede Menge Rat auf den Weg gegeben.

Ihre letzten Kapitel können ihre besten sein. Ihr letztes Lied kann Ihr großartigstes sein. Möglicherweise hat Ihr ganzes Leben nur dazu gedient, Sie auf einen großartigen Abgang vorzubereiten. Die ältesten Gottesknechte gehörten schon immer zu den erlesensten.

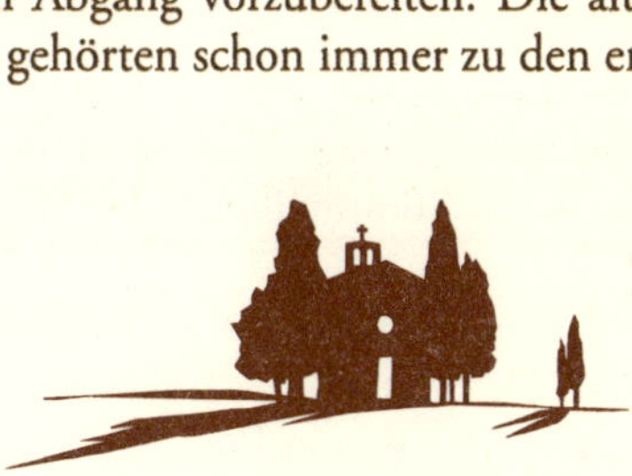

Gott wird dafür sorgen, dass Sie es bis nach Hause schaffen

Was wir jetzt sehen, besteht nur eine gewisse Zeit.
Das Unsichtbare aber besteht ewig.
2. Korinther 4,18

Für einige unter Ihnen war es eine lange Reise. Sehr lang und sehr bewegt. Ich möchte auf keinen Fall die Schwierigkeiten herunterspielen, denen Sie sich auf dem Weg gegenübergesehen haben. Einige unter Ihnen haben Lasten getragen, denen nur wenige unter uns gewachsen wären. Sie haben von einem Lebenspartner Abschied nehmen müssen. Man hat Ihnen den Lebenstraum genommen. Sie haben einen Körper, der Ihrem Geist nicht gerecht wird. Sie haben einen Ehepartner, der Ihren Glauben ablehnt. Sie haben Rechnungen zu zahlen, die Ihre Gehaltsschecks weit übertreffen, und Herausforderungen, die Ihre Kraft weit übersteigen.

Und Sie sind müde.

Es fällt Ihnen inmitten all dieser Stürme schwer, die himmlische Stadt zu sehen. Sie verspüren ein verlockendes Verlangen, an die Seite zu fahren und auszusteigen. Ja, Sie möchten eigentlich weitermachen, aber an manchen Tagen kommt Ihnen der Weg unerträglich lang vor.

Gestatten Sie mir, Ihnen Mut zu machen. Gott hat nie gesagt, dass die Reise uns leichtfallen würde. Er hat aber sehr wohl gesagt, dass es lohnt anzukommen.

Abgesondert

Wer ein Freund der Welt sein will,
der wird Gottes Feind sein.
Jakobus 4,4

Heute würde Johannes der Täufer keine Anstellung finden. Ihn würde keine Kirchengemeinde haben wollen. Seine PR-Arbeit war eine einzige Katastrophe. „Er trug ein Gewand aus Kamelhaaren und einen ledernen Gürtel und aß Heuschrecken und wilden Honig" (Markus 1,6). Wer wollte sich schon jeden Sonntag mit so einem abgeben?

Seine Botschaft war ebenso unappetitlich wie seine Kleidung. Er forderte die Menschen mit Nachdruck und ohne Umschweife auf, Buße zu tun, weil Gott zu ihnen unterwegs war.

Johannes der Täufer sonderte sich für eine bestimmte Aufgabe ab, nämlich die Stimme Christi zu sein. Alles an Johannes war zielgerichtet: seine Kleidung, seine Diät, sein Verhalten, seine Forderungen.

Man muss sich der Welt nicht anpassen, um sie beeinflussen zu können. Man muss sich der Menge nicht angleichen, um Veränderungen zu bewirken. Sie müssen sich nicht auf das Niveau anderer hinabbegeben, um sie auf Ihr Niveau zu heben. Der Wunsch, heilig zu sein, macht uns nicht wunderlich. Er lässt uns danach trachten, so zu sein wie Gott selbst.

Gott respektiert unsere Entscheidung

Wir alle waren wie Schafe, die sich verlaufen haben; jeder ging seinen eigenen Weg.
Jesaja 53,6

Wie kann ein liebender Gott Menschen zur Hölle schicken? Man hört diese Frage recht häufig. Doch wer so fragt, macht deutlich, dass er einiges missverstanden hat.

Zunächst einmal schickt Gott niemanden zur Hölle. Er respektiert einfach die Entscheidung, die wir Menschen selbst treffen. Die Hölle ist der höchste Ausdruck der göttlichen Achtung vor der Würde des Menschen. Gott hat noch nie jemanden gezwungen, sich für ihn zu entscheiden, obwohl er wusste, dass viele Menschen sich deshalb für die Hölle entscheiden würden.

Nein, Gott „schickt" niemanden zur Hölle. Und er schickt auch keine Menschen zur Hölle. Hier haben wir es mit einem zweiten Missverständnis zu tun.

Das Wort „Menschen" ist neutral und lässt auf Unschuld schließen. Die Bibel lehrt jedoch nirgendwo, dass unschuldige Menschen verdammt werden. Nicht unschuldige Menschen kommen in die Hölle, sondern hartnäckige, egoistische Sünder. Wie kann also ein liebender Gott Menschen zur Hölle schicken? Er tut es nicht. Er respektiert ganz einfach die Entscheidung, die Sünder für sich treffen.

10. JUNI

Kurz und bündig

Sie leiern endlose Worte herunter, weil sie meinen, sie könnten bei Gott etwas erreichen, wenn sie besonders viele Worte machen.
Matthäus 6,7

Ich liebe kurze Sätze. Es folgen einige solcher Sätze aus meinen Büchern sowie ein paar aus Büchern, die andere Leute geschrieben haben. Merken Sie sich die Sprüche, die Ihnen gefallen. Vergeben Sie mir die, die Ihnen gegen den Strich gehen. Teilen Sie sie anderen mit, wenn sich die Gelegenheit ergibt.

Beten Sie ständig. Verwenden Sie bei Bedarf Worte.

Gott vergisst die Vergangenheit. Tun Sie es ihm gleich.

Dass ich habgierig war, musste ich schon oft bereuen. Dass ich freigiebig war, nie.

Bitten Sie Gott nicht, das zu tun, was Ihnen passt. Bitten Sie ihn, das zu tun, was recht ist.

Niemand ist für Gott unnütz. Niemand.

Es waren nicht die Nägel, die Gott am Kreuz festhielten, sondern die Liebe.

Sie können niemandem mehr Vergebung zusprechen als Gott Ihnen.

Wer hat das Sagen?

Ladet alle eure Sorgen auf ihn ab,
denn er sorgt für euch.
1. Petrus 5,7

Sorgen lassen uns vergessen, wer das Sagen hat.

Und wenn unser Blick auf uns selbst gerichtet ist, machen wir uns Sorgen. Wir werden, was viele Dinge betrifft, ängstlich. Wir machen uns um so manches Sorgen, z. B. darüber, dass die anderen Mitarbeiter uns vielleicht nicht schätzen könnten; dass unsere Leiter zu viel von uns verlangen könnten; dass der Superintendent uns nicht verstehen könnte; dass der Kirchenvorstand uns vielleicht nicht unterstützen wird.

Mit der Zeit werden unsere Ziele wichtiger als das, was Gott für uns geplant hat. Wir beschäftigen uns mehr damit, uns und unsere Arbeit ins richtige Licht zu rücken, und weniger damit, Gott gefällig zu sein. Und am Ende kann es sogar vorkommen, dass wir das Urteil Gottes in Frage stellen.

Gott hat Ihnen Gaben auf den Weg gegeben. Das Gleiche gilt für Ihren Nächsten. Wenn Sie sich ständig mit den Gaben Ihres Nächsten befassen, dann werden Sie mit der Zeit die eigenen vernachlässigen. Wenn Sie sich jedoch um die eigenen Gaben kümmern, dann könnte es sein, dass Sie sich selbst inspirieren, und Ihren Nächsten auch.

Mit Gott leben

Ihr seid unterwiesen worden,
euch im Herzen erneuern zu lassen
und ein neuer Mensch zu werden.
Dieser neue Mensch ist dazu geschaffen,
so zu sein wie Gott, das heißt,
wirklich gut und heilig.
Epheser 4, 23+24

Zu einer gesunden Ehe gehört dauerhaftes „Bleiben“. Der Mann bleibt bei der Frau, und sie bleibt bei ihm. Zwischen den beiden herrscht Zärtlichkeit und Redlichkeit. Und sie reden immer wieder miteinander. Das Gleiche trifft auf unsere Beziehung zu Gott zu. Manchmal gehen wir zu ihm, um unsere Freude mit ihm zu teilen, und manchmal, um unseren Kummer bei ihm loszuwerden. Wir gehen aber immer wieder zu ihm. Und je öfter wir gehen, umso mehr werden wir ihm ähnlich. Paulus meint, wir werden dabei „von einer Herrlichkeit zur anderen“ verwandelt (2. Korinther 3, 18).

Menschen, die ihr ganzes Leben miteinander verbracht haben, fangen irgendwann an, ähnlich zu klingen, ähnlich zu sprechen, sogar ähnlich zu denken. Wenn wir mit Gott leben, nehmen wir seine Gedanken, seine Grundsätze und seine Einstellung an. Unser Herz gleicht sich seinem Herzen an.

Ein Versprechen, das gehalten wird

Ich sah die heilige Stadt, das neue Jerusalem, von Gott aus dem Himmel herabkommen, bereitet wie eine geschmückte Braut für ihren Mann.
Offenbarung 21,2

Die Heilige Stadt, sagt Johannes, ist „wie eine geschmückte Braut für ihren Mann".

Was könnte schöner sein als eine Braut?

Vielleicht liegt das an der Aura der Reinheit, die an ihr haftet wie der Tau an einer Rose. Oder vielleicht liegt es an den glitzernden Diamanten in ihren Augen. Oder vielleicht an dem liebevollen Erröten, das ihre Wangen rosa färbt, oder an dem Blumenstrauß voller Zusagen, die sie in der Hand trägt.

Eine Braut. Elegant geschmückte Selbsthingabe. „Ich werde für immer bei dir bleiben." Ein Morgen, das heute Hoffnung bringt. Die Zusage, rein zu sein, in Treue gehalten.

Wenn Sie lesen, dass unser himmlisches Zuhause wie eine Braut ist, überkommt Sie da nicht ein Verlangen heimzugehen?

Ein Mittel gegen die Enttäuschung

Ich bin der Herr, der Gott aller Menschen.
Sollte mir etwas unmöglich sein?
Jeremia 32, 27

Wir brauchen die Botschaft, dass Gott immer noch Herr der Lage ist. Es wird erst dann mit uns zu Ende gehen, wenn Gott den entsprechenden Befehl erteilt. Die tragischen Missgeschicke des Lebens sind kein Grund abzuspringen. Sie sind nur ein weiterer Grund, fest im Sattel zu bleiben.

Corrie ten Boom sagte früher immer: „Wenn der Zug durch einen Tunnel fährt und die Welt sich verfinstert, springt man da ab? Natürlich nicht. Man bleibt still sitzen und vertraut darauf, dass der Lokführer einen schon ans Ziel bringen wird."

Wie wird man mit Mutlosigkeit fertig? Welches Mittel wirkt gegen Enttäuschung? Gehen Sie noch einmal zurück und lesen Sie die Geschichte Gottes. Lesen Sie sie immer und immer wieder. Lassen Sie sich daran erinnern, dass Sie nicht der Erste sind, der geweint hat. Und Sie werden auch nicht der Erste sein, dem geholfen wurde.

Lesen Sie die Geschichte und denken Sie daran, dass es Ihre Geschichte ist!

Die große Entscheidung

Gefällt es euch nicht, dem Herrn zu dienen, so wählt euch heute, wem ihr dienen wollt.
Josua 24,15

Wozu Gott uns auffordert, ist eindeutig und nicht verhandelbar. Er gibt uns alles, und wir geben ihm alles. So einfach, so kompromisslos ist das. Gottes Forderung ist ebenso wie sein Angebot absolut klar. Die Entscheidung liegt bei uns. Ist es nicht unglaublich, dass Gott uns die Entscheidung überlässt? Denken Sie darüber nach. Es gibt viele Dinge im Leben, die wir uns nicht aussuchen können. So können wir uns beispielsweise das Wetter nicht aussuchen. Auch die Wirtschaft richtet sich nicht nach unserem Gutdünken.

Wir können uns nicht aussuchen, ob wir mit einer langen Nase oder mit blauen Augen oder mit einem vollen Haarschopf geboren werden. Wir können uns nicht einmal aussuchen, wie andere auf uns reagieren.

Wir können uns aber sehr wohl entscheiden, wo wir die Ewigkeit verbringen werden. Die große Entscheidung überlässt Gott uns. Es ist an uns, die kritische Entscheidung zu treffen.

Am Ende wird nur diese eine Entscheidung zählen.

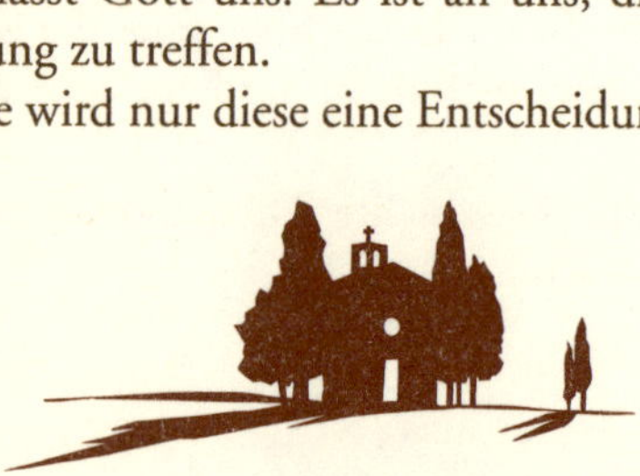

Gesucht: Ein großer Retter

Alle haben gesündigt und sind nicht gut genug
für die Herrlichkeit Gottes.
Alle haben es deshalb nötig,
in eine rechte Beziehung zu Gott
gebracht zu werden.
Das geschieht nur durch seine Gnade,
die ein reines Geschenk ist.
Römer 3,23+24

Was den Menschen rettet, ist zuallererst die Gnade Gottes. Nicht unsere Werke. Nicht unsere Begabungen. Nicht unsere Gefühle. Nicht unsere Kraft.

Das Heil ist die plötzlich auftretende, beruhigende Gegenwart Gottes auf dem stürmischen See unseres Lebens. Wir hören seine Stimme, wir gehen einen Schritt auf ihn zu.

Wie dem Apostel Paulus sind uns dabei zwei Wahrheiten bewusst: Wir sind große Sünder und wir brauchen einen großen Retter.

Wie dem Apostel Petrus sind uns zwei Tatsachen bewusst: Wir gehen unter, und Gott steht oben. Also lassen wir die *Titanic* der Selbstgerechtigkeit hinter uns und begeben uns auf den soliden Weg der Gnade Gottes.

Und dann stellen wir überrascht fest, dass wir auf dem Wasser wandeln können. Der Tod ist entwaffnet. Versagen ist vergebbar. Das Leben hat einen echten Sinn. Und Gott ist nicht nur in Sichtweite, er ist auch in Reichweite.

Vergangenheitsbewältigung

Sieh ab vom Zorn und lass den Grimm;
erhitze dich nicht, es führt nur zu Bösem.
Psalm 37,8

Zorn. Man kann ihn leicht definieren: Es handelt sich um den Lärm in unserer Seele.

Zorn. Der unsichtbare Reiz in unserem Herzen.

Zorn. Der unbarmherzige Eindringling in das Schweigen.

Je lauter er wird, umso verzweifelter werden wir.

Einige unter Ihnen denken jetzt: *Der hat keine Ahnung, wie schwer ich es bisher gehabt habe.* Und Sie haben recht. Ich kann es nicht wissen. Ich habe jedoch eine sehr deutliche Vorstellung davon, wie unglücklich Ihre Zukunft sein wird, wenn Sie Ihren Zorn nicht bewältigen.

Wenn Sie ein Röntgenbild des Rachsüchtigen machen, so werden Sie sofort den Tumor der Bitterkeit erkennen: schwarz, bedrohlich, bösartig. Ein Karzinom des Geistes, dessen todbringende Tentakel das Herz im Würgegriff halten. An dem, was gestern passierte, können Sie nichts mehr ändern. Aber Ihre Reaktion auf das Gestern können Sie sehr wohl ändern. Die Vergangenheit können Sie nicht rückgängig machen. Sie können sich aber sehr wohl entscheiden, anders mit der Vergangenheit umzugehen.

Wer ist mein Bruder?

Herr, wie oft muss ich denn meinem Bruder, der an mir sündigt, vergeben? (...) Jesus sprach: Siebzigmal siebenmal.
Matthäus 18,21+22

Mir kommt es vor, als würde Gott uns jede Menge mehr Gnade schenken, als wir uns das jemals vorstellen könnten.

Wir könnten es ihm gleichtun.

Ich bin nicht dafür, die Wahrheit zu verwässern oder, was das Evangelium betrifft, Kompromisse einzugehen. Doch wenn jemand Gott aus reinem Herzen als seinen *Vater* bezeichnet, warum soll ich ihn dann nicht meinen *Bruder* nennen? Wenn Gott die Mitgliedschaft in seiner Familie nicht von einer vollkommen richtigen Lehrauffassung abhängig macht, warum sollte ich es tun?

Und wenn wir nie einer Meinung sind, können wir uns nicht wenigstens darauf einigen, verschiedener Meinung zu sein? Wenn Gott meine Fehler duldet, sollte ich da nicht die Fehler anderer dulden? Wenn Gott es mir mit meinen Schwächen und meinem Versagen gestattet, ihn *Vater* zu nennen, sollte ich da nicht anderen die gleiche Gnade erweisen?

In der Gegenwart Gottes leben

Hört nicht auf, zu beten und zu flehen!
Betet jederzeit im Geist; (...) bittet für alle Heiligen.
Epheser 6,18

Wie kann ich in der Gegenwart Gottes leben? Woran merke ich seine unsichtbare Hand auf meiner Schulter und seine leise Stimme an meinem Ohr? Wie können Sie und ich mit der Stimme Gottes vertraut werden? Dazu ein paar Gedanken:

Übergeben Sie Gott gleich beim Aufwachen Ihre Gedanken. Noch ehe Sie sich mit dem vor Ihnen liegenden Tag auseinandersetzen, sollten Sie mit dem Vater Rücksprache halten. Noch ehe Sie aus dem Bett aufstehen, sollten Sie sich bewusst in seine Gegenwart begeben.

Übergeben Sie Gott auch dann Ihre Gedanken, wenn Sie im Verlauf des Tages warten müssen. Verbringen Sie dann Zeit mit ihm in der Stille.

Übergeben Sie Gott Ihre geflüsterten Gedanken. Betrachten Sie jeden Augenblick als eine Möglichkeit, mit Gott Gemeinschaft zu haben.

Übergeben Sie Gott Ihre Gedanken, ehe Sie nachts einschlafen. Lassen Sie Ihre Gedanken am Ende des Tages bei ihm verweilen. Beschließen Sie den Tag so, wie Sie ihn angefangen haben: Reden Sie mit Gott.

20. JUNI

Eine himmlische Perspektive

Bittet, und ihr werdet bekommen!
Sucht, und ihr werdet finden!
Klopft an, und man wird euch öffnen!
Matthäus, 7,7

„Geht und berichtet Johannes, was ihr hört und seht: Blinde sehen wieder, und Lahme gehen; (...) und den Armen wird das Evangelium verkündet."

So lautete die Antwort Jesu auf die gequälte Frage, die Johannes ihm vom Gefängnis des Zweifels aus stellte: „Bist du der, der kommen soll, oder müssen wir auf einen anderen warten?" (Matthäus 11,3-6).

Wir wissen nicht, wie Johannes die Antwort Jesu aufnahm. Wir können es uns jedoch vorstellen. Ich jedenfalls stelle mir vor, wie ein leichtes Lächeln über sein Gesicht ging, als er die Worte seines Meisters hörte. Denn jetzt verstand er. Jesus hatte nicht geschwiegen; Johannes hatte vielmehr Ausschau gehalten nach der falschen Antwort. Johannes hatte eine Antwort auf seine irdischen Probleme erwartet, während Jesus damit beschäftigt war, geistliche Probleme zu lösen.

Es lohnt sich, daran zu denken, wenn Sie das nächste Mal das Schweigen Gottes hören.

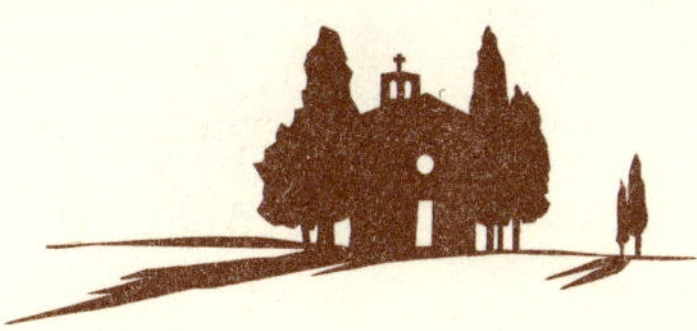

Gott ruft Sie beim Namen

Gott, der Herr, sagt: Ich selbst will jetzt nach meinen Schafen sehen und mich um sie kümmern.
Hesekiel 34, 11

Er wartet auf Sie. Gott steht voller Erwartungen auf der Veranda des Himmels und sucht den Horizont immer wieder ab, in der Hoffnung, einen Blick auf sein Kind zu erhaschen. Sie sind es, den Gott sucht.

Gott ist der wartende Vater, der fürsorgliche Hirte, der sich auf die Suche nach seinem Lamm begeben hat. Seine Beine sind zerkratzt und seine Füße wund. Ihm brennen die Augen. Er erklettert Felswände und überquert Äcker. Er erforscht Höhlen. Er formt die Hände zu einem Trichter und ruft laut in die Schlucht hinein.

Der Name, den er dabei ruft, ist Ihr Name.

Die Botschaft ist einfach: Gott hat seinen Sohn dahingegeben, damit er alle seine Söhne und Töchter rettet. Damit er seine Kinder nach Hause führt. Er lauscht auf Ihre Antwort.

22. JUNI

Ein wenig Licht, bitte!

Gegen Morgen kam Jesus auf dem Wasser zu ihnen.
Als sie ihn auf dem Wasser gehen sahen,
erschraken sie (...) und schrien vor Angst.
Matthäus 14,25+26

Hin und wieder gibt es ein Gewitter. Dann schaue ich zum sich verfinsternden Himmel empor und sage: „Gott, ein wenig Licht, bitte!"

Das Licht kam zu den Jüngern. Es kam eine Gestalt zu ihnen, die auf dem Wasser wandelte. Das war nicht, was sie erwartet hatten. Vielleicht rechneten sie damit, dass der Himmel sich auftun und Engel herabfahren würden. Wir wissen es nicht. Eines ist jedoch sicher: Sie rechneten nicht damit, dass Jesus auf dem Wasser zu ihnen kommen würde.

Und da Jesus nicht so zu ihnen kam, wie sie es erwartet hatten, hätten sie beinahe die Erhörung ihrer Gebete verpasst.

Wenn wir nicht ganz genau hinschauen und hinhören, laufen wir Gefahr, den gleichen Fehler zu begehen. Gottes Lichter in unseren finsteren Nächten sind so zahlreich wie die Sterne, wenn wir nur nach ihnen Ausschau halten.

Friedensverträge der Liebe

Seht zu, dass keiner dem anderen
Böses mit Bösem vergilt,
sondern jagt immer dem Guten
nach untereinander und gegen jedermann.
1. Thessalonicher 5,15

Seinen Anhängern gegenüber beschrieb Jesus seinen Auftrag folgendermaßen: Er sei gekommen, eine Beziehung zu den Menschen aufzubauen. Er sei gekommen, Feindschaft, Streit und die Entfremdung zwischen Gott und den Menschen aufzuheben. Und als er diese Brücke gebaut, diese Probleme überwunden hatte, sagte er: „Ich will euch Freunde nennen."

Beim Kitten einer Beziehung braucht man unbedingt die Einsicht, dass es noch nie eine perfekte Freundschaft, eine perfekte Ehe oder eine perfekte Person gegeben hat. Wenn Sie sich entscheiden, eine Beziehung nicht aufzugeben, so können Sie Friedensverträge der Liebe, der Toleranz und der Harmonie entwickeln, mit deren Hilfe Sie aus einer schwierigen Situation etwas Wunderschönes machen können.

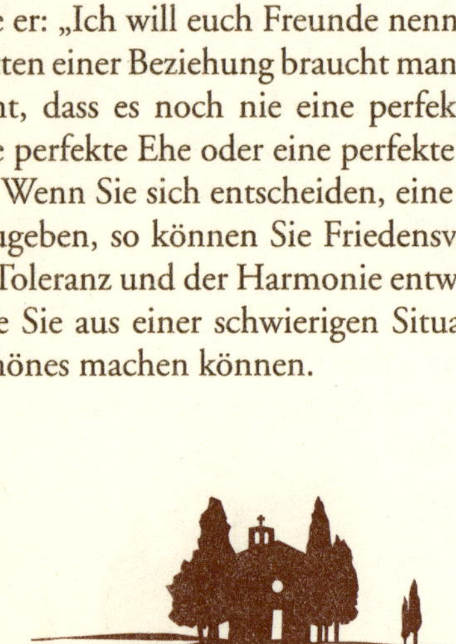

Ein Auftrag mit hohem Einsatz

Fürchtet euch nicht vor denen, die den Leib töten,
doch die Seele nicht töten
können; fürchtet euch aber vielmehr vor dem,
der Leib und Seele in der Hölle verderben kann.
Matthäus 10,28

Das Elend in der Hölle ist groß, aber nicht so groß wie die Liebe Gottes.

Welchen Nutzen können wir aus dieser Wahrheit ziehen? Sind Sie erlöst, so sollte sie Ihnen ein Anlass zur Freude sein. Sie sind gerettet. Ein Blick in die Hölle lässt den gläubigen Christen jubeln. Er lässt ihn aber auch seine Bemühungen um die Rettung Verlorener verdoppeln. Wer die Hölle verstanden hat, der betet ernsthafter und dient Gott mit größerem Eifer. Wir haben einen Auftrag mit hohem Einsatz.

Und die Verlorenen? Welche Botschaft steckt in diesen Worten für diejenigen, die nicht auf den Tod vorbereitet sind? Achten Sie auf die Warnungen und machen Sie sich bereit! Dieses Flugzeug wird nicht für immer fliegen. Der Tod ist die Bestimmung eines jeden Menschen; das sollten die Lebenden zu Herzen nehmen.

25. JUNI

Welchen Preis zahlen Sie?

Unser Leben wird nicht daran gemessen,
wie viel wir besitzen.
Lukas 12,15

Jesus hat an dieser Stelle seine Definition von *Habgier* formuliert. Habgierig ist nach dieser Definition, wer Lebensqualität, ganz gleich, ob die eigene oder die eines anderen, am Besitz festmacht.

Der Habgierige setzt den Wert eines Menschen mit dessen Portmonee gleich.

1. Hast du viel, bist du viel.
2. Hast du wenig, bist du wenig.

Die Konsequenz aus einer derartigen Weltanschauung lässt sich leicht voraussagen. Ist der Mensch lediglich die Summe dessen, was er besitzt, so sollte er unbedingt danach trachten, alles zu besitzen. Da ist kein Preis zu hoch.

Habgier erkennt man nicht daran, wie viel etwas kostet, sondern daran, was Sie zu zahlen bereit sind.

Kostet Sie etwas Ihren Glauben oder Ihre Familie, so ist der Preis zu hoch.

Sicher in seiner Hand

Gott hat die Macht,
euch vor jedem Fehltritt zu bewahren.
Judas 24

Sie und ich sind auf einer großen Kletterpartie. Die Felswand ist hoch, der Einsatz noch höher. Ihren ersten Schritt machten Sie, als Sie sich zu Jesus Christus als dem Sohn Gottes bekannten. Er schenkte Ihnen seine Ausrüstung: den Heiligen Geist. Er drückte Ihnen ein Seil in die Hand: sein Wort.

Zunächst waren Sie zuversichtlich und machten große Fortschritte. Im Verlauf der Reise stellte sich jedoch Müdigkeit ein. Und mit der Höhe kam die Angst. Sie rutschten aus, verloren den Halt und stürzten ab. Einen Moment lang, der Ihnen wie eine Ewigkeit vorkam, befanden Sie sich im freien Fall. Sie waren nicht mehr Herr der Lage, auch nicht mehr Herr Ihrer selbst. Orientierungslos. Haltlos. Abgestürzt.

Aber dann straffte sich das Seil, und schon war der Sturz vorbei. Sie hingen da im Seil und stellten fest, dass es stark und zuverlässig ist. Ihren Bergführer sehen Sie zwar nicht, doch Sie kennen ihn. Sie wissen, dass er stark ist. Sie wissen, dass er in der Lage ist, Sie vor dem Absturz zu bewahren.

Der Spiegel seiner Herrlichkeit

Wir alle sehen mit unverhülltem Gesicht die
Herrlichkeit des Herrn.
Dabei werden wir selbst in das verwandelt,
was wir sehen,
und bekommen mehr und mehr Anteil
an seiner Herrlichkeit.
2. Korinther 3,18

Wahre Anbetung verändert das Gesicht des Anbetenden. Genau das ist es, was Jesus auf dem Verklärungsberg geschah: „Sein Gesicht leuchtete wie die Sonne" (Matthäus 17,2).

Diese Verbindung zwischen Anbetung und dem Gesicht ist nicht rein zufällig. Unser Gesicht ist der sichtbarste Teil unseres Körpers und wird weniger bedeckt als jeder andere Körperteil. Das Gesicht ist auch der Körperteil, an dem wir (wieder) erkannt werden. Wir füllen das Jahrbuch einer Schulklasse nicht mit Bildern der Füße, sondern mit Fotos von den Gesichtern der Schüler. Es ist Gottes Verlangen, unser Gesicht, diesen entblößten, einprägsamen Teil unseres Körpers, als Spiegel seiner Herrlichkeit zu verwenden.

Vergebung befreit die Seele

Wenn ihr wegen eurer guten Taten leidet
und es ertragt,
das ist Gnade bei Gott.
1. Petrus 2,20

Gibt es irgendein Gefühl, das die Seele mehr fesselt als mangelnde Vergebungsbereitschaft? Wie reagieren *Sie,* wenn andere Sie oder Ihre Lieben schlecht behandeln? Brennt dann in Ihnen das Feuer des Zorns? Verzehren seine lodernden Flammen Ihr Gefühlsleben? Oder greifen Sie auf irgendeine Quelle mit kühlem Wasser zurück und ziehen einen Eimer voll Barmherzigkeit heraus – um sich selbst zu befreien?

Fahren Sie nicht mit der Achterbahn des Grolls und des Zorns. Sagen Sie vielmehr: „Ja, er hat mich schlecht behandelt, doch möchte ich Jesus ähnlich sein. Deshalb sage ich lieber: ‚Vater, vergib ihnen, denn sie wissen nicht, was sie tun.'"

Ein leises Klopfen

Wie der, der euch berufen hat, heilig ist,
sollt auch ihr heilig sein in eurem ganzen Leben!
1. Petrus 1,15

Ich habe etwas gegen die lügenhaften Stimmen, die unsere Welt mit ihrem Lärm erfüllen. Auch Sie haben sie gehört. Diese Stimmen suggerieren uns, wir sollten unsere Integrität gegen einen Neukauf eintauschen. Unsere Überzeugungen gegen ein nicht ganz sauberes Geschäft. Unsere Andacht gegen ein wenig Nervenkitzel.

Sie flüstern. Sie werben. Sie spotten. Sie locken. Sie flirten. Sie schmeicheln. „Mach's doch, es wird schon in Ordnung sein." „Mach dir keine Sorgen, niemand wird es erfahren."

Die Welt rennt uns das Tor ein; Jesus klopft ganz leise an unsere Tür. Die Stimmen schreien uns an, wir sollen uns ihnen anschließen; Jesus bittet uns zärtlich, ihm nachzufolgen. Die Welt verspricht Prunk und Vergnügen; Jesus verspricht ein ruhiges Abendessen – mit Gott.

Auf welche Stimme hören Sie?

Gott als Retter

Wer an den Sohn glaubt, der hat das ewige Leben.
Wer dem Sohn nicht gehorcht,
der wird das Leben nicht sehen.
Johannes 3,36

Wann erfahren wir das Heil?

Wenn wir uns auf Jesus Christus verlassen. Wenn wir ihn als unseren persönlichen Retter annehmen. Erstaunlich einfach, nicht wahr? Nehmen Sie die großartige Zusage aus Johannes 3,16 für sich persönlich in Anspruch: „Denn so sehr hat Gott die Welt geliebt, dass er seinen einzigen Sohn dahingab, damit alle, die an ihn glauben, nicht verloren gehen, sondern das ewige Leben haben."

Gott als Liebhaber. Gott als Geber. Gott als Retter.

Und der Mensch als Glaubender. Denen, die an ihn glauben, hat Gott zugesagt, dass sie von Neuem geboren werden.

Und doch: Obwohl es so einfach ist, gibt es immer noch Menschen, die *nicht* glauben. Die dieser Zusage kein Vertrauen schenken.

Wenn sie es nur ausprobieren würden! Wenn sie das Heil nur testen würden! Gott ist aber ebenso höflich wie leidenschaftlich. Er zwingt sich nie jemandem auf. Die Entscheidung bleibt stets uns überlassen.

Vergeltung zu üben ist Gottes Aufgabe

Sprich nicht: „Ich will Böses vergelten!“
Harre des Herrn, der wird dir helfen.
Sprüche 20,22

Einige unter Ihnen befinden sich im Gerichtssaal. Im Gerichtssaal der Anklage. Einige unter Ihnen erzählen jedem, der bereit ist zuzuhören, von der gleichen alten Verletzung.

Ihnen möchte ich folgende Frage stellen: Wer hat Sie zu Gott gemacht? Ich möchte jetzt nicht anmaßend sein, doch muss ich fragen: Warum verrichten Sie Gottes Arbeit für ihn?

„Die Rache ist mein“, erklärt Gott in seinem Wort, „ich will vergelten“ (Hebräer 10,30).

Vergeltung zu üben ist Gottes Aufgabe. Wer diese Aufgabe selbst übernimmt, zeigt damit an, dass er sie Gott nicht zutraut. Mit anderen Worten: Jede Form von Rache oder Vergeltung ist Gott gegenüber respektlos.

Wir erweisen Gott dadurch Respekt, dass wir anderen verzeihen. Wenn ich jemandem verzeihe, gebe ich nicht zu, dass der andere recht hatte. Wenn ich vergebe, bringe ich die Überzeugung zum Ausdruck, dass Gott treu ist und dass er tun wird, was recht ist.

Ihre geflüsterten Gedanken

Erforsche mich, Gott, und erkenne mein Herz;
prüfe mich und erkenne, wie ich's meine.
Psalm 139,23

Stellen Sie sich einmal vor, wie es wäre, wenn Sie jeden Augenblick als Gelegenheit zur Gemeinschaft mit Gott auffassen würden. Sie werden in Ihrem Leben insgesamt sechs Monate damit verbringen, vor roten Ampeln zu stehen, acht Monate damit, Werbebriefe zu öffnen und unaufgefordert zugeschickte E-Mails zu lesen, anderthalb Jahre (in meinem Fall wohl das Zweifache) damit, Verlorenes zu suchen, und unglaubliche fünf Jahre damit, an verschiedenen Orten Schlange zu stehen.

Warum übergeben Sie diese Momente nicht Gott? Wenn Sie Gott Ihre geflüsterten Gedanken geben, wird das Normale zu etwas Besonderem. Gehauchte Gebete wie: „Danke, Vater" oder: „Übernimm bitte jetzt die Herrschaft in dieser Situation, Herr" oder: „Jesus, du bist mein Zufluchtsort" können aus einer Pendelfahrt eine Wallfahrt machen. Dazu müssen Sie weder Ihr Büro verlassen noch sich in der Küche hinknien. Beten Sie einfach da, wo Sie gerade sind. Gestatten Sie es der Küche, für Sie zur Kathedrale, oder dem Klassenzimmer, zur Kapelle zu werden. Übergeben Sie Gott Ihre geflüsterten Gedanken.

Gott verändert unser Gesicht

Er hat mir ein neues Lied in meinen Mund gegeben, zu loben unsern Gott.
Psalm 40,4

Gott lädt uns ein, ihm ins Gesicht zu schauen, damit er unser Gesicht verändern kann. Er verwendet unser unverhülltes Gesicht, um darin seine Herrlichkeit zu zeigen. Die Verwandlung geht nicht leicht vonstatten. Die Herausforderung, der sich der Bildhauer von Mount Rushmore gegenübersah, war leichter zu bewältigen als die Herausforderung, der sich Gott gegenübersieht, wenn er uns verändern möchte. Dennoch ist unser Herr dieser Aufgabe gewachsen. Er liebt es sogar, die Gesichter seiner Kinder umzumodellieren. Mit seinen geschickten Fingern glättet er die Sorgenfalten. Aus Schatten der Scham und des Zweifels werden Porträts der Gnade und des Vertrauens. Er entspannt unsere zusammengebissenen Zähne und glättet die Furchen auf unserer Stirn. Die Berührung seiner Hand vermag die dunklen Ringe der Erschöpfung unter unseren Augen zu verbannen und Tränen der Verzweiflung in solche der Freude zu verwandeln.

Wie macht er das? Durch Anbetung.

Wir hätten etwas Komplizierteres erwartet, etwas, das uns wirklich herausfordert. Ein vierzigtägiges Fasten vielleicht, oder dass wir das dritte Buch Mose mit seinen vielen ins Einzelne gehenden Gesetzen auswendig lernen. Aber nein. Gottes Plan ist einfacher. Er verändert unser Gesicht dadurch, dass wir ihn anbeten.

Gottes Gnade finden

Auch hast du Leben mir verlieh'n und Gnade.
Es schütze deine Obhut meinen Geist.
Hiob 10,12

Es fällt mir leicht, Gottes Erziehungsmaßnahmen zu schlucken. Es ist nur logisch, sie anzunehmen. Sie sind immer angemessen und lassen sich gut bewältigen. Aber die Gnade Gottes? Das ist etwas anderes. Ich soll Ihnen Beispiele nennen? Dann stellen Sie sich auf eine lange Liste ein.

Der Psalmendichter David wird zum Voyeur, dann wird er mit Hilfe der Gnade Gottes wieder zum Psalmendichter.

Petrus verleugnete Christus, ehe er sein Bote wurde.

Da wäre auch der Gauner Zachäus. Das Sauberste an seinem Leben war das Geld, das er gewaschen hatte. Dennoch nahm sich Jesus für ihn Zeit.

Oder der „Schächer“ (Räuber) am Kreuz: erst ein zum Tode verurteilter Verbrecher auf dem Weg in die Hölle, eine Minute später ein lächelndes Gotteskind, das für den Himmel bestimmt war.

Eine Geschichte folgt der anderen. Ein Gebet dem anderen. Eine Überraschung der anderen. Anscheinend sucht Gott eher Möglichkeiten, uns sicher nach Hause zu geleiten, als Gelegenheiten, uns auszusperren. Ich fordere Sie heraus, auch nur eine Seele zu finden, die Gott um Gnade anflehte und sie nicht erhielt.

Das Gefängnis der Bitterkeit

Denn wenn ihr den Menschen ihre Verfehlungen vergebt, so wird euch euer himmlischer Vater auch vergeben.
Matthäus 7,14

Bitterkeit ist ihr eigenes Gefängnis.

Die Wände sind glitschig vor Grollgefühlen. Ein Fußboden aus morastigem Zorn hält die Füße fest. Der üble Geruch von Verrat verpestet die Luft und lässt die Augen brennen. Eine Wolke des Selbstmitleids blockiert die Aussicht auf den winzigen Ausgang darüber.

Treten Sie ein und schauen Sie sich die Gefangenen einmal an. Es sind Opfer, die an die Wände gefesselt sind. Opfer des Verrats. Opfer des Missbrauchs.

Das tiefe, dunkle Verlies bittet Sie herein. Und Sie können eintreten, das wissen Sie. Sie haben genug Verletzungen erlebt. Sie können sich, wie viele Ihrer Zeitgenossen, dazu entschließen, sich an Ihre Verletzungen zu ketten. Oder Sie können sich, wie manch ein anderer, dazu entschließen, Ihre Verletzungen abzuhaken, noch ehe sie sich in Hass verwandeln.

Wie geht Gott mit der Bitterkeit in unserem Herzen um? Er erinnert uns daran, dass, was wir bereits haben, wichtiger ist, als was wir nicht haben. Wir haben immer noch unsere Beziehung zu Gott. Die kann uns niemand nehmen.

Der vollkommene Priester

... wenn er an jenem Tag kommt,
um inmitten seiner Heiligen
gefeiert und im Kreis all derer bewundert zu werden,
die den Glauben angenommen haben ...
2. Thessalonicher 1,10

Was werden wir an dem Tag sehen, an dem wir Jesus mit eigenen Augen sehen?

Wir werden den vollkommenen Priester sehen. „Er trug ein langes Gewand und um die Brust einen goldenen Gürtel" (Offenbarung 1,13). Die Empfänger dieser Botschaft kannten die Bedeutung des Gewands und des Gürtels. Jesus trägt die Tracht eines Priesters. Ein Priester ist jemand, der Gott bei den Menschen und die Menschen bei Gott vertritt.

Sie haben andere Priester kennengelernt. Es hat andere Leute in Ihrem Leben gegeben, die, ganz gleich, ob es Geistliche waren oder nicht, versucht haben, Sie zu Gott zu führen. Doch auch sie brauchten einen Priester. Einige brauchten ihn dringender als Sie. Wie Sie waren auch diese Menschen Sünder. Bei Jesus ist das anders. „Jesus ist ein Hoher Priester von der Art, wie wir sie brauchen. Er ist heilig, sündlos, rein, von Sündern unbeeinflusst und über die Himmel erhöht" (Hebräer 7,26).

Jesus ist der vollkommene Priester.

Näher, als Sie denken

Aber sogleich redete Jesus mit ihnen und sprach:
Seid getrost, ich bin's; fürchtet euch nicht!
Matthäus 14,27

Als die Jünger inmitten dieser stürmischen Nacht Jesus sahen, bezeichneten sie ihn als Gespenst. Als Phantom. Ihnen kam der Lichtschein, den er verbreitete, alles andere als göttlich vor.

Wir reagieren oft ähnlich, wenn wir ein sanftes Licht am Horizont wahrnehmen. Wir tun gelegentliche Akte der Freundlichkeit als Trugbilder, Zufälle oder Anomalien ab. Wir erkennen in ihnen alles Mögliche, nur nicht Gott.

Wir halten Ausschau nach einem Osterfeuer und übersehen deshalb die Kerze. Wir erwarten einen Schrei und überhören das geflüsterte Wort.

Dennoch kommt Gott im Kerzenschein zu uns und spricht durch geflüsterte Zusagen: „Wenn du zweifelst, schau dich um; ich bin dir näher, als du denkst."

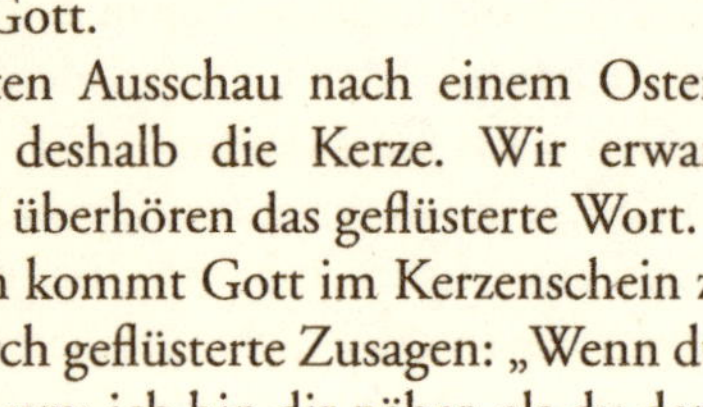

Er bewahrte den Glauben

Bewahre den Glauben und ein reines Gewissen!
Manche haben in ihrem Glauben
Schiffbruch erlitten,
weil sie nicht auf die Stimme ihres Gewissens
gehört haben.
1. Timotheus 1,19

Ich sitze einem Mann gegenüber, der sich in der Todeszelle befindet. Er ist von Geburt Jude, von Beruf Zeltmacher. Der Berufung nach ist er Apostel. Seine Tage sind gezählt. Ich bin neugierig und möchte wissen, was diesem Mann den Mut gibt, seiner Hinrichtung so gefasst entgegenzusehen. Ich stelle ihm deshalb einige Fragen.

Paulus, hast du eine Familie? *Ich habe keine Angehörigen.*

Wie steht es um deine Gesundheit? *Mein Körper ist geschunden und erschöpft.*

Irgendwelche Auszeichnungen erhalten? *Nicht in dieser Welt.*

Paulus, was hast du überhaupt? Kein Eigentum. Keine Familie. Hast du überhaupt etwas, was zählt? *Ich habe meinen Glauben. Das ist so ziemlich alles, was ich besitze. Mehr brauche ich nicht. Ich habe den Glauben bewahrt.*

Paulus lehnt sich gegen die Zellenwand und lächelt.

Der Stolz eines Vaters

[Gott] hat Geduld mit euch, weil er nicht will,
dass einige zugrunde gehen.
Er möchte, dass alle Gelegenheit finden,
von ihrem falschen Weg umzukehren.
2. Petrus 3,9

Denen, die Jesus als ihren persönlichen Erlöser annehmen, hat Gott zugesagt, dass sie von Neuem geboren werden.

Bedeutet das etwa, dass die alte Natur nie wieder ihr hässliches Haupt erheben wird? Bedeutet es, dass Sie sofort in der Lage sein werden, jeglicher Versuchung zu widerstehen?

Um diese Frage zu beantworten, müssen Sie mir gestatten, Sie als neubekehrter Christ mit einem Neugeborenen zu vergleichen. Kann ein Baby schon laufen? Kann es sich selbst schon ernähren? Kann es singen, lesen oder sprechen? Nein, noch nicht. Doch wird es das alles eines Tages können.

Wachstum braucht Zeit. Schämen sich aber deshalb die Eltern des Kindes im Kreißsaal? Ist es der Mutter peinlich, dass ihr Säugling nicht buchstabieren, nicht laufen, keine Vorträge halten kann?

Natürlich nicht. Die Eltern schämen sich keineswegs. Sie sind stolz. Sie wissen, dass sich das Wachstum mit der Zeit einstellen wird. Das weiß Gott auch.

Der Sinn des Lebens

Du sollst den Herrn, deinen Gott,
lieben mit ganzem Herzen,
mit ganzer Seele und mit all deinem Verstand.
Matthäus 22,37

Wenn Sie tief genug graben, so werden Sie sie in jedem Herzen vorfinden: die Sehnsucht nach Erfüllung, die Suche nach dem Sinn des Lebens. So sicher wie ein Kind atmet, wird es sich eines Tages fragen: „Welchen Sinn hat mein Leben?"

Einige suchen diesen Sinn im Beruf. Menschen dieser Prägung finden ihren Lebenssinn im Handeln statt im Sein. Sie leiten ihre Identität aus dem ab, was sie tun; und folgerichtig tun sie eine ganze Menge. Sie arbeiten viele Stunden am Tag, denn wenn sie nicht arbeiten, haben sie keine Identität.

Bei anderen bestimmt ihr Besitz ihre Identität. Sie finden ihren Lebenssinn in einem neuen Auto, einem neuen Haus oder neuer Kleidung. Menschen dieser Prägung kurbeln die Wirtschaft an, aber sie strapazieren auch die Haushaltskasse, weil sie ihren Lebenssinn stets da vermuten, wo es etwas zu kaufen gibt.

Andere wiederum versuchen es mit Sport, mit Unterhaltung, mit der Zugehörigkeit zu einer Sekte, mit Sex ... die Liste kann man nach Belieben fortsetzen.

Das alles sind Fata Morganen in der Wüste der Sinnfindung.

Sollten wir nicht lieber der Wahrheit ins Gesicht schauen? Wenn wir Gott nicht anerkennen, treiben wir ohne Sinn und Ziel durchs Universum.

Gott in Großaufnahme

Heilig, heilig, heilig ist Gott der Herr,
der Allmächtige,
der war und der ist und der kommt.
Offenbarung 4,8

Anbetung – was ist das genau? Mir gefällt die Definition, die König David einst formulierte: „Macht mit mir zusammen den Herrn groß, lasst uns gemeinsam seinen Namen erhöhen" (Psalm 34,4). Wenn wir anbeten, machen wir Gott groß. Das heißt: Wir konzentrieren uns so auf ihn, dass er uns ganz groß vor Augen steht. Im Bilde gesprochen: Wir treten ins Cockpit ein, um einen Blick darauf zu werfen, wo Gott sitzt, und um zu beobachten, wie er arbeitet. An seiner Größe ändert sich natürlich nichts, nur an unserer Wahrnehmung. Je näher wir ihm kommen, umso größer wirkt er auf uns. Entspricht das nicht genau unserem Bedürfnis – Gott gewissermaßen in Großaufnahme zu sehen? Denn wir haben doch große Probleme, große Sorgen und große Fragen, nicht wahr? Deshalb müssen wir uns Gott ganz groß vor Augen führen.

Dazu bieten Lobpreis und Anbetung die ideale Gelegenheit. Wie könnten wir „Heilig, heilig, heilig" singen, ohne eine andere Perspektive zu bekommen?

12. JULI

Umkehr ist eine Entscheidung

*Merkt ihr nicht, dass Gott euch
durch seine Freundlichkeit
zur Umkehr bringen will?*
Römer 2,4

Niemand freut sich mehr als jemand, der ernsthaft Buße getan hat. Das biblische Wort Buße meint die Abkehr von egoistischen Wünschen und die Entscheidung, Gott zu suchen. Es handelt sich bei dieser Umkehr um ein echtes, aufrichtiges Bedauern, das Reue hervorruft und uns motiviert, Unrecht, das wir getan haben, zuzugeben und uns vorzunehmen, in Zukunft richtig zu handeln.

Es handelt sich um eine innere Überzeugung, die sich in äußerlich wahrnehmbaren Taten äußert.

Wir befassen uns mit der Liebe Gottes und können kaum fassen, dass er uns so sehr geliebt hat. Die Erkenntnis seiner Liebe motiviert uns, unseren Lebensstil zu ändern. Das ist im Wesentlichen das, was mit Buße gemeint ist.

Den Willen Gottes erkennen

Denn das ist der Wille meines Vaters:
Wer den Sohn sieht und an ihn glaubt, soll das ewige Leben haben.
Johannes 6,40

Den Willen Gottes erfahren wir dadurch, dass wir in seiner Gegenwart Zeit verbringen. Der Schlüssel zum Vertrautsein mit dem Herzen Gottes liegt darin, mit ihm eine Beziehung zu pflegen. Eine persönliche Beziehung. Gott wird auf andere Weise zu Ihnen reden, als er zu anderen Menschen spricht. Gott sprach zu Mose durch einen brennenden Dornbusch. Deshalb müssen wir uns nicht alle neben einen Strauch setzen und darauf warten, dass Gott zu uns spricht. Gott überführte den Propheten Jona mit Hilfe eines großen Fisches. Bedeutet das etwa, dass wir unsere Gottesdienste in einem großen Aquarium abhalten sollen? Selbstverständlich nicht. Gott offenbart sein Herz jedem Einzelnen persönlich.

Aus diesem Grund ist es für Sie von großer Wichtigkeit, dass Sie mit Gott leben. Wir erkennen sein Herz nicht bei einer gelegentlichen Plauderstunde oder bei einem wöchentlichen (Gottesdienst-)Besuch. Wir erfahren nur dann seinen Willen, wenn wir uns an jedem einzelnen Tag unseres Lebens dazu entschließen, in seinem Haus zu wohnen.

Leben Sie lange genug mit ihm, so werden Sie sein Herz kennenlernen.

Gottes Unterschrift

Ich kannte dich,
ehe ich dich im Mutterleibe bereitete,
und sonderte dich aus,
ehe du von der Mutter geboren wurdest.
Jeremia 1,5

Seit Gott in Ihr Leben getreten ist, wissen Sie: Dass es Sie auf dieser Welt gibt, ist weder ein Unfall noch ein Zufall. Sie sind vielmehr ein Geschenk für diese Welt, ein göttliches Kunstwerk. Und Sie tragen Gottes Unterschrift.

Eines der großartigsten Geschenke, die ich jemals erhalten habe, ist ein Football mit den Unterschriften von dreißig ehemaligen Profi-Quarterbacks (Angriffsspielern). Der Ball ist an sich nichts Besonderes. Soviel ich weiß, wurde er in einem normalen Sportgeschäft gekauft. Was ihn zu etwas Besonderem macht, sind die Unterschriften.

Das Gleiche trifft auf uns zu. Die Spezies Homo sapiens ist in der Natur nicht einzigartig. Wir sind nicht die einzigen Wesen, die über Fleisch, Haare, Blut oder ein Herz verfügen. Was uns zu etwas Besonderem macht, ist nicht bloß unser Körper, sondern die Unterschrift Gottes unter unserem Leben. Wir sind seine Kunstwerke. Wir sind nach seinem Ebenbild geschaffen, damit wir Gutes tun. Unser Leben ist bedeutend, nicht weil wir dieses oder jenes tun, sondern weil wir Gott gehören.

Mehr als der Augenschein

Glaube heißt: Gewissheit zu haben
im Hinblick auf die Dinge,
die wir uns erhoffen, sowie die Erkenntnis,
dass etwas echt ist,
auch wenn wir es nicht sehen.
Hebräer 11,1

Glaube heißt: sich auf etwas zu verlassen, was man mit dem Auge nicht erkennen kann.

Unsere Augen sehen die hungrigen Löwen. Der Glaube sieht Daniels Engel.

Unsere Augen sehen dunkle Gewitter. Der Glaube sieht Noahs Regenbogen.

Unsere Augen sehen Riesen. Der Glaube sieht Kanaan.

Unsere Augen sehen unsere Fehltritte. Unser Glaube sieht den Erlöser.

Unsere Augen sehen unsere Schuld. Unser Glaube sieht sein Blut.

Schauen Sie in den Spiegel, so sehen Sie dort mit den Augen einen Sünder, einen Versager, jemanden, der nicht hält, was er verspricht. Schauen Sie aber im Glauben hin, so sehen Sie einen mit einem edlen Gewand gekleideten verlorenen Sohn, der am Finger den Ring der Gnade trägt und der im Gesicht noch den Kuss des Vaters verspürt.

16. JULI

Für alle Gotteskinder

Könnten sie durch ihre Taten zu Gottes Volk werden,
so wäre Gottes Gnadengeschenk
nicht wirklich ein Geschenk.
Römer 11,6

Wem bietet Gott sein Geschenk an? Den Intelligentesten unter uns? Den Schönsten? Den Charmantesten? Nein. Sein Geschenk ist für uns alle da: für Bettler wie für Bankiers, für Geistliche wie für Angestellte, für Richter wie für Hausmeister. Für alle Gotteskinder.

Und er will uns so sehr, dass er bereit ist, uns in jedem Zustand anzunehmen – so wie wir sind. Er wartet nicht, bis wir zur Vollkommenheit gelangen (er weiß, dass wir dort nie ankommen werden!). Oder meinen Sie etwa, er würde warten, bis wir alle Versuchungen überwunden haben? Wohl kaum. Oder bis wir das Leben als Christ perfekt beherrschen? Weit gefehlt! Denken Sie daran: Jesus Christus ist für uns gestorben, als wir noch Sünder waren. Sein Opfer geschah völlig unabhängig von irgendwelcher Leistung, die wir erbringen könnten.

Gott will uns jetzt.

Gott ist in Ihrer Ecke

Der Herr selbst zieht vor dir her. Er ist mit dir. Er lässt dich nicht fallen und verlässt dich nicht.
5. Mose 31,8

Als ich sieben Jahre alt war, riss ich von zu Hause aus. Ich hatte die Regeln, die mir mein Vater auferlegte, satt und war der Meinung, ich käme auch allein bestens klar. Ich hatte die Nase voll! Ich nahm mir etwas Kleidung in einer Papiertüte mit, lief wutentbrannt zur hinteren Gartenpforte hinaus und marschierte die Gasse hinunter. Allerdings kam ich nicht weit. Als ich das Ende der Gasse erreichte, fiel mir ein, dass ich Hunger hatte, also kehrte ich nach Hause zurück.

Mein Aufstand gegen meinen Vater dauerte also nur kurze Zeit. Dennoch handelte es sich um eine echte Rebellion. Hätten Sie sich mir damals in den Weg gestellt, so ist es durchaus möglich, dass ich gesagt hätte: „Ich brauche keinen Vater. Ich bin schon zu groß, um mich den Regeln der Familie beugen zu müssen."

Ich hörte, im Gegensatz zu Petrus, keinen Hahn krähen. Anders als beim Propheten Jona musste bei mir kein Fisch rülpsen. Ich erhielt nicht wie der verlorene Sohn ein Gewand, einen Ring oder ein Paar Sandalen. Doch lernte ich an meinem irdischen Vater, was die drei von ihrem Vater im Himmel lernten. Unser Gott ist nicht nur in den guten Zeiten unser Vater. Ich kann auf ihn zählen. Er bleibt in meiner Ringecke, ganz gleich, wie es um meine Leistung bestellt sein mag. Auch Sie können auf ihn zählen.

Gott begibt sich mitten unter die Leidenden

Er hat unsere Leiden auf sich genommen
und unsere Krankheiten getragen.
Matthäus 8,17

Stellen Sie sich ein von Verwundeten übersätes Schlachtfeld vor, dann haben Sie Betesda vor Augen. Stellen Sie sich ein überfülltes, unter Personalmangel leidendes Pflegeheim vor, dann können Sie sich von diesem Teich eine Vorstellung machen. Erinnern Sie sich an Fernsehbilder von Waisen aus Bangladesch oder von Straßenkindern aus Neu-Delhi, dann werden Sie sehen, was die Leute sahen, als sie an Betesda vorbeigingen. Was hörten sie, als sie dort vorbeigingen? Ein schier endloses Stöhnen. Was sahen sie? Ein Areal voller gesichtsloser Not. Und was taten sie? Die meisten gingen einfach daran vorbei.

Nicht aber Jesus.

Er ist allein. Die Menschen brauchen ihn. Deshalb ist er da. Können Sie es sich vorstellen? Jesus begibt sich mitten unter die Leidenden.

Sie wissen aber nicht, dass es Gott ist, der sich da langsam, vorsichtig einen Weg zwischen Bettlern und Blinden bahnt.

19. JULI

Warum es abstreiten?

Wenn wir sagen, wir haben keine Sünde,
betrügen wir uns selbst,
und die Wahrheit ist nicht in uns.
1. Johannes 1,8

Wir tun uns selbst keinen Gefallen, wenn wir versuchen, unsere Fehltritte zu rechtfertigen oder unsere Sünden in ein besseres Licht zu rücken. Vor einiger Zeit hat sich meine Tochter Andrea einen Splitter in den Finger gestoßen. Ich nahm sie mit ins Badezimmer und legte mir dort eine Pinzette, etwas Salbe und ein Heftpflaster zurecht.

Andrea gefiel nicht, was sie dort sah. „Mir reicht das Heftplaster, Papi."

Manchmal verhalten wir uns nicht anders als Andrea. Wir kommen mit unserer Sünde zu Jesus, doch wollen wir nur, dass er sie zudeckt. Die Behandlung möchten wir am liebsten umgehen. Wir möchten unsere Sünde verbergen. Und ich frage mich, ob Gott – Gnade hin, Barmherzigkeit her – bereit ist, das zu heilen, was wir verstecken.

Wie kann Gott etwas heilen, was wir abstreiten? Wie kann Gott etwas berühren, was wir zudecken?

20. JULI

Wir werden ihn sehen

Jetzt schauen wir in einen Spiegel
und sehen nur rätselhafte Umrisse,
dann aber schauen wir von Angesicht zu Angesicht.
1. Korinther 13,12

Wie wird das sein, wenn Sie Jesus sehen?

Sie werden seine unbefleckte Reinheit und seine nie nachlassende Stärke sehen. Sie werden seine unendliche Gegenwart spüren und seinen uneingeschränkten Schutz erfahren. Und alles, was er ist, werden auch Sie sein, denn Sie werden so sein wie Jesus. Hat nicht Johannes genau das versprochen? „Wir wissen: Wenn Christus wiederkommt, werden wir so sein wie er, denn wir werden ihn sehen, wie er wirklich ist“ (1. Johannes 3,2).

Da Sie so rein sein werden wie frisch gefallener Schnee, werden Sie nie wieder sündigen. Sie werden nie wieder straucheln. Sie werden sich nie wieder einsam fühlen. Sie werden nie wieder von Zweifeln geplagt werden.

Wenn Jesus wiederkommt, werden Sie in Gottes Licht wohnen. Und Sie werden ihn sehen, wie er wirklich ist.

Gott gewinnt unsere Aufmerksamkeit

Kehrt um zum Herrn, eurem Gott!
Ihr wisst doch: Er ist voll Liebe und Erbarmen.
Er hat Geduld, seine Güte kennt keine Grenzen.
Joel 2,13

Wie weit soll Gott gehen, um Ihre Aufmerksamkeit zu gewinnen? Wenn Gott dabei zwischen Ihrem ewigen Heil und Ihrem irdischen Komfort wählen müsste, wofür würde er sich entscheiden? Was meinen Sie?

Was wäre, wenn er Sie in ein anderes Land beriefe, wie er es bei Abraham tat? Was wäre, wenn er Sie auffordern würde, Ihren Ruhestand daranzugeben? (Denken Sie nur an Mose.) Wie wäre es mit der Stimme eines Engels oder dem Verdauungstrakt eines großen Fisches? (Siehe Gideon und Jona.) Wie wäre es mit einer Beförderung wie bei Daniel oder einem beruflichen Abstieg wie bei Simson?

Gott tut alles Notwendige, um unsere Aufmerksamkeit zu gewinnen. Sagt uns das nicht die gesamte Bibel? Gott lässt bei der Jagd nicht nach. Er ist ständig auf der Suche. Er wirft immer wieder mal einen Blick unters Bett, falls sich dort seine Kinder verstecken; er stöbert immer wieder mal im Gebüsch, falls sich dort verlorene Schafe aufhalten.

Wenn ich nur …

Ihr seid also nicht länger Sklaven, sondern Kinder. Wenn ihr aber Kinder seid, seid ihr nach Gottes Willen auch Erben und bekommt, was Gott den Nachkommen Abrahams versprochen hat.
Galater 4,7

Es kann schon sein, dass es mit Ihrer Vergangenheit nicht weit her ist. Möglicherweise haben Sie das Böse in ungeschminkter Gestalt erlebt. Und jetzt stehen Sie vor einer Entscheidung. Wollen Sie über Ihre Vergangenheit hinauswachsen? Oder suchen Sie eine Ausrede, damit Sie sich weiterhin von der Vergangenheit bestimmen lassen können?

Viele verletzte Menschen entscheiden sich für die Genesungsheime des Herzens. Sie haben einen gesunden Körper und einen wachen Verstand. Aber ihre Träume haben sie in den Ruhestand geschickt. Sie schaukeln hin und her im Stuhl des Bedauerns und wiederholen dabei ständig die Bedingungen, nach denen Sie kapituliert haben. Beugen Sie sich einmal zu Ihnen vor, dann werden Sie sie hören:

„Wenn ich nur …“

„Wenn ich nur woanders geboren wäre …“

„Wenn ich nur gerecht behandelt worden wäre …“

Vielleicht haben auch Sie diese Worte verwendet. Dann sollten Sie das Johannesevangelium aufschlagen und die Worte Jesu lesen: „Menschliche Eltern bringen menschliches Leben hervor; geistliches Leben aber bringt nur der Geist Gottes hervor“ (Johannes 3,6).

Achten Sie auf die Signale

Nimm Gott ernst und befolge seine Gebote!
Das ist alles, worauf es für den Menschen ankommt.
Prediger 12,13

Im Folgenden nenne ich einige von Gott geschenkte, bewährte Wahrheiten, die Ihnen bei der Navigation durchs Leben behilflich sein werden. Wenn Sie sie beachten, werden Sie sicher ans Ziel kommen. Wenn Sie sie jedoch ignorieren, so werden Sie auf das zerklüftete Felsenriff der Wirklichkeit auflaufen.

Lieben Sie Gott mehr, als Sie die Hölle fürchten.

Treffen Sie Ihre wichtigsten Entscheidungen auf dem Friedhof.

Wenn keiner Ihnen zuschaut, leben Sie so, als würden Sie beobachtet.

Streben Sie Erfolge zuallererst in der Familie an.

Geben Sie niemals heute Geld aus, das Sie erst morgen verdienen wollen.

Bringen Sie doppelt so viel Zeit im Gebet zu wie beim Sich-Sorgen-Machen.

Gott hat Ihnen vergeben; es wäre deshalb klug, sich selbst zu verzeihen.

Herz und Hände erheben

Gott, dem ewigen König,
dem Unvergänglichen und Unsichtbaren,
der allein Gott ist, sei Ehre und Preis in Ewigkeit!
1. Timotheus 1,17

Beim Gottesdienst treten wir gemeinsam vor den König, weil wir ihn loben und preisen wollen. Und weil wir wollen, dass seine Herrlichkeit sich in unserem Leben widerspiegelt. Beim Lobpreis erheben wir Herz und Hände zu ihm, frohlocken mit lauter Stimme und singen Loblieder zur Ehre des Herrn. Lobpreis ist die wichtigste Beschäftigung derer, die in seinem Reich zu Hause sind.

Lobpreis ist die edelste Beschäftigung, der ein Mensch nachgehen kann. Was geht vor sich, wenn wir den Vater preisen? Wir stellen uns erneut unter Gottes Kommando; wir bekennen öffentlich, dass der König auf dem Thron sitzt und dass er sein Volk gerettet hat.

Wie groß ist Gott?

Bei Gott ist alles möglich.
Matthäus 19,26

Die Natur ist Gottes Werkstatt. Der Himmel ist sein Lebenslauf. Das Universum ist seine Visitenkarte. Sie möchten wissen, wer Gott ist? Dann sehen Sie sich an, was er geschaffen hat. Sie möchten seine Kraft kennenlernen? Dann befassen Sie sich mit seiner Schöpfung. Sie sind neugierig, was seine Allmacht betrifft? Dann besuchen Sie ihn einmal zu Hause. Die Anschrift lautet: Sternenhimmelsallee, Haus-Nummer eine Milliarde.

Ihn befleckt die Atmosphäre der Sünde nicht. Ihn begrenzt der zeitliche Verlauf der Geschichte nicht. Ihn behindert keine körperliche Müdigkeit.

Was Sie bestimmt, bestimmt ihn schon lange nicht. Was Sie beunruhigt, beunruhigt ihn schon lange nicht. Was Sie erschöpft, erschöpft ihn schon lange nicht. Lässt sich ein Adler durch den Verkehr stören? Nein, er schwingt sich weit darüber empor. Macht sich ein Wal Sorgen, wenn sich ein Sturm zusammenbraut? Natürlich nicht, er taucht unter und entkommt ihm. Lässt sich ein Löwe aus der Ruhe bringen, wenn sich ihm eine Maus in den Weg stellt? Nein, er schreitet über sie hinweg.

Um wie viel mehr vermag Gott sich über die Sorgen dieser Welt zu erheben, ihnen zu entkommen, über sie hinwegzuschreiten!

Die Antwort auf Argumente

Kommt miteinander aus! Tragt es keinem nach,
wenn er euch Unrecht getan hat;
sondern vergebt einander,
wie der Herr euch vergeben hat.
Kolosser 3,13

Einigkeit fängt nicht damit an, dass wir andere einer Prüfung unterziehen, sondern damit, dass wir uns selbst prüfen. Einigkeit fängt nicht damit an, dass wir bei anderen einen Wandel einfordern, sondern damit, dass wir zugeben, selbst unvollkommen zu sein.

Und die Antwort auf Argumente wäre? Gegenseitiges Sich-Annehmen. Der erste Schritt zur Einigkeit? Gegenseitiges Sich-Annehmen. Nicht Übereinstimmung, sondern Sich-Annehmen. Nicht Einmütigkeit, sondern Sich-Annehmen. Keine Verhandlungen, kein Schiedsverfahren, keine Erörterung der unterschiedlichen Standpunkte. Das alles könnte später nützlich sein, doch erst nach dem ersten Schritt: gegenseitigem Sich-Annehmen.

Jesu höchstes Ziel

Denn der Menschensohn ist nicht gekommen,
um sich dienen zu lassen,
sondern um zu dienen und sein Leben zu geben
als Lösegeld für viele.
Markus 10,45

Zu den staunenswerten Fähigkeiten Jesu gehörte, sein Leben konsequent an einem Ziel auszurichten. Er geriet nie aus der Spur. Er ist kein einziges Mal vom Kurs abgekommen.

Als der Blick Jesu über den Horizont seiner Zukunft schweifte, sah er viele Ziele. Viele Fahnen flatterten im Wind, und er hätte sich jede einzelne zum Ziel setzen können. Er hätte eine politische Revolution anzetteln können. Er hätte sich damit zufriedengeben können, Lehrer zu sein und anderen Bildung zu vermitteln. Doch am Ende entschied er sich, der Erlöser zu sein und Seelen zu retten.

Jeder, der sich eine gewisse Zeit lang in der Nähe Jesu aufhielt, bekam es von ihm selbst zu hören: „Der Menschensohn ist gekommen, zu suchen und zu retten, was verloren ist" (Lukas 19,10). Jesus stand unablässig eine Aufgabe, ein Herzensanliegen vor Augen. Schon an dem Tag, als er die Zimmermannswerkstatt in Nazaret verließ, hatte er ein großes Ziel vor Augen: das Kreuz von Golgatha.

Lasst euch nicht erschüttern!

Gesegnet ist der Mann,
der sich auf den Herrn verlässt.
Jeremia 17,7

Kurz vor seiner Kreuzigung ließ Jesus seine Jünger wissen, dass er vorhatte, sie zu verlassen. „Wo ich hingehe, könnt ihr mir jetzt nicht folgen; aber ihr werdet mir später folgen“ (Johannes 13,33+36).

Dass eine derartige Erklärung bei den Jüngern einige Fragen hervorrief, ist nicht weiter verwunderlich. Petrus machte sich zum Sprachrohr für alle und sagte: „Herr, warum kann ich dir diesmal nicht folgen?“ (Vers 37).

In der Antwort Jesu spiegelt sich die zärtliche Zuneigung eines Vaters zu seinen Kindern wider: „Lasst euch nicht erschüttern! Vertraut Gott und vertraut auch mir. Im Hause meines Vaters gibt es viele Räume. Ich würde euch so etwas nicht sagen, wenn es nicht stimmte. Ich gehe jetzt hin, um euch dort eine Stätte zu bereiten. Ich werde auch wiederkommen und euch zu mir nehmen, damit ihr dort sein könnt, wohin ich jetzt gehe“ (Johannes 14,1-3).

Man fasse diesen Absatz in einem Satz zusammen. Dabei könnte herauskommen: „Sorgt ihr für das Vertrauen, dann werde ich dafür sorgen, dass ihr eines Tages zu mir kommt.“

Gar keine Ängste

Denn ich bin der Herr, dein Gott,
der deine rechte Hand fasst
und zu dir spricht: Fürchte dich nicht, ich helfe dir!
Jesaja 41,13

Könnten Sie etwas Mut gebrauchen? Geben Sie häufiger nach, statt ihren Mann zu stehen? Jesus hat seinen angsterfüllten Jüngern die Schmetterlinge im Bauch genommen.

Wir müssen daran denken, dass es sich bei den Jüngern um gewöhnliche Menschen handelte, denen allerdings eine zwingende Aufgabe anvertraut wurde. Ehe sie zu Heiligen in den Buntglasfenstern unserer Kathedralen wurden, waren sie irgendjemandes Nachbarn und versuchten, wie alle anderen auch, ihren Lebensunterhalt zu verdienen und ihre Kinder zu erziehen. Sie waren keine geborenen Theologen, sie sogen das Übernatürliche auch nicht mit der Muttermilch ein. Sie hatten aber ein Gramm mehr Hingabe als Angst und konnten deshalb Außerordentliches erreichen.

Irdische Ängste sind gar keine Ängste. Man beantworte die große Frage nach der Ewigkeit, da werden die kleinen Fragen dieses Lebens schon in die richtige Perspektive gerückt.

Gott schenkt Ruhe

Was ich anordne, ist gut für euch,
und was ich euch zu tragen gebe, ist keine Last.
Matthäus 11,30

Paulus machte einmal eine aufschlussreiche Bemerkung über die Art, wie wir mit anderen Menschen umgehen. Er bezog sich dabei auf die Ehe, aber prinzipiell trifft seine Aussage auf jede zwischenmenschliche Beziehung zu: „Ein Mann, der seine Frau liebt, liebt sich selbst" (Epheser 5,28). Es gibt eine Wechselwirkung zwischen Ihrer Selbsteinschätzung und Ihrer Haltung anderen gegenüber. Wenn Sie in sich selbst Frieden haben, sich selbst mögen, werden Sie auch mit anderen Menschen gut auskommen.

Umgekehrt stimmt das natürlich ebenso. Wenn Sie sich selbst nicht mögen, wenn Sie beschämt, verlegen oder verärgert sind, werden andere es recht bald merken.

Und damit kommen wir zu der Frage: „Wie kann man sich da Erleichterung verschaffen?"

„Kommt alle zu mir, die ihr euch plagt und schwere Lasten zu tragen habt. Ich werde euch Ruhe verschaffen" (Matthäus 11,28). Jesus erklärt hier, dass er selbst die Antwort auf innere Müdigkeit ist.

Er kommt wieder

Als Erster wurde Christus vom Tod erweckt.
Wenn er wiederkommt, werden die auferweckt,
die zu ihm gehören.
1. Korinther 15,23

Gott hat uns eine feste Zusage gegeben. Er sichert uns zu: „Ich werde wiederkommen." Berge werden in sich zusammenstürzen, ja. Der Erdboden wird beben, das stimmt. Aber wer ein Kind Gottes ist, muss sich nicht fürchten – denn der Vater hat versprochen, uns zu sich zu nehmen, damit wir bei ihm sein können.

Wagen wir es aber, diesem Versprechen Glauben zu schenken? Wagen wir es, uns auf seine Treue zu verlassen? Gibt es nicht in jedem unter uns etwas Misstrauisches, das sich fragt, wie zuverlässig diese Zusage in Wirklichkeit ist?

Woher können wir wissen, dass Gott tun wird, was er zugesagt hat? Wieso können wir glauben, dass er die Felsen zersprengen und uns ein für alle Mal frei machen wird?

Wir wissen es, weil er es bereits einmal getan hat.

In dieser Welt bekommen wir nie genug

Wir haben nichts in die Welt mitgebracht,
und wir können nichts aus ihr mitnehmen.
Wenn wir Nahrung und Kleidung haben,
soll uns das genügen.
1. Timotheus 6,7+8

Uns genügen? Was lassen wir uns schon in diesem Leben genügen? Wir bekommen nie genug.

Wir buchen einen Traumurlaub. Es gibt Sonne, Spaß und gutes Essen satt. Doch schon vor Antritt der Heimreise graut uns der Gedanke, nach Hause zurückzukehren, und wir fangen an, den nächsten Urlaub zu planen.

Wir sind nie zufrieden.

Als Kinder sagen wir: „Wenn ich bloß schon ein Teenager wäre." Als Jugendliche sagen wir: „Wenn ich bloß schon volljährig wäre." Als Erwachsene: „Wenn ich bloß schon verheiratet wäre." Als Eheleute: „Wenn ich bloß schon Kinder hätte."

Wir können uns nicht begnügen. Aber warum ist Genügsamkeit eine so schwierige Tugend?

Weil es nichts auf dieser Welt gibt, was unser tiefstes Verlangen stillen könnte. Wir sehnen uns danach, Gott zu schauen. Der Wind, der durch die Blätter unseres Lebens rauscht, flüstert uns zu, dass wir ihn eines Tages schauen werden. Erst dann werden wir zufrieden sein.

Der Baumeister

Er erquickt meine Seele.
Er leitet mich in Pfaden der Gerechtigkeit
um seines Namens willen.
Psalm 23,3

Die Erkenntnis, dass alles älter wird, stößt manchmal bitter auf. Auch die Stadt, in der ich aufgewachsen bin, wird immer älter – und immer schäbiger. Einige der Gebäude im Stadtzentrum sind mit Brettern zugenagelt. Einige Häuser sind abgerissen worden. An der Markise des alten Kinos, in das ich früher die Mädchen einlud, mit denen ich verabredet war, steht zu lesen: „Zum Verkauf".

Ich wünschte, ich könnte das alles erneuern. Ich wünschte, ich könnte den Staub von den Straßen wegpusten. Ich kann es aber nicht.

Ich kann es nicht. Aber Gott kann. „Er erquickt meine Seele", schrieb der Hirte. Im Amerikanischen steht hier: *He restores my soul*, wörtlich: Er stellt meine Seele wieder her, er „restauriert" sie. Gott reformiert nicht, er restauriert. Er streicht das Alte nicht neu an, sondern er stellt es wieder her. Der Baumeister zieht den ursprünglichen Bauplan aus der Schublade und stellt alles so wieder her, wie es ursprünglich war. Er will unsere alte Kraft wiederherstellen. Er will uns die alte Energie wiedergeben. Er will uns wieder mit der alten Hoffnung erfüllen. Er will unsere Seele „restaurieren".

Eine Feuersbrunst

Weil Gott so viel Erbarmen mit uns hatte,
rufe ich euch zu:
Stellt euer ganzes Leben Gott zur Verfügung!
Bringt ihm euch selbst als lebendiges Opfer dar.
Römer 12,1

Gefühle des Grolls sind das Rauschgift der Seele. Sie lassen unser Herz schneller schlagen und unseren Energiepegel steigen. Sie verlangen aber auch, wie Rauschgift, eine immer größere und immer häufigere Dosierung. Man kann einen gefährlichen Punkt erreichen, bei dem Groll aufhört, lediglich ein Gefühl zu sein, und stattdessen zur treibenden Kraft in unserem Leben wird. Wer auf Rache versessen ist, entfernt sich, ohne es selbst zu merken, immer weiter von dem Punkt, an dem Vergebung noch möglich ist. Auf seinen Groll zu verzichten, hieße dann, auf seine wichtigste Energiequelle zu verzichten.

Hass ist ein tollwütiger Hund, der seinen Besitzer beißt.

Rache ist eine Feuersbrunst, in der der Brandstifter ums Leben kommt.

Bitterkeit ist eine Falle, in der sich der Jäger selbst verfängt.

Und Erbarmen ist eine Entscheidung, die alle Beteiligten befreien kann.

Sie haben das Herz Gottes erobert

Wie sich ein Bräutigam freut über die Braut,
so wird sich dein Gott über dich freuen.
Jesaja 62,5

Ist Ihnen schon einmal aufgefallen, wie ein Bräutigam während der Trauung seine Braut anschaut? Mir ist es jedenfalls aufgefallen. Das liegt vielleicht daran, dass ich den Bräutigam von meinem günstigen Platz aus immer gut sehen kann. Als Geistlicher, der die Trauung leitet, stehe ich dem Brautpaar direkt gegenüber.

Wenn das Licht so und nicht anders fällt und der Blickwinkel genau richtig ist, sehe ich in den Augen des Bräutigams ein winziges Spiegelbild. Das Spiegelbild der Braut. Wenn er sie sieht, erinnert es ihn daran, weshalb er da ist. Da entspannt sich sein Kiefer, und sein gezwungenes Lächeln wirkt gleich natürlicher. Er vergisst, dass er einen Smoking trägt. Er vergisst, dass sein Hemd schon ganz durchgeschwitzt ist. Wenn er die Braut ansieht, wird jeder Gedanke an Flucht wieder als Scherz abgetan. Denn es steht ihm ins Gesicht geschrieben: „Wer könnte ein Leben ohne diese Braut ertragen?"

Damit hätten wir ganz genau die Gefühle Jesu beschrieben. Wenn Sie lange genug in die Augen Ihres Erlösers schauen, dann werden Sie auch dort eine Braut erkennen. In feine Leinwand gekleidet. Mit reiner Gnade angetan. Da ist sie, die Braut, und sie kommt auf ihn zu.

Wer ist denn diese Braut, nach der sich Jesus sehnt? Sie sind es. Sie haben das Herz Gottes erobert.

Gottes Pläne

Habe deine Lust am Herrn;
der wird dir geben, was dein Herz wünscht.
Psalm 37,4

Wenn wir uns den Plänen Gottes unterordnen, dann können wir uns auf unsere Wünsche verlassen. Unser Auftrag ist dort zu finden, wo Gottes Pläne und unsere Wünsche sich überschneiden. Was tun Sie besonders gerne? Was bringt Ihnen Freude? Welche Aktivität gibt Ihnen das Gefühl, glücklich und zufrieden zu sein?

Einigen Menschen ist es ein Anliegen, Arme mit Lebensmitteln zu versorgen. Anderen macht es Freude, eine Kirchengemeinde zu leiten. Jeder Christ ist so geschaffen, dass er Gott auf einzigartige Weise dienen kann.

Ihre Herzenswünsche sind daher nicht zufällig; es sind vielmehr wichtige Indikatoren. Ihre Herzenswünsche dürfen Sie nicht ignorieren; im Gegenteil, Sie sollten sie berücksichtigen. Wie der Wind den Wetterhahn dreht, so benutzt Gott Ihre tiefsten Sehnsüchte, um Ihrem Leben eine neue Wende zu geben. Gott ist zu gnädig, als dass er Sie bitten würde, etwas zu tun, was Sie nicht aushalten könnten.

6. AUGUST

Unser Problem heißt Sünde

Schenkt Gott eure ganze Aufmerksamkeit.
So werdet ihr von innen nach außen verändert.
Römer 12,2

Echte Veränderungen sind eine Sache des Innenlebens. Mit Geld oder einer systematischen Vorgehensweise kann man vielleicht für ein paar Tage etwas bewirken, aber im Kern handelt es sich um eine Angelegenheit des Herzens.

Gestatten Sie mir, noch deutlicher zu werden. Unser Problem heißt Sünde. Nicht unsere Finanzen. Nicht unser Etat. Unser Problem heißt Sünde. Wir befinden uns in einem Zustand der Auflehnung gegen unseren Schöpfer. Wir sind von unserem Vater getrennt. Wir sind von der Quelle des Lebens abgeschnitten. Eine neue Regierung, eine neue Politik wird daran nichts ändern. Dieses Problem kann nur Gott lösen.

Deshalb verwendet die Bibel drastische Ausdrücke wie sich bekehren, Buße, verloren und gefunden. Die Gesellschaft mag sich erneuern, aber nur Gott bringt eine neue Schöpfung hervor.

Wahrheit und Liebe

Dein Königreich ist auf Gerechtigkeit
und Fairness aufgebaut.
In allem, was du tust,
vereinen sich Liebe und Wahrheit.
Psalm 89,15

Wahrheit und Liebe ist das schwierigste Ziel, das es zu erreichen gilt.

Dieser Satz ist grammatisch in Ordnung. Ich weiß: Jeder Deutschlehrer würde ihn korrigieren und vielleicht Folgendes daraus machen: Wahrheit und Liebe sind die beiden schwierigsten Ziele, die es zu erreichen gilt. Das entspräche jedoch nicht dem, was ich eigentlich sagen möchte.

In der Liebe zu leben fällt uns schwer.

Bei der Wahrheit zu bleiben ist ebenfalls nicht ganz einfach.

Nehmen Sie sich aber vor, beides, Wahrheit und Liebe, gleichzeitig in Ihrem Leben umzusetzen, so haben Sie sich zur schwierigsten Aufgabe Ihres Lebens entschlossen.

Liebe in der Wahrheit. Wahrheit in der Liebe. Niemals die eine auf Kosten der anderen. Niemals die Umarmung der Liebe ohne die Fackel der Wahrheit. Niemals die Hitze der Wahrheit ohne die Wärme der Liebe.

Beiden nachzugehen ist die besondere Aufgabe, zu der jeder Christ berufen ist.

Glauben ohne Risiko

Als Jesus von den Toten auferweckt wurde, war es ein Signal, dass der Tod als Endpunkt am Ende war.
Römer 6,5+6

Finden Sie diesen Satz nicht schön? „Es war das Signal, dass der Tod als Endpunkt am Ende war." Die Auferstehung ist eine aufflammende Leuchtrakete, die allen ernsthaft Suchenden verkündet: Glauben ist sicher. Es ist nicht riskant, an eine ewige Gerechtigkeit zu glauben. Es ist nicht riskant, an eine leibliche Auferstehung zu glauben, oder daran, dass der Himmel unser Zuhause ist und die Erde nur der Vorraum. Es ist nicht riskant, daran zu glauben, dass es eine Zeit geben wird, in der uns Fragen nicht mehr wach halten und der Schmerz uns nicht länger niedergeschlagen macht. Es ist nicht riskant, an geöffnete Gräber, an endlose Tage und an ungeheuchelte Anbetung zu glauben.

Weil wir die Geschichte von der Auferstehung Jesu für wahr halten können, gehen wir kein Risiko ein, wenn wir auch den Rest der Geschichte für wahr halten.

Wahrhaftig Gottes Sohn

Die Jünger weckten [Jesus] und riefen:
„Rette uns, Herr, wir gehen unter!"
Jesus sagte zu ihnen: „Warum habt ihr solche Angst?"
Matthäus 8,25+26

Lesen Sie dazu folgenden Bibelvers: „Diejenigen, die mit ihm im Boot waren, beteten ihn daraufhin an und sagten: ‚Du bist wahrhaftig der Sohn Gottes.'" (Matthäus 14,33)

Nach dem Sturm beteten die Jünger Jesus an. Das hatten sie bis dahin noch nie gemeinsam getan. Noch nie. Überprüfen Sie das. Schlagen Sie Ihre Bibel auf. Suchen Sie nach einer anderen Gelegenheit, bei der die Jünger ihn gemeinschaftlich lobten.

Sie werden nicht fündig.

Sie beteten ihn nicht an, als er den Aussätzigen heilte. Auch nicht, als er der Ehebrecherin vergab oder vor riesigen Menschenmengen predigte. Sie waren bereit, ihm nachzufolgen. Sie waren damit einverstanden, ihre Familie zurückzulassen. Sie willigten ein, Dämonen auszutreiben. Sie schlossen sich gern der Armee Jesu an.

Aber erst nach der Begebenheit auf dem See Genezaret beteten sie ihn an. Warum?

Die Antwort ist einfach. Diesmal waren sie selbst gerettet worden.

Kostbare elterliche Gebete

Alle deine Kinder werden vom Herrn gelehrt,
und der Friede deiner Kinder wird groß sein.
Jesaja 54,13

Unterschätzen Sie niemals die Sorgen einer gläubigen Mutter oder eines gläubigen Vaters. Unterschätzen Sie niemals die Kraft, die freigesetzt wird, wenn ein Elternteil um eines seiner Kinder willen bei Gott Fürbitte einlegt. Wer weiß, wie viele Gebete in diesem Augenblick erhört werden, weil vor zehn oder zwanzig Jahren christliche Eltern sich Sorgen machten und Fürbitte taten? Gott hört auf die Gebete besorgter Eltern.

Für unsere Kinder zu beten, ist eine edle Aufgabe. Wenn uns unsere vielen Aktivitäten in dieser schnelllebigen Gesellschaft keine Zeit mehr zum Gebet für unsere Kinder lassen, dann sind wir zu aktiv. Es gibt nichts Kostbareres als die Zeit, die eine Mutter oder ein Vater damit zubringt, um eines Kindes willen mit Gott zu ringen und bei ihm alle Sorgen abzuladen.

Das Unsichtbare sehen

Er gibt dem Müden Kraft
und Stärke genug dem Unvermögenden.
Jesaja 40,29

Einst fand man in einem Konzentrationslager folgende beispielhafte Worte des Glaubens. Ein Gefangener hatte sie dort in die Wand geritzt:

Ich glaube an die Sonne, obwohl sie für mich nicht scheint.

Ich glaube auch dann an die Liebe, wenn sie mir nicht erwiesen wird.

Ich glaube an Gott, auch wenn er nicht zu mir spricht.

Ich versuche, mir die Person vorzustellen, die diese Worte in die Wand ritzte. Ich male mir aus, wie eine bis auf die Knochen abgemagerte Hand nach einer Glasscherbe oder einem Kieselstein greift und anfängt, damit die Wand zu bearbeiten. Ich sehe vor meinem inneren Auge, wie der Gefangene in der Finsternis die Augen zusammenkneift, während er mühevoll jeden einzelnen Buchstaben formt. Was für eine Hand mag es gewesen sein, die einer solchen Überzeugung Ausdruck verleihen konnte? Was für Augen mögen es gewesen sein, die in einer so entsetzlichen Lage Gutes zu erkennen vermochten?

Darauf gibt es nur eine Antwort. Es waren Augen, die entschlossen waren, das Unsichtbare zu sehen.

Unendliche Geduld

Geduld bringt einen bewährten Charakter hervor und ein bewährter Charakter Hoffnung. Und diese Hoffnung wird uns niemals enttäuschen.
Römer 5,4+5

Gott hat oft mehr Geduld mit uns als wir mit uns selbst. Wenn wir straucheln, so sprechen wir uns die neue Geburt ab. Wenn wir auf dem Wege stolpern, so haben wir uns nie richtig bekehrt. Wenn die alten Begierden wieder auftreten, so war es nichts mit der „neuen Schöpfung".

Falls Sie sich ähnliche Gedanken machen, möchte ich Sie an Folgendes erinnern: „Gott hat ein gutes Werk in euch angefangen, und ich bin zuversichtlich, dass er es fortsetzen wird, damit es bei der Wiederkunft Jesu vollendet ist" (Philipper 1,6).

Geben Sie Gott Ihre Sorgen

Solang' ich es verschwieg,
waren meine Glieder matt.
Psalm 32,3

Stellen Sie sich zwei Fragen:

Gibt es Sünde in meinem Leben, die ich noch nicht bekannt habe?

Wenn wir Sünde bekennen, geben wir vor Gott zu, dass wir getan haben, was er uns sowieso hat tun sehen. Insofern hat Gott es weniger nötig, unser Sündenbekenntnis zu hören, als wir es nötig haben, es auszusprechen. Ob eine Sünde zu unbedeutend ist, um erwähnt zu werden, oder zu schwer wiegt, als dass sie Ihnen vergeben werden könnte, darüber haben nicht Sie zu befinden. Ihre Aufgabe besteht darin, ehrlich zu sein.

Gibt es Sorgen in meinem Herzen, die ich noch nicht abgegeben habe?

„Alle eure Sorge werft auf ihn, denn er sorgt für euch" (1. Petrus 5,7).

Das Wort „Sorge" (engl. worry) ist mit dem Begriff „würgen" verwandt. Das entsprechende griechische Wort hat die Bedeutung: „den Geist spalten". Beides ist zutreffend. Sorgen sind wie eine Schlinge um den Hals und sie lenken uns vom Eigentlichen ab. Weder die eine Wirkung noch die andere ist unserer Freude dienlich.

Kennen Sie Ihre Stärken?

[Wir] haben verschiedene Gaben
je nach der Gnade, die uns gegeben ist.
Römer 12,6

Manchmal möchten wir gern etwas tun, wozu uns ganz einfach die Begabung fehlt. So habe ich beispielsweise den Wunsch, Sänger zu sein. Vor Publikum zu singen, das würde mir außerordentlich gefallen. Ob es den Zuhörern gefallen würde, das steht auf einem ganz anderen Blatt.

Paulus erteilt uns in Römer 12,3 einen klugen Rat: „Niemand soll höher von sich denken, als sich's gebührt." J. B. Phillips übersetzt hier: „Seid um eine nüchterne Einschätzung der eigenen Fähigkeiten bemüht."

Mit anderen Worten: Wir sollen uns der eigenen Stärken bewusst sein. Wenn Sie lehren, hören die Leute auf Sie? Wenn Sie Führungsaufgaben übernehmen, leisten Ihnen andere Gefolgschaft? Wenn Sie in der Verwaltung tätig sind, verbessern sich die Abläufe? Bei welcher Tätigkeit sind Sie am produktivsten? Erkennen Sie Ihre Stärken und konzentrieren Sie sich darauf. Lassen wir uns nicht von den eigenen Stärken bestimmen, so könnte uns das daran hindern, die einzigartigen Aufgaben zu erledigen, zu denen Gott uns berufen hat.

Ein Tempel des heiligen Geistes

Oder wisst ihr nicht, dass euer Leib ein Tempel des Heiligen Geistes ist,
der in euch wohnt und den ihr von Gott habt,
sodass ihr nicht euch selbst gehört?
1. Korinther 6,19

Sie werden für immer in Ihrem Körper leben. Er wird allerdings einer Verwandlung unterzogen werden. Was jetzt krumm und schief ist, wird gerade gemacht werden. Was jetzt fehlerhaft ist, wird repariert werden. Ihr Körper wird anders sein, doch einen anderen Körper werden Sie nicht bekommen. Sie werden weiterhin denselben Körper haben wie jetzt. Verändert diese Erkenntnis Ihre Einstellung zu Ihrem Körper? Ich hoffe es.

Gott hat große Achtung vor Ihrem Körper. Sie sollten es ihm gleichtun. Respektieren Sie Ihren Körper. Nein, ich habe nicht gesagt, dass Sie ihn anbeten sollen. Ich habe nur gesagt, dass Sie ihn respektieren sollten. Er ist schließlich ein Tempel Gottes. Achten Sie sorgfältig darauf, was Sie essen. Pflegen Sie Ihr Äußeres und gehen Sie behutsam damit um. Sicher möchten Sie nicht, dass jemand Ihr Zuhause zerstört; ebenso möchte Gott nicht, dass jemand sein Zuhause zerstört. Sie sind doch schließlich sein Eigentum, oder etwa nicht?

16. AUGUST

Gott erkennt unseren Wert

Gott urteilt anders als die Menschen.
Ein Mensch sieht, was in die Augen fällt;
Gott aber sieht ins Herz.
1. Samuel 16,7

Gott betrachtet uns mit den Augen eines Vaters. Er sieht unsere Schwächen, Fehler und Makel. Aber er erkennt auch unseren Wert.

Woher nahm Jesus die Kraft, seine Erlösungstat durchzuführen? Hat er etwas gewusst, was ihm diese Kraft verlieh?

Wir haben es hier mit einer Teilantwort auf diese Frage zu tun. Jesus kannte den Wert der Menschen. Er wusste, dass jeder Mensch besonders kostbar ist. Und weil er es wusste, waren die Menschen für ihn nicht eine Quelle von Stress und Hektik, sondern von Freude.

Eine geistliche Bankrotterklärung

Seine Barmherzigkeit währt von Geschlecht zu Geschlecht bei denen, die ihn fürchten.
Lukas 1,50

Gott rettet uns nicht aufgrund von irgendetwas, was wir getan haben. Nur ein schwacher, armseliger Gott ließe sich seine Gunst gegen Abgabe des Zehnten abkaufen. Nur ein egoistischer Gott ließe sich von unserem Schmerz beeindrucken. Nur ein launischer Gott ließe sich durch Opfer beschwichtigen. Nur ein herzloser Gott würde das Heil an Höchstbietende verschachern.

Und nur ein großer Gott tut für seine Kinder, was sie für sich selbst nicht tun können.

Das göttliche Wohlgefallen empfangen wir ohne Gegenleistung, sobald wir uns ihm ausliefern. Es ist keine Belohnung, die wir uns erst erarbeiten müssten. Den ersten Schritt in Richtung Freude machen wir, wenn wir Gott um Hilfe bitten und vor ihm unsere sittliche Armut und unser inneres Elend bekennen. Nur der bekommt die Gegenwart Gottes zu schmecken, der zuvor eine geistliche Bankrotterklärung abgegeben hat und dem seine geistliche Not bewusst geworden ist. Seine Taschen sind leer. Alle anderen Möglichkeiten sind dahin. Er hat längst damit aufgehört, Gerechtigkeit zu fordern; er fleht vielmehr um Erbarmen.

Halten Sie Ausschau nach seinem Ebenbild

Gott […] steht zu seinem Bund
und erweist seine Liebe
bis in die tausendste Generation an denen,
die ihn lieben und seine Gebote befolgen.
5. Mose 7,9

Wir sind ein Einfall Gottes. Wir gehören ihm. Unser Gesicht ist sein Gesicht. Unsere Augen sind seine Augen, unsere Hände seine Hände. Alles, was wir sind und haben, verdanken wir ihm. Der Apfel fällt bekanntlich nicht weit vom Stamm. Schauen Sie einem jeden Menschen auf dieser Erde tief ins Gesicht, so werden Sie das Ebenbild Gottes erkennen. Einige Menschen machen vielleicht den Eindruck, nur entfernte Verwandte Gottes zu sein. Sind sie aber nicht. Gott hat keine Kusinen, sondern nur Kinder.

Es ist kaum zu glauben, aber wir sind der Leib Christi. Wir verhalten uns zwar nicht immer so wie unser Vater, doch gibt es keine großartigere Wahrheit als diese: Wir gehören ihm – für immer. Er liebt uns – für alle Zeiten. Es gibt nichts, was uns von der Liebe Christi scheiden kann (siehe Römer 8,38+39).

Ein bleibender Ort

Der Herr wird dich immerdar führen.
Jesaja 58,11

Einst waren Sie dort. Sie sind aber dem sandigen Boden des Tales entflohen und zu Gottes großem Granitfelsen hinaufgestiegen. Sie haben dem Lärm den Rücken gekehrt und seine Stimme gesucht. Sie sind aus der Masse hervorgetreten und dem Meister auf dem gewundenen Weg zum Gipfel gefolgt.

Sanft fordert Sie Ihr Bergführer auf, oberhalb der Baumgrenze auf einem Felsen Platz zu nehmen und mit ihm zusammen einen Blick auf die uralten Gipfel zu werfen, die niemals abgetragen werden können. „Notwendig ist immer noch, was sicher ist", vertraut er Ihnen an. „Denk daran: Du wirst morgen nirgendwo hinkommen, wo ich nicht schon vor dir gewesen bin.

Die Wahrheit wird weiterhin Triumphe feiern.

Der Sieg gehört dir …"

Der heilige Gipfel. Ein bleibender Ort in einer vergänglichen Welt.

Vier gute Gewohnheiten

Wachset aber in der Gnade und Erkenntnis unsres Herrn und Heilands Jesus Christus.
2. Petrus 3,18

Wachstum ist das Ziel eines jeden Christen. Geistliche Reife ist ein Muss. Bleibt ein Kind auf einer bestimmten Wachstumsstufe stehen, so machen sich die Eltern darüber Sorgen, stimmt's?

Uns Christen geht es da nicht anders. Wenn wir aufhören zu wachsen, brauchen wir Hilfe. Wenn Sie heute im Glauben nicht weiter sind als noch vor ein paar Monaten, sollten Sie anfangen, sich Gedanken zu machen. Möglicherweise wäre es klug, sich untersuchen zu lassen. Nicht körperlich natürlich. Es ist Ihr Herz, das untersucht werden muss. Es bedarf keiner medizinischen, sondern einer geistlichen Behandlung.

Darf ich eine geeignete Vorgehensweise empfehlen?

Überprüfen Sie doch einmal Ihre Gewohnheiten. Machen Sie folgende vier Aktivitäten zu regelmäßigen Gewohnheiten und beobachten Sie daraufhin, was geschieht.

1. Regelmäßiges Gebet
2. Regelmäßiges Studium der Bibel
3. Regelmäßiges Geldgeben
4. Regelmäßige Gemeinschaft mit anderen Christen

Ein effektives Leben

Tut alles von Herzen, als Leute, die dem Herrn und nicht Menschen dienen.
Kolosser 3,23

Wo bekommen wir den ersten Hinweis darauf, dass Jesus seine Gottessohnschaft bewusst geworden ist? Im Tempel zu Jerusalem. Seine Eltern sind schon drei Tage nach Nazaret unterwegs, ehe sie ihn vermissen. Sie suchen ihn und werden schließlich im Tempel fündig. Dort ist Jesus dabei, von den führenden Köpfen zu lernen.

Als Junge empfindet Jesus bereits den Ruf Gottes. Was tut er also als Nächstes? Wirbt er etwa Apostel an? Hält er Predigten? Vollbringt er Wunder? Nein, er kehrt zu seiner Familie zurück und erlernt das Handwerk, das sein Vater ausübt.

Und genau das sollten auch Sie tun. Sie möchten, dass Ihr Leben effektiv wird? Tun Sie, was Jesus tat. Gehen Sie nach Hause, lieben Sie Ihre Familie und kümmern Sie sich um Ihr Geschäft. Aber Max, ich will Missionar werden. Ihr erstes Missionsfeld ist unter Ihrem eigenen Dach. Woher nehmen Sie die Gewissheit, dass man Ihnen in Übersee Glauben schenken wird, wo man Ihre Botschaft noch nicht einmal auf der anderen Seite des Flurs angenommen hat?

Gott ist auf unserer Seite

Ich war schwach, doch er hat mich gerettet.
Psalm 116,6

Als Kinder spielten wir gern Straßen-Football. Sobald wir von der Schule nach Hause kamen, ließen wir unsere Bücher fallen und stürzten uns auf die Straße. Der Vater des Jungen, der mir gegenüber wohnte, hatte einen starken Arm und war ebenso stark footballsüchtig. Kaum war er nach der Arbeit in seine Einfahrt eingebogen, da riefen wir ihm schon zu, er solle kommen und mit uns Ball spielen. Er konnte nicht widerstehen. Sein Sinn für Fairplay ließ ihn stets fragen: „Welche Mannschaft liegt zurück?“, dann schloss er sich dieser Mannschaft, zu der meistens auch ich gehörte, an.

Sein Erscheinen gab dem Spiel eine ganz neue Wende. Er war stark, zuversichtlich und, was noch wichtiger war, er hatte einen Plan. Wir bildeten um ihn einen Kreis, woraufhin er uns anschaute und sagte: „Okay, Jungs, lasst uns folgendermaßen vorgehen.“ Die andere Mannschaft fing schon an zu stöhnen, noch ehe wir auseinanderstoben. Wir hatten ja nicht nur einen neuen Plan, sondern einen neuen Mannschaftskapitän.

Er brachte neues Leben in unsere Mannschaft. Gott tut genau das Gleiche. Wir brauchten kein neues Spiel, sondern einen neuen Plan. Wir hatten es nicht nötig, die verschiedenen Positionen auszutauschen; wir brauchten einen neuen Spieler. Dieser Spieler ist Jesus Christus, der erstgeborene Sohn Gottes.

Vollendet

An ihre Sünden und ihre Ungerechtigkeit will ich nicht mehr denken.
Hebräer 10,17

„Denn mit einem Opfer hat er für immer die vollendet, die geheiligt werden sollen" (Hebräer 10,14).

Unterstreichen Sie das Wort vollendet. Merken Sie sich, dass es hier nicht heißt: besser gemacht oder verbessert. Die Menschen, um die es hier geht, sind nicht „groß im Kommen". Gott verbessert nicht; er vollendet. Er steigert unsere Leistung nicht, er vervollkommnet sie.

Mir ist dabei klar, dass wir im gewissen Sinn noch unvollkommen sind. Wir machen immer noch Fehler. Wir stolpern und straucheln weiterhin. Wir tun weiterhin genau die Dinge, die wir nicht tun möchten. Es ist dieser Teil von uns, der nach Aussage dieses Verses „geheiligt" wird.

Wenn es jedoch um unsere Stellung vor Gott geht, so sind wir vollendet. Wenn Gott einen Christen anschaut, sieht er einen Menschen, der durch den vollkommenen Menschen Jesus Christus vollendet worden ist.

Abgesondert

*Der Geist Gottes lässt als Frucht
eine Fülle von Gutem wachsen,
nämlich Liebe, Freude, Frieden, Geduld,
Freundlichkeit, Güte, Treue,
Nachsicht und Selbstbeherrschung.*
Galater 5,22+23

Im dritten Jahrhundert nach Christus schrieb der Kirchenvater Kyprian folgende Worte an einen Freund namens Donatus:

Dies scheint eine fröhliche Welt zu sein, Donatus, solange ich sie von diesem schönen Garten aus betrachte. … Doch wenn ich irgendeinen hohen Berg besteigen und dann einen Blick auf die weite Welt werfen könnte, so weißt du sehr wohl, was ich dann zu sehen bekäme: auf den Straßen Räuber, auf dem Meer Piraten und in den Amphitheatern Männer, die ermordet werden, um der jubelnden Menge zu gefallen. …

Dennoch habe ich mitten unter alledem ein stilles und heiliges Volk gefunden. … Sie werden verachtet und verfolgt, aber es macht ihnen nichts aus. Sie haben die Welt überwunden. Donatus, diese Leute nennen sich Christen. …

Welch ein Kompliment! Ein stilles und heiliges Volk.

Still. Nicht gehässig. Nicht eingebildet. Nicht anspruchsvoll oder schwierig. Nur still.

Heilig. Abgesondert. Rein. Anständig. Ehrlich. Wohltuend.

Vom Himmel errettet

Wahrlich, wahrlich ich sage euch:
Wer mein Wort hört und dem glaubt,
der mich gesandt hat,
der hat das ewige Leben.
Johannes 5,24

Erkennen Sie Gott als den Schöpfer an, so werden Sie ihn bewundern. Erkennen Sie seine Weisheit an, so werden Sie von ihm lernen. Entdecken Sie seine Kraft, so werden Sie sich auf ihn verlassen. Aber erst wenn er Sie errettet, werden Sie ihn anbeten.

Es handelt sich um ein „Vorher-“ und „Nachher“-Szenario. Vor Ihrer Rettung fiel es Ihnen leicht, zwischen sich und Gott die Distanz zu wahren. Sicher, er war Ihnen wichtig. Ebenso wichtig war aber Ihre Karriere, Ihr Status, Ihr Jahresgehalt.

Dann aber kam der Sturm. Das tosende Meer. Der Kampf. Die gerissene Vertäuung. Verzweiflung senkte sich herab wie ein Nebel. Sie verloren die Orientierung. In Ihrem Herzen wussten Sie, dass es keinen Ausweg gab.

Konnten Sie sich an Ihre Karriere wenden, um Hilfe zu erfahren? Nur, wenn Sie sich vor dem Sturm verstecken wollten, nicht aber, um ihm zu entfliehen. Konnten Sie denn Kraft aus Ihrem Status schöpfen? Ein Sturm lässt sich wohl kaum von einem Titel beeindrucken.

Plötzlich bleibt Ihnen nur noch eine Möglichkeit: Gott.

So sollen sagen, die erlöst sind

Ihr habt ein neues Leben angefangen.
In ihm werdet ihr erneuert.
So werdet ihr dem immer ähnlicher,
der euch neu geschaffen hat.
Kolosser 3,10

Ich frage mich, ob Jesus nicht ein leichtes Lächeln über das Gesicht geht, wenn er sieht, wie sein verlorenes Schaf sich einen Weg zur Schafhürde bahnt – jenes geschlagene, gebrochene, verschmutzte Schaf, das vor dem Eingang stehen bleibt, zum Hirten hinaufschaut und fragt: „Darf ich reinkommen? Ich weiß, dass ich es nicht verdient habe. Gibt es dennoch in deinem Königreich Platz für noch einen wie mich?" Der Hirte schaut auf das Schaf hinunter und sagt: „Komm doch herein, dies ist dein Zuhause."

Die Errettung ist ein abgeschlossener Prozess, etwas Sicheres, was Ihnen niemand mehr nehmen kann. Die Heiligung hingegen ist der lebenslange Prozess des Verwandelt-Werdens von einer Herrlichkeit zur anderen. Dabei wachsen Sie in Christus, legen das Alte ab und nehmen Neues an.

Der Psalmist David würde an der Stelle ausrufen: So sollen sagen, die erlöst sind! Wenn wir nicht so reden, könnte das daher kommen, dass wir vergessen haben, was es mit der Erlösung auf sich hat. „So sollen sagen, die erlöst sind durch den Herrn" (Psalm 107,2).

Gott wirkt mächtig in uns

Den verkündigen wir
und ermahnen jeden Menschen
und lehren jeden Menschen in aller Weisheit,
um jeden Einzelnen vollkommen in Christus
vor Gott zu stellen.
Dafür mühe ich mich ab und kämpfe
in der Kraft dessen, der mächtig in mir wirkt.
Kolosser 1,28+29

Sehen Sie sich das Ziel an, das Paulus anvisierte: jeden Einzelnen vollkommen in Christus vor Gott zu stellen. Paulus träumte von einem Tag, an dem jeder in Christus sicher sein würde. Welche Methode verwendete er, um dieses Ziel näher zu bringen? Ermahnen und lehren. Und die Werkzeuge, die Paulus einsetzte? Verben. Substantiva. Sätze. Lektionen. Die gleiche Ausrüstung, wie sie Ihnen und mir zur Verfügung steht.

War es damals leichter als heute? Ich glaube nicht. Paulus nannte es Arbeit. Dafür mühe ich mich ab, schrieb er. Sich abmühen bedeutet harte Arbeit. Es mussten Hausbesuche durchgeführt, Menschen unterwiesen, Bibelstunden vorbereitet werden.

Wie hat Paulus es geschafft? Woher nahm er die nötige Kraft? Er mühte sich ab in der Kraft dessen, der mächtig in ihm wirkte.

Paulus arbeitete, und Gott wirkte. Gott wirkt, auch während Sie arbeiten.

Gott weiß, was für uns das Beste ist

Verlass dich auf den Herrn von ganzem Herzen, und verlass dich nicht auf deinen Verstand.
Sprüche 3,5

Das Problem mit dieser Welt ist, dass sie uns nicht passt. Ja, für den Moment reicht sie vielleicht aus, aber sie ist nicht genau auf uns zugeschnitten. Wir sind dazu geschaffen, bei Gott zu leben, auf dieser Erde müssen wir jedoch im Glauben leben. Wir sind dazu geschaffen, ewig zu leben, doch unser Leben auf dieser Erde ist allzu kurz.

Wir müssen Gott vertrauen. Wir müssen uns nicht nur darauf verlassen, dass er tut, was für uns das Beste ist, sondern auch darauf, dass er die Zukunft kennt. Denken Sie einmal über folgende Worte aus Jesaja 57,1+2 nach: „Die guten Menschen kommen um; die Frommen sterben einen unzeitigen Tod, und keinem scheint es etwas auszumachen, keiner kümmert sich darum. Anscheinend merkt keiner, dass Gott sie dahinrafft, damit ihnen die bösen Tage, die vor uns liegen, erspart bleiben. Denn die verstorbenen Frommen werden in Frieden ruhen."

Gott rafft sie dahin, damit ihnen die bösen Tage, die über ihr Volk kommen werden, erspart bleiben. Kann es sein, dass der Tod eine Gnade Gottes ist? Kann es sein, dass der Kranz auf unserem Sarg Gottes Rettungsring ist? So schrecklich das Grab auch sein mag, kann es sein, dass Gott uns dadurch vor der Zukunft schützt? „Vertraut auf Gott", fordert uns Jesus auf, „und vertraut auf mich."

Verwandelt in sein Ebenbild

Der unsern nichtigen Leib verwandeln wird,
dass er seinem verherrlichten Leibe gleich wird
nach der Kraft, mit der er sich
alle Dinge unterwerfen kann.
Philipper 3,21

Was wissen wir über den Auferstehungsleib? Er wird anders sein als alles, was wir uns bisher vorstellen konnten.

Wird unser Aussehen sich so sehr verändern, dass wir nicht auf Anhieb wieder erkannt werden können? Vielleicht. Werden wir durch Wände hindurchspazieren? Wahrscheinlich werden wir das können und noch eine Menge mehr.

Werden wir weiterhin die Narben aufweisen, die uns der Schmerz dieses Lebens zugefügt hat? Die Spuren des Krieges, die Verunstaltung durch Behinderung oder Krankheit, die Wunden, die Gewalttäter uns zugefügt haben? Werden diese an unserem Leib noch sichtbar sein? Eine sehr gute Frage. Jesus hat seine Narben mindestens vierzig Tage lang behalten. Werden wir die unsrigen behalten? Dazu gibt es nur menschliche Meinungen, und meine Meinung ist, dass wir es nicht tun werden. Petrus teilt uns mit: „Durch seine Wunden seid ihr geheilt worden“ (1. Petrus 2,24). Gemäß der himmlischen Buchhaltung gibt es nur eine Wunde, die es wert ist, nicht vergessen zu werden. Und das wäre die Wunde Jesu. Unsere Wunden, unsere Verletzungen werden dort nicht mehr vorhanden sein.

Der Gerichtshof dieser Welt

Ihr werdet meine Zeugen sein
in Jerusalem, in ganz Judäa und Samarien
und bis an die Enden der Erde.
Apostelgeschichte 1,8

Wir sind Zeugen. Wie Zeugen vor Gericht sind wir aufgefordert, das zu bezeugen oder weiterzuerzählen, was wir gesehen und gehört haben. Dabei sollen wir bei der Wahrheit bleiben. Es ist nicht unsere Aufgabe, die Wahrheit zu beschönigen oder sie aufzublähen. Es ist unsere Aufgabe, die Wahrheit zu sagen. Punkt. Aus.

Es gibt jedoch einen Unterschied zwischen einer Zeugenaussage vor Gericht und dem Zeugnis für Christus. Wer als Zeuge vor Gericht aussagt, tritt irgendwann wieder aus dem Zeugenstand. Beim Zeugnis-Geben für Christus ist das anders. Das, was Jesus über sich selbst behauptet hat, muss vor dem Urteil der Menschen ständig verteidigt werden, darum wird die Sitzung des Gerichts nie geschlossen, und wir bleiben vereidigt.

Die Entscheidung liegt bei uns

Ich will dich für immer zu meiner
versprochenen Braut machen.
Ich will mich dir gegenüber gütig
und gerecht verhalten.
Ich werde dir meine Liebe
und mein Erbarmen erweisen.
Hosea 2,21

Allen Eigentümlichkeiten, allen Unebenheiten zum Trotz erzählt die Bibel eine einfache Geschichte. Gott erschuf den Menschen. Der Mensch lehnte Gott ab. Gott wird so lange nicht aufgeben, bis er den Menschen wieder für sich gewonnen hat.

Gott flüstert. Gott schreit. Gott berührt und zieht uns. Er nimmt uns die Lasten, manchmal nimmt er uns sogar die Segnungen. Sind wir tausend Schritte von ihm entfernt, dann kommt er uns neunhundertneunundneunzig Schritte entgegen. Nur diesen einen letzten Schritt überlässt er uns. Die Entscheidung liegt bei uns.

Verstehen Sie mich bitte richtig. Es ist nicht Gottes Ziel, Sie glücklich zu machen. Es ist Gottes Ziel, dass Sie ihm gehören. Es ist nicht sein Ziel, Ihnen das zu verschaffen, was Sie haben wollen, sondern Ihnen das zu verschaffen, was Sie brauchen.

Gott verschafft uns eine rechte Beziehung zu sich selbst

Schaffe in mir, Gott, ein reines Herz,
und gib mir einen neuen, beständigen Geist.
Psalm 51,12

Uns dürstet.

Nicht nach Ruhm, Besitz, Leidenschaft oder romantischer Liebe. Von diesen Brunnen haben wir bereits getrunken. Es sind salzige Quellen in der Wüste. Sie löschen keinen Durst – sie töten.

„Selig sind, die hungern und dürsten nach der Gerechtigkeit" (Matthäus 5,6).

Gerechtigkeit. Das ist es. Danach dürstet uns. Uns dürstet nach einem reinen Gewissen. Wir warten sehnsüchtig darauf, reinen Tisch zu machen. Unser ganzes Verlangen gilt einem Neuanfang. Wir beten um eine Hand, die in die finstere Höhle dieser Welt dringt und das Eine für uns vollbringt, das wir für uns selbst nicht vollbringen können: uns eine rechte Beziehung zu Gott zu verschaffen.

(Aus „The Applause of Heaven")

Von der Liebe bestimmt

In Christus sind wir frei,
weil er für uns gestorben ist und dabei
sein Blut vergossen hat.
Deshalb sind uns die Sünden vergeben.
Epheser 1,7

Jesus sprach von Freiheit, doch meinte er eine andere Freiheit als die, die wir üblicherweise mit diesem Begriff in Verbindung bringen. Er meinte eine Freiheit von der Art, die sich nicht durch das Ausüben von Macht einstellt, sondern durch Unterordnung. Die sich nicht durch Herrschaft einstellt, sondern durch Hingabe. Auch nicht durch das Ansammeln von Besitz, sondern durch Großzügigkeit.

Gott möchte sein Volk emanzipieren; er möchte uns frei machen. Er möchte, dass wir nicht länger Sklaven sind, sondern Söhne. Er möchte, dass wir nicht mehr durch das Gesetz bestimmt werden, sondern durch die Liebe.

Wir sind von unserer Schuld sowie von unserer angeborenen Gesetzlichkeit befreit worden. Wir haben die Freiheit zu beten und die Freiheit, Gott von Herzen lieb zu haben. Darüber hinaus sind uns die Sünden vergeben worden durch die einzige Person, die uns hätte verurteilen können. Wir sind wahrhaft frei!

(Aus „Walking with the Savior“)

Ein Leben, das frei ist von Unordnung

Wo dein Schatz ist, da ist auch dein Herz.
Matthäus 6,21

Nur der lebt besonders effektiv, der einfach lebt. Nur der lebt besonders effektiv, der weiß, wo es langgeht und woher er Kraft schöpfen kann und dessen Leben frei bleibt von Unordnung, Zufälligkeiten und Hektik.

Beschäftigt zu sein ist keine Sünde. Jesus war ein viel beschäftigter Mann. Ebenso Paulus und Petrus. Wer sich nicht abmüht, hart arbeitet und dabei auch müde wird, der wird nichts Bedeutendes leisten. Emsigkeit ist, für sich genommen, keine Sünde. Nur die Jagd nach Dingen, die uns innerlich leer, hohl und gebrochen zurücklassen, kann Gott nicht gefallen.

Die Jagd nach Dingen, die unsere inneren Bedürfnisse niemals befriedigen können, ist eine Hauptquelle der Erschöpfung, die man heute bei so vielen Menschen antrifft. Und wer unter uns hat sich im Lauf seines Lebens nicht in diese Jagd verstrickt? Unsere Leidenschaften, unser Besitz, unser Stolz – sie alle sind tot. Wer versucht, aus Totem Leben zu gewinnen, der braucht sich nicht zu wundern, wenn er nichts als Müdigkeit und Verdruss erntet.

Gott: unser Beschützer

Gott ist mein schützender Fels, meine Zuflucht.
Psalm 62,8

Gestatten Sie mir, eine wichtige Frage zu stellen: Wie verhält sich Gott, wenn Sie in der Klemme sitzen? Wenn das Rettungsboot leckschlägt? Wenn die Reißleine reißt? Wenn der letzte Cent schon weg ist, ehe Sie alle Rechnungen begleichen konnten?

Ich weiß, wie wir uns in solchen Situationen verhalten. Wir kauen an unseren Fingernägeln, als wären sie Maiskörner am Kolben. Wir schreiten unruhig auf und ab. Und wir schlucken Tabletten.

Wie verhält sich aber Gott?

Er kämpft für uns. Er tritt in den Ring, schickt uns in die Ecke und übernimmt selbst den Kampf. „Der Herr kämpft für euch, ihr aber könnt ruhig abwarten" (2. Mose 14,14).

Das Kämpfen ist seine Aufgabe. Unsere Aufgabe ist es, ihm dabei zu vertrauen.

Nur, ihm zu vertrauen. Nicht, Anweisungen zu erteilen. Auch nicht, seine Vorgehensweise in Frage zu stellen. Alles, was wir tun sollen, ist beten und abwarten.

5. SEPTEMBER

Keine Panik

Lasst uns an der Hoffnung,
zu der wir uns bekannt haben,
standhaft festhalten,
denn wir können uns darauf verlassen,
dass Gott seine Zusagen erfüllen wird.
Hebräer 10,23

Sie sind schon zu oft enttäuscht worden? Dann lesen Sie die Geschichte von den Emmausjüngern. Der Erlöser, den diese Jünger für tot hielten, spazierte neben ihnen her. Er trat mit ihnen in die Herberge und setzte sich zusammen mit ihnen an einen Tisch. Und dabei ging irgendetwas in ihrem Herzen vor. „Brannte uns nicht das Herz in der Brust, als er unterwegs mit uns redete und uns den Sinn der Schrift erschloss?" (Lukas 24,32).

Wenn Sie das nächste Mal enttäuscht sind, dann geraten Sie nicht in Panik. Geben Sie nicht auf. Seien Sie einfach geduldig. Lassen Sie sich von Gott daran erinnern, dass er noch auf dem Thron ist. Der Volksmund sagt zu Recht: „Aus und vorbei ist es erst, wenn es aus und vorbei ist."

Der Lohn der Lüge

Falsche Leute dürfen in meinem Hause nicht bleiben, die Lügner gedeihen nicht bei mir.
Psalm 101,7

Ich habe mehr als einmal gehört, wie Christen mit einem nervösen Lachen die Geschichte von Hananias und Saphira anführten und meinten: „Ich bin heilfroh, dass Gott die Menschen heute nicht mehr einer Lüge wegen tot umfallen lässt." Ich bin mir aber nicht so sicher, dass das stimmt. So, wie ich die Dinge sehe, ist der Lohn der Lüge immer noch der Tod. Nicht der leibliche Tod vielleicht, aber nichtsdestoweniger der Tod.

Der Tod einer Ehe. Unwahrheiten sind Termiten im Stamm des Familienbaums.

Der Tod des Gewissens. Tragisch an der zweiten Lüge ist, dass sie sich immer leichter auftischen lässt als die erste.

Der Tod einer Karriere. Fragen Sie doch einen Studenten, der wegen Abschreibens durchs Examen rasselte, oder einen Angestellten, der wegen Unterschlagung entlassen wurde, ob das Lügen nicht ein tödlicher Fehler war.

Wir könnten ebenso den Tod des Vertrauens, des Friedens, der Glaubwürdigkeit und der Selbstachtung aufzählen. Aber vielleicht der tragischste Tod, der sich aufgrund unserer Unehrlichkeit einstellt, ist der Tod unseres christlichen Zeugnisses. Beim Gericht lehnt man das Zeugnis eines meineidigen Zeugen ab. Mit uns verfährt die Welt nicht anders.

Gott liebt die Wahrheit

Lügner sind Gott zuwider;
aber an zuverlässigen Menschen hat er Gefallen.
Sprüche 12,22

Unser Meister hält sich an einen strengen Ehrenkodex. Vom ersten Buch Mose bis zur Offenbarung wird immer wieder thematisiert: Gott liebt die Wahrheit, Betrug ist ihm zuwider. In 1. Korinther 6,9+10 zählt Paulus Verhaltensweisen auf, wie sie für Menschen typisch sind, die das Reich Gottes nicht ererben werden. Dabei führt er uns eine bunte Schar von Sündern vor Augen: solche, die sich sexuell versündigen, Götzen dienen, die Ehe brechen, sich prostituieren, sich betrinken, andere ausrauben und – da hätten wir es! – über andere Lügen verbreiten.

Möglicherweise überrascht Sie diese sittliche Strenge. „Sie wollen doch nicht sagen, dass meine Flunkereien und Schmeicheleien Gott ebenso zum Zorn reizen wie der Ehebruch oder wie ein Fall von schwerer Körperverletzung?" Anscheinend doch …

Weshalb diese entschlossene Haltung? Weshalb dieser unnachgiebige Standpunkt?

Aus einem einzigen Grund. Unehrlichkeit ist dem Charakter Gottes ganz und gar zuwider.

Glücklich sind, die eine klare Ausrichtung haben

Dient einander […], jeder mit der Gabe, die er empfangen hat.
1. Petrus 4,10

Es gibt nur eine begrenzte Menge Sand im Stundenglas. Wer soll ihn bekommen?

Sie wissen doch, was ich damit meine, oder?

„Im Elternbeirat brauchen wir einen neuen Schatzmeister. Ihr Hintergrund, Ihre Erfahrung, Ihre Begabung, Ihre Umsicht, Ihre Liebe zu Kindern und Ihre Ausbildung zum Buchhalter bedeuten, dass Sie für diese Aufgabe prädestiniert sind!"

Es ist ein Tauziehen – und Sie sind das Tau.

„Selig sind die Sanftmütigen", hat Jesus einmal gesagt. Mit sanftmütig ist aber nicht schwach gemeint. Sanftmütig zu sein, bedeutet, eine klare Ausrichtung zu haben. Das Wort wurde früher als Bezeichnung für einen zahmen Hengst verwendet. Gebändigte Kraft …

Glücklich sind, die die ihnen von Gott anvertrauten Aufgaben erkennen. Glücklich sind, die gemerkt haben, dass es nur einen Gott gibt, und damit aufgehört haben, sich um seinen Posten zu bewerben. Glücklich sind, die erkannt haben, was in aller Welt sie in dieser Welt tun sollen, und daran gehen, es zu tun.

Glaube und Angst

Um Mitternacht beteten Paulus und Silas
und priesen Gott in Lobgesängen.
Die anderen Gefangenen hörten es.
Apostelgeschichte 16,25

Große Glaubenstaten sind selten das Ergebnis nüchternen Kalküls.

Als Mose am Ufer des Roten Meeres seinen Stab erhob, tat er es nicht aus logischen Überlegungen.

Naeman tauchte nicht deshalb siebenmal im Jordan unter, weil die medizinische Forschung ihn von der Richtigkeit dieser Behandlung überzeugt hatte.

Es war auch nicht der gesunde Menschenverstand, der Paulus veranlasste, das Gesetz hinter sich zu lassen und die Gnade zu verkünden.

Und es war kein nüchterner kirchlicher Ausschuss, der in einem kleinen Raum in Jerusalem um die Befreiung des Petrus aus dem Gefängnis betete. Es war eine angsterfüllte, verzweifelte Schar bedrängter Glaubender. Es war eine Gemeinde, die keine andere Wahl hatte. Eine Ansammlung von Habenichtsen, die um Hilfe flehten.

Nie waren sie stärker.

Am Anfang einer jeden Glaubenstat steht in aller Regel ein Samenkorn der Angst.

Wer vermag die Ewigkeit zu ergründen?

Gott hat den Menschen die Ewigkeit ins Herz gelegt.
Prediger 3,11

Es bedarf keiner besonderen Klugheit, um festzustellen, dass die Menschen sich nach etwas sehnen, was über diese Welt hinausreicht. Diese Sehnsucht überkommt uns, sobald wir jemanden Schmerzen erleiden sehen. Sobald wir mitbekommen, dass Kinder hungern müssen, fragen wir nach dem Warum. Sinnlose Todesfälle. Endlose Tränen, unnötige Verluste.

Wir haben unsere Momente. Das Neugeborene an unserer Brust, die Braut an unserer Seite, der Sonnenschein auf unserem Rücken. Doch sind diese Momente nur Lichtstrahlen, die das Fenster des Himmels durchdringen. Gott flirtet dann mit uns. Er lockt uns. Er bahnt mit uns eine Beziehung an. Solche Momente sollen unseren Appetit anregen auf das Gericht, das danach kommt. „Keiner hat sich jemals vorstellen können, was Gott für die bereithält, die ihn lieben" (1. Korinther 2,9).

Ein atemberaubender Vers! Haben Sie schon begriffen, was hier ausgesagt wird? Der Himmel liegt jenseits unseres Vorstellungsvermögens. Wir mögen eine noch so kreative Phase haben, wir mögen noch so tiefgründig nachdenken, noch so hoch hinauswollen, die Ewigkeit können wir dennoch nicht ergründen.

11. SEPTEMBER

Von innen heraus

Ich will den Vater bitten,
und er wird euch einen anderen Beistand geben,
der für immer bei euch bleiben soll:
den Geist der Wahrheit.
Johannes 14,16+17

Dem, der erschöpft oder erledigt ist, bietet ein Do-it-yourself-Christentum keinen Trost.

Dem Süchtigen bietet eine Heiligung, die er sich selbst erarbeiten muss, wenig Hoffnung.

Irgendwann braucht jeder unter uns mehr als nur gute Ratschläge; wir brauchen Hilfe. Irgendwann im Verlauf unserer Lebensreise merken wir, dass ein Halbe-Halbe-Abkommen mit Gott nicht ausreicht. Wir brauchen mehr.

Wir brauchen Hilfe. Hilfe von innen heraus. Nicht Hilfe aus der Nähe. Nicht Hilfe von oben. Nicht Hilfe um uns her. Sondern in uns. In dem Teil unseres Inneren, den wir nicht einmal selbst kennen. Im Kern unseres Ichs, in dem Teil, den noch nie ein anderer gesehen hat. Im verborgensten Winkel unseres Daseins wohnt kein Engel, auch keine Philosophie und kein Genie, sondern Gott.

12. SEPTEMBER

Der höchste Triumph

Wenn das Weizenkorn nicht in die Erde fällt
und stirbt, bleibt es ein einzelnes Korn;
wenn es aber stirbt, bringt es viel Frucht.
Johannes 12,24

Wir tun unser Möglichstes, damit wir am Leben bleiben und nicht sterben. Gott hingegen sagt, dass wir sterben müssen, damit wir leben. Wenn man ein Samenkorn aussät, muss es in der Erde sterben, ehe es wachsen kann. Was wir als die höchste Tragödie ansehen, ist für Gott der höchste Triumph.

Stirbt ein Christ, so ist nicht Verzweiflung angesagt, sondern Vertrauen. Das Samenkorn wird in die Erde gelegt, und seine äußere Hülle zerfällt. Ebenso wird unser Körper aus Fleisch und Blut zu Grabe getragen, und dort verwest er. Doch ebenso wie aus dem Samenkorn neues Leben hervorsprießt, wird auch unser Körper zu einem neuen Leib erblühen.

Das in die Erde gelegte Samenkorn wird im Himmel blühen. Seele und Leib werden dort wieder vereinigt werden. Dann werden Sie Jesus ähnlich sein.

Lieblicher nach einer Pause

Denn in sechs Tagen hat der Herr
Himmel und Erde gemacht [...],
und ruhte am siebenten Tage.
2. Mose 20,11

Der Wert von Zeit ist sprunghaft angestiegen. Je knapper ein Gut ist, umso wertvoller ist es. Zeit war früher in Hülle und Fülle vorhanden, heute geht sie nur an den Höchstbietenden.

Als ich zehn Jahre alt war, meldete mich meine Mutter zum Klavierunterricht an. Jeden Nachmittag dreißig Minuten auf dem Klavierstuhl zuzubringen, war für mich eine Qual.

Allerdings lernte ich die Musik – zum Teil – schätzen. Bei den Stakkati hämmerte ich drauflos. Die Crescendi bearbeitete ich nach Kräften. Eine musikalische Anweisung gab es jedoch, die ich niemals zur Zufriedenheit meiner Klavierlehrerin umsetzte: das Pausenzeichen, diese zickzackförmige Anweisung, überhaupt nichts zu tun. Welchen Sinn ergibt auch so etwas? Warum am Klavier sitzen und eine Pause einlegen, wo man doch loslegen könnte?

Meine Lehrerin hat es mir geduldig erklärt: „Weil die Musik nach einer Pause immer lieblicher klingt."

Das habe ich mit meinen zehn Jahren nicht begriffen. Heute, ein paar Jahrzehnte später, weiß ich, wie viel Weisheit – göttliche Weisheit – in diesen Worten steckt.

Die Macht Ihrer Hände

Der Gerechte hält fest an seinem Weg,
und wer reine Hände hat, nimmt an Stärke zu.
Hiob 17,9

Wie wäre es, wenn jemand einen Dokumentarfilm über Ihre Hände drehen würde? Wenn irgendein Regisseur sich entschließen würde, Ihre Geschichte zu verfilmen und dabei vom Erleben Ihrer Hände auszugehen? Was bekämen wir dann zu sehen? Zunächst die Faust eines Säuglings, vermute ich, danach die Nahaufnahme einer winzigen, nach dem Finger der Mutter greifenden Hand. Und dann? Vielleicht, wie Sie sich damals beim Laufen-Lernen an einem Stuhl festhielten.

Wenn Sie Ihren Freunden diesen Dokumentarfilm vorführen würden, so wären Sie auf bestimmte Augenblicke stolz: auf die Momente, als Ihre Hände ein Geschenk überreichten, einem anderen einen Ring ansteckten, eine Verletzung behandelten, eine Mahlzeit zubereiteten. Dann gäbe es aber jene anderen Szenen. Hände, die häufiger genommen als gegeben, die mehr gefordert als angeboten haben.

Ach, über welche Macht verfügen doch unsere Hände! Man lasse sie unbeaufsichtigt, und schon werden sie zu Waffen: sie reißen sich um Macht, strangulieren ums Überleben, verführen zum Vergnügen. Wenn wir sie jedoch bändigen, so werden sie zu Mittlern der Gnade – nicht nur zu Werkzeugen in den Händen Gottes, sondern zu den Händen Gottes selbst.

Die Wahrheit sagen

Redet die Wahrheit ein jeder mit seinem Nächsten.
Epheser 4,25

Quält Sie die Frage, ob Sie in einer bestimmten Situation die Wahrheit sagen sollen oder nicht? In solchen Momenten muss man sich fragen: Wird Gott mich segnen, wenn ich mein Gegenüber täusche? Wird der, dem alles Lügen zuwider ist, eine auf Lügen aufgebaute Strategie segnen? Wird der Herr, der die Wahrheit liebt, die Sache der Unwahrheit segnen? Wird Gott die Karriere eines Menschen fördern, der andere manipuliert? ... Nein, das glaube ich auch nicht.

Erforschen Sie Ihr Herz. Stellen Sie sich einige unbequeme Fragen.

Bin ich meinem Ehepartner und meinen Kindern gegenüber uneingeschränkt ehrlich? Sind meine Beziehungen von Offenheit geprägt? Wie sieht es auf der Arbeit oder an der Schule aus? Bin ich in allem ehrlich? Bin ich ein vertrauenswürdiger Schüler? Ein ehrlicher Steuerzahler?

Sagen Sie immer die Wahrheit?

Wenn nicht, sollten Sie heute damit anfangen. Warten Sie nicht bis morgen. Die Woge, die eine Lüge heute auslöst, wird morgen zur Monsterwelle, übermorgen zur Überschwemmung.

Welch ein Gott!

Herr, Gott Zebaot, wer ist wie du?
Mächtig bist du, Herr,
und deine Treue ist um dich her.
Psalm 89,9

Führen Sie sich doch einmal das große Werk Gottes vor Augen.

Er heißt weder unsere Sünde gut, noch schließt er im Hinblick auf seine Maßstäbe irgendwelche Kompromisse.

Er ignoriert weder unsere Auflehnung, noch macht er an seinen Forderungen irgendwelche Abstriche.

Statt unsere Sünde als unbedeutend abzutun, nimmt er sie lieber auf sich und verurteilt dabei, so unglaublich es klingt, sich selbst.

Die Heiligkeit Gottes wird auf diese Weise geehrt, unsere Sünde bestraft. Wir werden erlöst.

Gott leistet, was wir nicht leisten können, damit wir werden können, wovon wir nicht zu träumen wagen: vollkommen vor Gott.

Der Name Gottes in Ihrem Herzen

Der Name des Herrn ist eine feste Burg;
der Gerechte läuft dorthin und wird beschirmt.
Sprüche 18,10

Sind Sie, was die Zukunft betrifft, verwirrt, so laufen Sie doch hin zu Jahwe-raah, Ihrem fürsorglichen Hirten. Sind Sie ängstlich, was Ihre Versorgungslage angeht, so unterhalten Sie sich doch mit Jahwe-jireh, dem Herrn, der uns versorgt. Sind Ihnen die Herausforderungen, denen Sie sich gegenübersehen, im Moment zu groß? Bitten Sie doch Jahwe-schalom, „der Herr ist Friede", um Hilfe. Ist Ihr Körper krank? Ist Ihr Gefühlsleben anfällig? Jahwe-rophe, „der Herr, der dich heilt", bittet Sie jetzt zu sich ins Behandlungszimmer. Kommen Sie sich vor wie ein Soldat, der hinter die feindlichen Linien geraten ist? Suchen Sie doch Zuflucht bei Jahwenissi, „dem Herrn meinem Banner".

Über die Namen Gottes nachzusinnen, erinnert an den Charakter Gottes. Nehmen Sie sich doch diese Gottesnamen zu Herzen.

Gott ist
der Hirte, der mich führt,
der Herr, der mich versorgt,
die Stimme, die mitten im Sturm Frieden bringt,
der Arzt, der die Kranken heilt, und
das Banner, das dem Soldaten den Weg zeigt.

Eine Last, die zu schwer ist

Weg also mit aller Verbitterung, mit Aufbrausen, Zorn und jeder Art von Beleidigung!
Schreit einander nicht an.
Legt jede feindselige Gesinnung ab.
Epheser 4,31

Hass greift langsam auf unser ganzes Leben über. Der Schaden, den er verursacht, erinnert an den Sprung in meiner Windschutzscheibe. Weil ein Lkw-Fahrer auf Rollsplitt zu schnell fuhr, war meine Windschutzscheibe eine Zeit lang angeschlagen. Mit der Zeit wurde aus der angeschlagenen Stelle ein Sprung und aus dem Sprung ein länglicher Riss. Ich konnte nicht mehr Auto fahren, ohne an diesen Trottel zu denken, der zu schnell gefahren war. Ich habe ihn zwar nie gesehen, doch kann ich ihn genau beschreiben: Er betrügt seine Frau, rast mit einem Sechserpack Bier auf dem Nebensitz durch die Gegend und hat das Fernsehen ständig so laut, dass die Nachbarn nicht schlafen können. Schon einmal den Ausdruck „blinde Wut“ gehört?

Der Hass wird Sie verbittern und Ihnen das Rückgrat brechen. Die Last der Bitterkeit ist zu schwer. Der vor Ihnen liegende Berg ist bereits steil genug, ohne dass Sie auch noch diese schwere Last des Hasses auf dem Rücken mitschleppen. Die klügste Entscheidung – die einzig mögliche Entscheidung – wäre, den Zorn fallen zu lassen. Es wird nie von Ihnen verlangt, einem anderen mehr Gnade zu erweisen, als Gott Ihnen bereits erwiesen hat.

Stellen Sie sich vor, Sie werden Gott sehen

Der Herr segne dich aus Zion,
der Himmel und Erde gemacht hat!
Psalm 134,3

Der Verfasser des Briefes an die Hebräer schreibt einen kleinen Artikel über den Himmel, der es verdient hätte, in Geo abgedruckt zu werden. Hören Sie zu, wie er den Berggipfel Zion beschreibt. Er sagt, diesen Berg zu erreichen, heißt, „zu der Stadt des lebendigen Gottes" gekommen zu sein, zu „den vielen tausend Engeln" und „zu der Versammlung und Gemeinde der Erstgeborenen, deren Namen im Himmel aufgeschrieben sind" (Hebräer 12,22+23).

Welch ein Berg! Wird es nicht fantastisch sein, die Engel zu sehen? Endlich zu wissen, wie sie aussehen und wer sie sind?

Stellen Sie sich die Versammlung der Erstgeborenen vor. Hier treffen sich alle Gotteskinder. Es gibt keinerlei Eifersucht. Keinerlei Konkurrenzdenken. Keinerlei Spaltung. Wir werden vollkommen sein. Sündlos.

Und stellen Sie sich vor, Sie werden Gott sehen. Endlich werden wir unserem Vater ins Angesicht schauen dürfen. Und spüren, wie sein Blick auf uns ruht. Weder das eine noch das andere wird jemals aufhören.

Gottes Majestät im Blickpunkt

Ihn [Jesus] habt ihr nicht gesehen
und habt ihn doch lieb;
und ihr glaubt an ihn,
obwohl ihr ihn jetzt nicht seht.
1. Petrus 1,8

Vor einigen Jahren begleitete ein Soziologe eine Gruppe Bergsteiger bei einer Expedition. Unter anderem beobachtete er eine eindeutige Wechselwirkung zwischen der Wolkenmenge am Himmel und dem Grad der Zufriedenheit unter den Expeditionsteilnehmern. Wenn der Himmel frei war, sodass sie den Gipfel sehen konnten, dann waren die Bergsteiger voller Elan und gern bereit, einander behilflich zu sein. Wurde die Sicht auf den Gipfel durch die grauen Wolken verdeckt, so wurden die Bergsteiger mürrisch und egoistisch.

Uns ergeht es nicht anders. Solange unser Blick auf die Majestät Gottes gerichtet ist, schreiten wir mit Schwung durchs Leben. Richten wir aber unseren Blick auf den Schmutz unter unseren Füßen, so werden wir uns über jeden Felsen und jede Felsspalte, die wir überwinden müssen, beklagen. Aus diesem Grund fordert uns Paulus auf: „Schlurft nicht dahin, den Blick nach unten gerichtet, vertieft in das, was unmittelbar vor euch liegt. Schaut vielmehr nach oben und verfolgt wachsam alles, was um Christus herum geschieht, denn da spielt sich Entscheidendes ab. Betrachtet die Dinge aus seiner Perspektive“ (Kolosser 3,1+2).

Die Eingangspforte bewachen

Euer Widersacher, der Teufel,
geht wie ein brüllender Löwe umher
und sucht, wen er verschlingen kann.
Leistet ihm Widerstand in der Kraft des Glaubens.
1. Petrus 5,8+9

Geben wir's doch zu: Einige unter uns haben ein Herz, das zugemüllt ist. Sobald irgendein Abschaum an die Tür klopft, machen wir sie weit auf. Kreuzt der Zorn auf, so bitten wir ihn sofort herein. Braucht die Rachsucht eine Herberge, bieten wir ihr bedenkenlos einen Platz an. Möchte das Selbstmitleid eine Party geben, so stellen wir ihm unsere Küche zur Verfügung. Die Lüsternheit läutet, und schon wechseln wir die Bettwäsche. Haben wir es denn nie gelernt, Nein zu sagen?

Viele haben es in der Tat nie gelernt. An einen bewussteren Umgang mit unserem Gedankenleben haben die meisten unter uns noch nie einen Gedanken verschwendet. Wir versuchen, bewusst mit unserer Zeit umzugehen. Wir essen bewusst, wir leben bewusst. Wie steht es aber mit dem bewussten Umgang mit Gedanken? Alles Mögliche versuchen wir unter Kontrolle zu bekommen; sollte es uns da nicht ein ebenso großes Anliegen sein, unsere Gedanken unter Kontrolle zu halten? Für Jesus hatte das absoluten Vorrang. Wie ein ausgebildeter Soldat vor einem Stadttor bewachte er sein Gedankenleben. Standhaft bewachte er die Eingangspforte seines Herzens.

Sollten wir es ihm da nicht gleichtun?

Den Blick nach oben richten

Herr, zeige uns den Vater.
Das genügt uns.
Johannes 14,8

Lebensbeschreibungen tapferer Jünger beginnen zunächst mit Kapiteln voll ehrlichen Entsetzens. Voller Todesfurcht. Voller Versagensängste. Voller Einsamkeit. Voller Angst, dieses kurze Leben zu vergeuden. Voller Angst, Gott nie richtig kennenzulernen.

Der Glaube nimmt seinen Anfang, wenn wir Gott oben auf dem Berge sehen, aber uns selbst im Tal befinden und merken, dass wir zu schwach sind, um zu ihm hinaufzuklettern. Wir erkennen, was wir brauchen. Wir sehen, was wir haben. Allein, was wir haben, reicht nicht aus, um irgendetwas zu vollbringen.

Mose sah vor sich das Meer, hinter ihm rückte der Feind heran. Die Israeliten hatten die Wahl zwischen Schwimmen und Kämpfen. Doch genügte ihnen weder die eine noch die andere Möglichkeit …

Paulus hatte das Gesetz gemeistert. Er beherrschte das System. Doch hat ihn ein Blick auf Gott überzeugt, dass Opfer und Symbole nicht genügten …

Ein Glaube, der in der Angst seinen Anfang nimmt, wird dem Vater am Ende näher sein.

23. SEPTEMBER

Vertrauen Sie Gott die Zukunft an

Erschreckt nicht, habt keine Angst!
Vertraut Gott und vertraut auch mir!
Johannes 14,1

Unser Geist ist kaum in der Lage, mit Gedanken über die Ewigkeit umzugehen. Eine Welt ohne räumliche und zeitliche Grenzen übersteigt einfach unser Vorstellungsvermögen. Daher ist es nur folgerichtig, wenn Jesus sich hier wie ein Vater gibt und sagt: Vertraut mir!

Lassen Sie sich nicht durch die Lehre von der Wiederkunft Jesu beunruhigen. Machen Sie sich keine Gedanken um Dinge, die Sie nicht verstehen. Die Wiederkunft Jesu ist für den Christen weder ein Rätsel, das gelöst, noch ein Kode, der entschlüsselt werden muss, sondern ein Tag, auf den er sich freuen darf.

In Gottes Armen

Wer lebt und an mich glaubt,
der wird niemals sterben.
Johannes 11,26

Es fällt uns immer schwer, uns von einem lieben Menschen zu verabschieden. Ganz gleich, ob der Abschied auf dem Schul- oder auf dem Kirchhof stattfindet, die Trennung geht uns ganz nahe. Wir tun daher recht daran, zu weinen. Verzweifeln müssen wir jedoch nicht. Unsere Lieben hatten hier Schmerzen. Dort haben sie keine Schmerzen mehr. Hier haben sie gekämpft. Dort gibt es keine Kämpfe mehr. Sie und ich fragen uns vielleicht, warum Gott sie heimgeholt hat. Diejenigen, die von uns gegangen sind, fragen das nicht, sondern sie haben es verstanden. In diesem Moment gerade genießen sie den Frieden in der Gegenwart Gottes.

Wenn es auf der Erde kalt ist, können wir uns mit der Erkenntnis trösten, dass unsere Lieben in den warmen Armen Gottes sind. Und wenn Jesus wiederkommt, werden auch wir sie in den Armen halten.

Das Beste kommt noch

Wer den Sieg erlangt, […]
erhält von mir einen weißen Stein.
Auf ihm steht ein neuer Name.
Offenbarung 2,17

Das leuchtet doch ein. Väter lieben es, ihren Kindern besondere Kosenamen zu verleihen. Prinzessin. Tiger. Mäuschen. Schnuckelchen. Mein Engel.

Kaum zu glauben, dass Gott extra für Sie einen Namen bereithält. Einen Namen, den Sie nicht einmal kennen. Wir sind immer davon ausgegangen, dass unser jetziger Name für immer an uns haften bleiben wird. Stimmt jedoch nicht. Die Straße, die vor Ihnen liegt, ist so hell, dass Sie einen neuen Namen brauchen werden. Die Ewigkeit, die auf Sie wartet, ist etwas so Besonderes, dass ein Allerweltsname nicht ausreichen wird.

Darum hat Gott extra für Sie einen besonderen Namen zurückbehalten. Es gehört mehr zu Ihrem Leben, als Sie jemals für möglich gehalten haben. Es gehört mehr zu Ihrer persönlichen Geschichte, als Sie je gelesen haben.

Darum flehe ich Sie an: Seien Sie an Ort und Stelle, wenn Gott Ihren Namen flüstert.

Eine radikale Wende

Freut euch und jubelt:
Euer Lohn im Himmel wird groß sein.
Matthäus 5,12

Matthäus 5 beschreibt, wie Gott im Herzen eines Menschen eine radikale Wende herbeiführt.

Beachten Sie die Reihenfolge. Zunächst erkennen wir, dass uns etwas fehlt („geistlich arm"). Daraufhin tun wir Buße dafür, dass wir uns von Gott unabhängig gemacht haben („Leid tragen"). Wir hören auf, selbst über unser Leben zu bestimmen, und räumen Gott die Herrschaft ein („sanftmütig"). Wir sind für seine Gegenwart so dankbar, dass wir uns nach mehr davon sehnen („hungern und dürsten nach Gerechtigkeit"). Wenn wir im Glauben wachsen und Gott näher kommen, werden wir ihm immer ähnlicher. Wir vergeben anderen Menschen („barmherzig"). Unsere Einstellung wird anders („reines Herzens"). Wir lieben die Menschen („Friedensstifter"). Wir ertragen Ungerechtigkeiten („um der Gerechtigkeit willen verfolgt").

Es handelt sich hier keineswegs um eine leichte Verschiebung unserer Grundpositionen, wie wir sie vielleicht öfters mal erleben. Es handelt sich vielmehr um den Abbruch alter Strukturen, an deren Stelle neue geschaffen werden. Je radikaler diese Wende ausfällt, umso größer die Freude, die sie auslöst. Hier lohnt sich jede Mühe, denn es handelt sich um göttliche Freude.

Gott weiß, was er tut

So habe ich denn im Unverstand geredet über Dinge, die zu wunderbar für mich und unbegreiflich sind.
Hiob 42,3

Es fällt uns leicht, Gott zu danken, wenn er so handelt, wie wir es möchten. Doch tanzt Gott nicht nach unserer Pfeife. Fragen Sie den Hiob.

Sein Reich fiel in sich zusammen. Seine Kinder wurden getötet. Sein bis dahin gesunder Körper wurde von Geschwüren bedeckt. Woher stammte dieser Dammbruch? Von woher war Hilfe zu erwarten?

Hiob begibt sich sofort zu Gott und schildert ihm eindringlich seinen Fall. Sein Kopf schmerzt. Sein Körper schmerzt. Sein Herz schmerzt.

Und Gott antwortet. Dabei gibt er ihm jedoch keine Antworten, sondern stellt ihm Fragen. Ein ganzes Meer von Fragen.

Nach mehreren Dutzend Fragen hat Hiob begriffen. Worum geht es hier eigentlich?

Darum: Gott ist niemandem etwas schuldig. Er schuldet uns keine Erklärungen. Er muss keine Gründe für sein Verhalten angeben. Auch wenn er es täte, könnten wir sie nicht verstehen.

Gott ist Gott. Er weiß sehr wohl, was er tut. Wenn Sie seiner Hand nicht nachspüren können, so vertrauen Sie doch seinem Herzen.

Der Geschäftsführer des Himmels

Mehr als auf alles andere achte auf deine Gedanken, denn sie bestimmen dein Leben.
Sprüche 4,23

Gott möchte, dass Sie „so denken und handeln, wie Jesus Christus es tat“ (Philipper 2,5). Aber wie? Die Antwort ist überraschend einfach. Wir können zu ganz anderen Menschen werden, wenn wir nur eine Entscheidung treffen: Ich will meine Gedanken der Autorität Jesu unterstellen.

Jesus nimmt für sich in Anspruch, der Geschäftsführer des Himmels und der Erde zu sein. Er hat in allem das letzte Wort, gerade was unsere Gedanken angeht. So verfügt er beispielsweise über mehr Autorität als unsere Eltern. Ihre Eltern sagen Ihnen womöglich, dass Sie zu nichts zu gebrauchen sind. Jesus aber sagt, dass Sie wertvoll sind – und seine Autorität gilt mehr als die Ihrer Eltern.

Jesus hat auch Autorität über Ihre Einfälle. Angenommen, es fällt Ihnen ein, einen Supermarkt zu überfallen. Jesus hat klar und deutlich gemacht, dass Diebstahl Unrecht ist. Wenn Sie ihm die Autorität über Ihre Einfälle eingeräumt haben, dann wird der Gedanke, etwas zu stehlen, bei Ihnen keinen Bestand haben.

Damit wir ein reines Herz haben, müssen wir unsere Gedanken allesamt der Autorität Christi unterstellen. Wenn wir bereit sind, das zu tun, wird er uns so verändern, dass wir ihm ähnlich werden.

Sieg über den Tod

Tod, wo ist dein Sieg?
Tod, wo ist dein Stachel?
1. Korinther 15,55

Das Feuer, das die neutestamentliche Gemeinde unter Dampf setzte, war die unauslöschliche Überzeugung, dass Jesus, wäre er nur ein Mensch gewesen, im Grab geblieben wäre. Die ersten Christen vermochten nicht darüber zu schweigen, dass der, der vor ihren Augen am Kreuz gehangen hatte, noch einmal auf dieser Erde wirkte und sogar fünfhundert Menschen auf einmal erschienen war.

Wir wollen unseren Vater zuversichtlich, aber in aller Demut und im Namen Jesu bitten, uns an das leere Grab zu erinnern. Herr, lass uns bitte den siegreichen Jesus sehen: den Bezwinger des Grabes, den, der dem Tode getrotzt hat. Und erinnere uns daran, dass auch wir an diesem Sieg teilhaben werden!

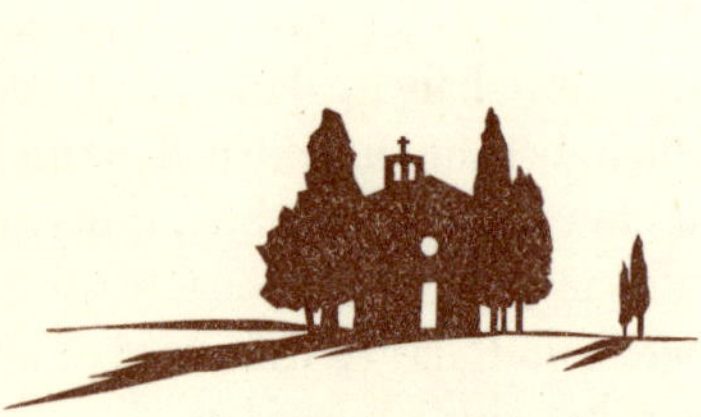

Gott unser Vater

Gedenke, Herr, an deine Barmherzigkeit
und an deine Güte,
die von Ewigkeit her gewesen sind.
Psalm 25,6

Kürzlich verbrachten meine Tochter Jenna und ich einige Tage in der Jerusalemer Altstadt. Als wir eines Nachmittags durch das Jaffa-Tor gingen, merkten wir, dass wir hinter einer jüdisch-orthodoxen Familie hergingen. Um genau zu sein, es handelte sich um einen Vater mit seinen drei Töchtern. Eine der Töchter, die vier oder fünf Jahre alt gewesen sein mag, fiel ein paar Schritte zurück und konnte ihren Vater nicht mehr sehen. „Abba!“, rief sie ihm zu. Er erspähte sie sofort und nahm sie bei der Hand.

Als die Fußgängerampel umgesprungen war, führte er sie und ihre Schwestern über die Kreuzung. Mitten auf der Straße langte er hinunter und hob die Kleine auf seine Schultern, dann setzten sie ihren Spaziergang fort.

Ist es nicht genau das, was auch wir brauchen? Einen „Abba“, der uns hört, wenn wir zu ihm rufen? Der uns bei der Hand nimmt, wenn wir schwach sind? Der uns über die viel befahrenen Kreuzungen des Lebens begleitet? Brauchen wir nicht alle einen „Abba“, der uns auf seine Schulter hebt und uns nach Hause trägt? Ja, wir alle brauchen einen Vater.

Ein täglicher Segen

Und bitte [den Vater], dass er euch Kraft gebe nach dem Reichtum seiner Herrlichkeit, stark zu werden durch seinen Geist am inneren Menschen.
Epheser 3,16

Ich möchte eine Szene beschreiben, die sich in Brasilien tausend Mal am Tag wiederholt.

Es ist früh am Morgen. Ein Junge namens Marcos muss in die Schule. Er sucht sich seine Schulbücher zusammen, dann bleibt er auf dem Weg zur Haustür neben seinem Vater stehen, schaut ihm ins Gesicht und sagt: „Benção, Pai?“ (Segen, Vater?)

Sein Vater hebt die Hand. „Deus te abençoe, meu filho“, sichert er ihm zu. (Gott segne dich, mein Sohn.)

Der Vater und sein Kind verabschieden sich für diesen Tag. Der eine hat einen Segen erbeten, der andere diesen Segen willig gewährt.

Wie das Kind, das sich nach dem Segensspruch seines Vaters sehnt, braucht jeder Christ die tägliche Erinnerung an die Liebe des himmlischen Vaters. Wir dürfen ihn darum bitten. Er wird unsere Bitte willig gewähren.

Ein Leben im Dienst

Obwohl wir viele sind,
bilden wir durch die Verbindung mit Christus
ein Ganzes. Als Einzelne aber stehen wir zueinander
wie Teile, die sich gegenseitig ergänzen.
Römer 12,5

Gott hat uns für seine Seestreitkraft angeworben und uns einen Platz auf seinem Schiff zugewiesen. Das Schiff dient nur einem Zweck: uns sicher ans andere Ufer zu bringen.

Es handelt sich allerdings nicht um ein Kreuzfahrtschiff, sondern um ein Schlachtschiff. Wir sind nicht zum Müßiggang berufen, sondern zu einem Leben im Dienst. Jeder unter uns hat eine andere Aufgabe. Einige sind damit beschäftigt, Ertrinkende aus den reißenden Fluten zu retten. Andere wiederum befassen sich mit dem Feind und bemannen die Geschütze des Gebets und der Anbetung. Eine dritte Gruppe widmet sich der Mannschaft, die sie ernährt und ausbildet.

Obwohl wir alle unterschiedlich sind, haben wir auch Gemeinsamkeiten. So kann jeder von einer persönlichen Begegnung mit dem Kapitän erzählen, denn jeder hat einen persönlichen Ruf empfangen.

Wir sind ihm über die Gangway seiner Gnade auf ein und dasselbe Schiff gefolgt. Es gibt einen Kapitän und einen Bestimmungshafen. Das Schiff ist sicher, obwohl um es herum eine Schlacht tobt – denn unser Kapitän ist Gott. Das Schiff wird nicht untergehen. Darüber braucht sich niemand Sorgen zu machen.

Gottes höchstes Ziel

Darin besteht die Liebe: nicht,
dass wir Gott geliebt haben,
sondern dass er uns geliebt hat
und seinen Sohn gesandt hat
zur Versöhnung für unsere Sünden.
1. Johannes 4,10

Wir haben versucht, auf den Mond zu gelangen, schafften es aber kaum, von der Erde abzuheben. Wir haben versucht, schwimmend den Atlantik zu überqueren, kamen jedoch nicht über das Riff hinaus. Wir haben versucht, den Mount Everest des Heils zu erklimmen, konnten jedoch bis heute nicht einmal das Basislager verlassen, geschweige denn den Aufstieg in Angriff nehmen. Das, was wir uns vorgenommen haben, übersteigt einfach unsere Kräfte. Wir brauchen weder eine bessere Versorgung noch mehr Muskelkraft oder eine bessere Ausrüstung. Wir brauchen einen Hubschrauber.

Hören Sie schon, wie er kreist?

„Gott hat einen Weg gefunden, den Menschen eine rechte Beziehung zu sich selbst zu verschaffen" (Römer 3,21). Wie wichtig es ist, dass wir uns diese Wahrheit zu eigen machen! Gottes höchstes Ziel ist nicht, uns reich, erfolgreich, beliebt oder berühmt zu machen. Gottes Ziel ist, uns eine rechte Beziehung zu sich zu verschaffen.

Die Tür zu Ihrem Herzen

Wird das Denken eines Menschen
vom sündigen Ich bestimmt,
so führt das zum Tode.
Wird jedoch sein Denken vom Geist bestimmt,
so stellen sich Leben und Friede ein.
Römer 8,6

Ihr Herz ist ein Gewächshaus, das bereitsteht, gute Früchte hervorzubringen. Ihr Verstand ist die Tür zu Ihrem Herzen – der strategische Platz, an dem Sie bestimmen, welche Saat gesät wird und welche nicht. Der Heilige Geist möchte Ihnen dabei helfen, die Gedanken, die sich einen Weg in Ihr Herz zu bahnen versuchen, unter Kontrolle zu bringen und zu filtern. Er kann Ihnen dabei behilflich sein, Ihr Herz zu bewachen.

Er steht zusammen mit Ihnen an der Schwelle. Ein fragwürdiger Gedanke naht. Machen Sie die Tür weit auf, damit dieser Gedanke Einzug halten kann? Natürlich nicht. Sie „kämpfen darum, jeden Gedanken gefangen zu nehmen, bis er gezwungen wird, die Autorität Christi anzuerkennen" (2. Korinther 10,5). Sie lassen die Tür nicht unbewacht. Sie stehen vielmehr mit Handschellen und Fußfesseln ausgerüstet da, bereit, jeden Gedanken abzufangen, der nicht würdig ist, Ihr Herz zu betreten.

Wir brauchen einen großen Retter

[Petrus] schrie: Herr, rette mich!
Jesus streckte sofort die Hand aus [und] ergriff ihn.
Matthäus 14,30+31

Wir kommen zu Jesus in einer Stunde größter Not. Wir verlassen das Boot der guten Werke. Wie Petrus erkennen wir, dass es unseren Füßen einfach nicht möglich ist, die Lücke zwischen uns und Jesus zu überbrücken. Deshalb flehen wir ihn um Hilfe an. Wir hören seine Stimme. Und wir setzen unsere Füße voller Angst auf das Wasser, in der Hoffnung, unser Kleinglaube werde groß genug sein.

Der Glaube ist ein verzweifelter Sprung aus dem sinkenden Boot menschlicher Anstrengungen und die Bitte, Gott möge da sein, um uns aus dem Wasser zu fischen. Über Glauben dieser Art schrieb der Apostel Paulus:

„Denn aus Gnade seid ihr gerettet durch den Glauben, und das nicht aus euch selbst: Gottes Gabe ist es, nicht aus Werken, damit sich niemand rühmen kann" (Epheser 2,8+9).

6. OKTOBER

In seine Gegenwart treten

Denn Christus ist mein Leben,
und Sterben ist mein Gewinn.
Philipper 1,21

Ebenso wie Eltern die Gewissheit brauchen, dass ihre Kinder in der Schule sicher sind, sehnen auch wir uns nach der Gewissheit, dass unsere Lieben über den Tod hinaus sicher sind. Wir sehnen uns nach der Gewissheit, dass die Seele nach dem Tod sofort bei Gott ist. Wagen wir aber, daran zu glauben? Dürfen wir es glauben? Gehen wir nach der Bibel, so dürfen wir es.

Die Heilige Schrift ist erstaunlich leise, wenn es um diese Phase unserer Existenz geht. Spricht sie einmal über den Zeitraum zwischen dem physischen Tod und der Auferstehung des Leibes, so schreit sie nicht, sondern flüstert. Doch wenn wir diese geflüsterten Aussagen in der Zusammenschau betrachten, hören wir eine feste Stimme. Diese autoritative Stimme sichert uns zu, dass der Christ bei seinem Tod sofort in die Gegenwart Gottes tritt und sich bewusst an der Gemeinschaft mit dem Vater sowie mit denen, die ihm vorangegangen sind, erfreut.

7. OKTOBER

Die Zeit vergeht

Alle, die sich nach diesem Maßstab richten –
Friede und Barmherzigkeit über sie.
Galater 6,16

Je älter wir werden, umso klarer sollten wir sehen. Damit meine ich natürlich nicht unser irdisches Augenlicht. Hier geht es um unsere Sicht des Himmels. Hat jemand sich sein Leben lang auf den Himmel gefreut, so werden seine Schritte beflügelt, wenn die Stadt Gottes in Sicht kommt. Nach dem Tode Michelangelos fand jemand in seinem Atelier ein Blättchen, auf dem er eine Notiz für seinen Lehrling geschrieben hatte. Mit der wackeligen Handschrift eines alten Mannes hatte der große Künstler die Worte gekritzelt: „Zeichne, Antonio, zeichne – und vergeude keine Zeit."

Eine wohl begründete Aufforderung, Michelangelo. Die Zeit vergeht. Tage verstreichen. Jahre verblassen. Und das Leben endet. Wir müssen vollbringen, wozu wir gekommen sind, und das, solange wir dazu noch Zeit haben.

Gotteslob

Lasst uns Gott allezeit das Opfer des Lobes darbringen.
Hebräer 13,15

Du bist ein großer Gott.
Dein Wesen ist heilig.
Deine Wahrheit ist keinen Bedingungen unterworfen.
Deine Kraft ist unendlich.
Deine Erziehungsmaßnahmen sind gerecht.
Du versorgst uns in großer Fülle mit dem, was wir benötigen.
Dein Licht ist ausreichend, um unseren Weg zu erhellen.
Deine Gnade ist hinreichend, um unsere Sünden zuzudecken.
Du kommst nie zu früh und nie zu spät.
Als die Zeit erfüllt war, hast du deinen Sohn gesandt.
Am Ende der Zeit wird dein Sohn wiederkommen.
Dein Ratschluss ist vollkommen.
Verwirrend. Rätselhaft. Beunruhigend.
Aber vollkommen.

Ein Zuhause für Ihr Herz

Die bei dem Allerhöchsten Gott Zuflucht suchen, werden vom Allmächtigen beschützt.
Psalm 91,1

Aller Wahrscheinlichkeit nach haben Sie sich mit der häuslichen Unterbringung Ihrer Seele kaum beschäftigt. Wir bauen kunstvolle Häuser für unseren Leib, unsere Seele verweisen wir jedoch auf eine baufällige Baracke, wo nachts der Wind durchpfeift und der Regen uns durchnässt. Wen wundert's, dass die Welt so voller kalter Herzen ist?

Es muss nicht so sein. Wir müssen nicht draußen leben. Dass Ihr Herz wie ein Nomade umherzieht, entspricht nicht dem Plan Gottes. Gott möchte, dass Sie aus der Kälte kommen – und bei ihm einziehen. Unter seinem Dach ist Raum genug. An seinem Tisch ist für Sie gedeckt. In seinem Wohnzimmer ist für Sie ein Ohrensessel reserviert. Er möchte, dass Sie ganz bei ihm einziehen.

Warum möchte Gott sein Zuhause mit Ihnen teilen? Ganz einfach. Er ist Ihr Vater.

Erwartungsvoll sein

Es wird aber der Tag
des Herrn kommen wie ein Dieb;
an ihm werden die Himmel mit gewaltigem
Geräusch vergehen […].
Was für Leute müsst ihr dann sein?
2. Petrus 3,10+11

Eine großartige Frage. Was für Leute sollen wir sein? Petrus sagt dazu: „Wie wichtig ist es dann, dass ihr ein geheiligtes und frommes Leben führt und so den Tag Gottes erwartet und seine Ankunft beschleunigt“ (2. Petrus 3,11+12).

Eine Hoffnung, die auf die Zukunft setzt, ist kein Freibrief für Verantwortungslosigkeit in der Gegenwart. Wir sollen zwar erwartungsvoll sein, doch sollen wir warten.

Für die meisten unter uns ist das Warten allerdings nicht das Problem. Oder vielleicht sollte ich lieber sagen, das Warten ist unser Problem. Wir sind im Warten so geschickt, dass wir nicht mehr erwartungsvoll sind. Wir vergessen, den Blick nach vorn zu richten. Wir sind mit der Gegenwart zufrieden. Wir suchen den Himmel nur selten mit erwartungsvollem Blick ab. Wir gestatten es dem Heiligen Geist nur selten, wenn überhaupt, unsere Pläne außer Kraft zu setzen und uns in die Anbetung zu führen, damit wir Jesus sehen.

Im Bösen Gutes erkennen

Segnet, die euch verfolgen;
segnet, und flucht nicht.
Römer 12,14

Ein bösartiger Mensch als Judas Ischariot ließe sich wohl kaum denken. Einige Ausleger wollen in ihm einen guten Menschen sehen, dessen Strategie fehlschlug. Dem kann ich unmöglich zustimmen. Die Bibel sagt: „Er (Judas) war ein Betrüger“ (Johannes 12,6). Der Mann war ein Dieb, ein Gauner. Irgendwie hat er es geschafft, in der Gegenwart Gottes zu leben, Zeuge der Wunder Jesu zu werden und dennoch unverändert zu bleiben. Am Ende kam er zu dem Schluss, Geld sei ihm lieber als ein Freund, und deshalb verriet er Jesus und kassierte dafür dreißig Silberlinge. Judas war ein Schurke, ein Schwindler, ein Tagedieb. Mir ist es unverständlich, wie jemand ihn anders betrachten kann.

Mir ist es unverständlich, dennoch hat Jesus ihn anders gesehen. Jesus blickte ihm aus einer Entfernung von nur wenigen Zentimetern ins Gesicht und sagte: „Mein Freund, tu, wozu du gekommen bist!“ (Matthäus 26,50). Dass Jesus diesen Judas für würdig befand, ihn als seinen Freund zu bezeichnen, ist mir unbegreiflich. Ich weiß nur, dass Jesus nicht lügt. In diesem Moment erkannte er in einem sehr bösartigen Menschen etwas Gutes.

Er kann uns helfen, ebenso mit denen zu verfahren, die uns verletzt haben.

12. OKTOBER

Ein treuer Vater

Ein Gott der Treue, ohne Falsch,
gerecht und redlich ist der Herr.
5. Mose 32,4

Gott als den Herrn anzuerkennen, heißt, sich zu ihm als dem Herrscher, der Höchstinstanz des Universums zu bekennen. Ihn als Erlöser anzunehmen, heißt, die Gabe des Heils zu ergreifen, die er am Kreuz erwarb. Ihn als Vater zu betrachten, heißt, einen Schritt weiter zu gehen. Idealerweise ist Ihr Vater derjenige, der Sie versorgt und Sie beschützt. Genau das tut Gott.

Er versorgt Sie mit allem, was Sie benötigen (Matthäus 6,25-34).

Er bewahrt Sie vor Schaden (Psalm 139,5).

Er nimmt Sie an Kindes statt an (Epheser 1,5). Und er verleiht Ihnen seinen Familiennamen (1. Johannes 3,1).

Gott hat sich als ein treuer Vater erwiesen. Jetzt liegt es an uns, vertrauensvolle Kinder zu sein.

Die Stimme des Abenteuers

Der Herr ist mein Licht und mein Heil;
vor wem sollte ich mich fürchten?
Psalm 27,1

Die Alternativen, zwischen denen wir uns entscheiden können, liegen klar auf der Hand. Das jedenfalls behauptet Jesus. Auf der einen Seite lockt die Stimme der Sicherheit. Sie können im häuslichen Kamin ein Feuer anzünden, zu Hause hocken und warm und trocken bleiben – wenn Sie nie etwas anderes versuchen, gehen Sie kein Risiko ein. Wer keinen Standpunkt einnimmt, kann damit nicht scheitern, oder? Wer nicht klettert, wird nie das Gleichgewicht verlieren, stimmt's? Versuchen Sie's also gar nicht erst. Entscheiden Sie sich für die sichere Route.

Oder aber Sie können auf die Stimme des Abenteuers hören. Auf Gottes Stimme. Statt im häuslichen Kamin zünden Sie ein Feuer in Ihrem Herzen an. Folgen Sie den Impulsen, die Gott gibt. Adoptieren Sie ein Kind. Ziehen Sie in ein anderes Land um. Übernehmen Sie eine Sonntagsschulklasse. Wechseln Sie den Beruf. Kandidieren Sie für ein Amt. Sorgen Sie dafür, dass Ihr Leben nicht nutzlos verstreicht. Sicher, das geht nicht ohne Risiko ab. Aber Risiken gibt's überall.

Nennen Sie's Gnade

Da wir durch seine Gnade eine rechte Beziehung
zu Gott erhalten haben,
dürfen wir darauf hoffen,
das ewige Leben zu empfangen.
Titus 3,7

Sie sind zwar ein anständiger Mensch. Sie zahlen Ihre Steuern, küssen Ihre Kinder und legen sich mit reinem Gewissen schlafen. Ohne Christus sind Sie jedoch nicht heilig. Wie können Sie da in den Himmel kommen?

„Allein der Glaube!" Akzeptieren Sie das bereits vollendete Werk, das Werk Jesu am Kreuz.

Akzeptieren Sie die Güte Jesu Christi. Lassen Sie die eigenen Werke fahren und nehmen Sie sein Werk an. Lassen Sie den eigenen Anstand los und akzeptieren Sie seine Vollkommenheit. Kommen Sie nicht mehr im eigenen Namen zu Gott, sondern in seinem Namen.

So leicht soll das gehen?

Es gab überhaupt nichts Leichtes daran. Das Kreuz war schwer, das Blut war echt. Und der Preis war außerordentlich hoch. Hätten Sie oder ich ihn entrichten müssen, so hätten wir Bankrott gemacht. Deshalb hat er ihn für uns bezahlt. Nennen Sie das einfach, wenn Sie so wollen. Nennen Sie es ein Geschenk. Aber nennen Sie es nicht leicht.

Nennen Sie es doch beim Namen. Nennen Sie es Gnade.

Gott ist Ihr Zuhause

Gott ist Geist, und die ihn anbeten,
die müssen ihn im Geist
und in der Wahrheit anbeten.
Johannes 4,24

Glauben Sie nur nicht, es bestehe eine große räumliche Entfernung zwischen Ihnen und Gott. Gott befindet sich nicht am oberen Ende einer langen Leiter, während Sie auf der untersten Sprosse stehen. Da Gott Geist ist (Johannes 4,24), ist er direkt neben Ihnen. Gott selbst ist unser Dach. Gott selbst ist unser Mauerwerk. Und Gott selbst ist unser Fundament.

Das wusste auch Mose. „Herr", betete er, „du bist unsere Wohnung gewesen von Geschlecht zu Geschlecht" (Psalm 90,1). Welch ein Gedanke: Gott als unser Zuhause. Unser Zuhause ist der Ort, wo wir unser gutes Schuhwerk aus- und Latschen anziehen, wo wir Cracker und Chips essen und uns keine Sorgen darüber machen, was die anderen denken, wenn sie uns im Bademantel sehen.

Mit unserem Zuhause sind wir vertraut. Niemand muss uns den Weg zum Schlafzimmer beschreiben. Mit Gott können wir gleichermaßen vertraut werden. Mit der Zeit lernen wir, wo wir Nahrung finden, wo wir uns zu unserem Schutz verstecken und wohin wir uns wenden können, um Wegweisung zu empfangen. Das Haus Gottes ist ein Ort des Friedens. Das Haus Gottes ist niemals geplündert, seine Mauern sind niemals eingerissen worden.

Die Landkarte einer Schatzinsel

Im Anfang war das Wort,
und das Wort war bei Gott,
und das Wort war Gott.
Johannes 1,1

Die Bibel hat man verboten, verbrannt, verlacht und verhöhnt. Wissenschaftler haben sich über sie lustig gemacht. Könige haben sie für ungesetzlich erklärt. Für sie ist tausend Mal das Grab ausgehoben und das Trauerlied angestimmt worden, doch irgendwie bleibt die Bibel nicht im Grab. Sie hat nicht nur überlebt, es geht ihr auch gut. Die Bibel ist das beliebteste Buch der gesamten Menschheitsgeschichte. Seit Jahren führt sie weltweit die Bestseller-Listen an!

Es gibt keine irdische Möglichkeit, das zu erklären. Und gerade das ist vielleicht die Erklärung. Die Haltbarkeit der Bibel ist nicht irdischen, sondern himmlischen Ursprungs. Für die Millionen von Menschen, die die Aussagen der Bibel einer Prüfung unterzogen haben, indem sie ihre Zusagen für sich in Anspruch genommen haben, gibt es nur eine Erklärung: Die Bibel ist Gottes Buch. In ihr vernehmen wir Gottes Stimme.

Die Bibel verkündet den Heilsplan Gottes und lässt uns wissen, mit welcher Leidenschaft Gott diesen Plan umgesetzt hat. Das ist der Grund, weshalb dieses Buch die Jahrhunderte überdauert hat. Die Bibel ist die Landkarte einer Schatzinsel. Sie führt uns zu Gottes höchstem Schatz, dem ewigen Leben.

Die Erlösung feiern

Freut euch aber, dass eure Namen im Himmel aufgeschrieben sind.
Lukas 10,20

Jesus zufolge haben unsere Entscheidungen eine thermostatische Wirkung auf die unsichtbare Welt. Unser Spiel auf der Klaviatur dieser Welt bewegt Anschlaghämmer, die auf die Saiten des Himmels schlagen. Unser Gehorsam zieht an den Seilen, die in den Türmen des Himmels die Glocken läuten lassen. Ein Kind braucht nur zu rufen, und schon neigt sich das Ohr des Vaters zu ihm. Oder noch wichtiger: Ein Sünder braucht nur Buße zu tun, und schon hört jede andere Aktivität auf, und sämtliche himmlischen Wesen fangen an zu feiern.

Diese Begeisterung teilen wir nicht immer, stimmt's? Oder lassen Sie etwa alles aus der Hand fallen, um zu feiern, wenn Sie davon hören, dass eine Seele errettet worden ist? Ist dann für Sie ein guter Tag noch besser, ein schlechter gerettet? Erfreut sind wir vielleicht schon, aber ausgelassen? Wenn eine Seele errettet wird, dann erstrahlt das Herz Jesu wie ein Nachthimmel am vierten Juli. Es wird durch ein Feuerwerk der Freude erleuchtet.

Lässt sich das Gleiche von uns behaupten?

Gottes Geschenk: ein Lächeln

Wir liegen vor dir mit unserm Gebet
und vertrauen nicht auf unsre Gerechtigkeit,
sondern auf deine große Barmherzigkeit.
Daniel 9,18

Ach, wenn wir Gott, sobald er lächelt und uns sagt, dass wir errettet sind, nur grüßen, ihm danken und so leben würden, als hätten wir gerade ein Geschenk des Oberbefehlshabers erhalten!

So verhalten wir uns jedoch selten. Wir ziehen es vor, das Heil auf althergebrachte Weise zu erwerben: Wir verdienen es uns. Die Gnade anzunehmen, heißt, unser Versagen einzugestehen. Aber dazu sind wir nicht gern bereit. Wir versuchen lieber, Gott mit unseren guten Taten zu imponieren, statt zu bekennen, wie groß er ist. Wir befassen uns mit der Lehre, bis uns schwindelig wird. Wir bürden uns Regeln auf. Und wir gehen davon aus, dass unsere Bemühungen Gott gefallen werden.

Sie gefallen ihm aber nicht.

Gottes Lächeln gilt nicht dem gesunden Wanderer, der sich rühmt, die Strecke ohne Hilfe geschafft zu haben. Es gilt vielmehr dem verkrüppelten Aussätzigen, der Gott anfleht, ihn auf dem Rücken zu tragen.

Auf den Vater vertrauen

Der Herr hat sein Volk getröstet
und erbarmt sich seiner Elenden.
Jesaja 49,13

Feiern Sie Ihren Hochzeitstag dieses Jahr allein? Dann spricht Gott zu Ihnen.

Ist Ihr Kind in den Himmel heimgegangen, noch ehe es in den Kindergarten kam? Dann spricht Gott zu Ihnen.

Wurden zusammen mit dem Sarg auch Ihre Träume begraben? Dann spricht Gott zu Ihnen.

Er spricht zu allen unter uns, die in der weichen Erde am offenen Grab gestanden haben oder noch stehen werden. Und gibt uns folgendes Vertrauen erweckende Wort: „Wir wollen euch nicht im Unklaren lassen, Brüder, wie es mit denen steht, die gestorben sind. Dann braucht ihr nicht traurig zu sein wie die anderen, die keine Hoffnung haben. Wir glauben, dass Jesus gestorben und auferstanden ist. Ebenso gewiss wird Gott auch die, die im Vertrauen auf Jesus gestorben sind, mit Jesus zusammen zu sich holen" (1. Thessalonicher 4,13+14).

20. OKTOBER

Wir haben die Wahl

Wähle also das Leben, damit du lebst,
du und deine Nachkommen.
Liebe den Herrn, deinen Gott,
hör auf seine Stimme und halte dich an ihm fest.
5. Mose 30,19+20

Einen Klumpen Ton packte er auf den anderen, bis auf dem Boden eine leblose Form dalag.

Alle schwiegen, während der Schöpfer in sein Inneres langte und etwas noch nie Gesehenes hervorholte. „Es heißt ‚freie Wahl'. Der Same der Entscheidungsfreiheit."

Gott hatte ein göttliches Samenkorn in den Menschen gelegt. Ein Samenkorn, das ihm selbst entsprang. Der Gott aller Macht hatte den Mächtigsten auf Erden geschaffen. Der Schöpfer hatte nicht noch ein Geschöpf erschaffen, sondern einen weiteren Schöpfer. Der die Liebe erwählt hatte, hatte ein Wesen erschaffen, das wieder zu lieben imstande war.

Jetzt haben wir die Wahl.

Tun Sie etwas!

Ein untätiger Glaube ist tot!
Jakobus 2,26

Glaube ist nicht die Überzeugung, dass Gott tun wird, was wir möchten. Glaube ist die Überzeugung, dass Gott tun wird, was recht ist. Gott ist uns immer nahe, er ist stets in Reichweite. Er wartet nur darauf, dass Sie ihn berühren. Lassen Sie ihn doch wissen, dass Sie ihn lieben. Machen Sie Ihre Hingabe deutlich:

Schreiben Sie einen Brief.
Bitten Sie jemanden um Verzeihung.
Speisen Sie einen Hungrigen.
Beten Sie.
Erteilen Sie Bibelunterricht.
Missionieren Sie.

Tun Sie etwas, womit Sie Ihren Glauben zum Ausdruck bringen. Denn ein Glaube, der sich keine Mühe gibt, ist gar kein Glaube. Gott wird auf Sie eingehen. Er hat noch nie eine Geste echten Glaubens zurückgewiesen. Noch nie.

22. OKTOBER

Klare Sicht

Gehe ich auch mitten durch große Not:
du erhältst mich am Leben.
Psalm 138,7

Es gibt in Ihrem Herzen ein Fenster, durch das Sie Gott sehen können. Es gab eine Zeit, als dieses Fenster Ihnen eine ungetrübte Aussicht bot. Sie konnten Gott klar sehen. Sie nahmen ihn so plastisch wahr wie ein sanftes Tal oder einen steilen Abhang.

Dann, ganz plötzlich, bekam das Fenster einen Sprung. Ein Steinchen hat die Scheibe zersplittert. Ein Steinchen des Schmerzes.

Und plötzlich konnten Sie Gott nicht mehr so leicht erkennen. Die Aussicht, die bisher so klar gewesen war, veränderte sich.

Es war Ihnen rätselhaft. So etwas könne Gott doch nicht zulassen, oder?

Wenn Sie ihn nicht sehen können, so vertrauen Sie ihm doch. Jesus ist Ihnen näher, als Sie es sich jemals haben träumen lassen.

Mit einem Wort

Wer überwindet und bis ans
Ende sich an die Werke hält,
die ich gebiete,
dem will ich Macht über die Heiden geben.
Offenbarung 2,26

Denken Sie einen Moment über folgende Frage nach: Wie würde es hier auf der Erde aussehen, wenn Gott nicht da wäre? Sie meinen, die Menschen seien auch jetzt grausam genug? Stellen Sie sich vor, wie es ohne die Gegenwart Gottes aussähe. Sie meinen, der Umgang der Menschen miteinander sei auch jetzt von Brutalität geprägt? Stellen Sie sich eine Welt ohne den Heiligen Geist vor. Sie meinen, Einsamkeit, Verzweiflung und Schuld nähmen auch jetzt überhand? Stellen Sie sich das Leben ohne die Berührung Jesu vor. Keine Vergebung. Keine Hoffnung. Keine freundlichen Taten. Keine Worte der Liebe. Keine Speise, die in seinem Namen verabreicht wird. Keine Lieder mehr, die ihm zum Lob gesungen werden. Keine Taten mehr, die ihm zur Ehre vollbracht werden. Angenommen, Gott würde uns seine Engel, seine Gnade, seine Zusage des ewigen Lebens und seine Diener ganz und gar entziehen. Wie würde die Welt dann aussehen?

Sagen wir es mit einem Wort: höllisch.

Was der Himmel bereithält

[Es] wird auch Freude sein vor den Engeln Gottes über einen Sünder, der umkehrt.
Lukas 15,10

Weshalb freuen sich Jesus und die Engel über einen Sünder, der umkehrt? Können sie vielleicht etwas sehen, was uns verborgen bleibt? Wissen sie vielleicht etwas, was uns unbekannt bleibt? Sicher! Sie wissen, was der Himmel bereithält.

Der Himmel wird von Menschen bewohnt, die zugelassen haben, dass Gott sie verändert. Streit wird es dort nicht mehr geben, denn der Neid hat aufgehört zu existieren. Verdachtsmomente werden dort nicht auftauchen, denn es wird auch keine Geheimnisse geben. Die Sünde wird verschwunden sein. Unsicherheiten werden dort vergessen sein. Angst in jeder Form wird der Vergangenheit angehören. Reiner Weizen, kein Unkraut. Reines Gold, keine Legierung. Reine Liebe, keine Lüsternheit. Reine Hoffnung, keine Furcht.

Kein Wunder, dass die Engel sich über einen Sünder freuen, wenn er umkehrt; sie wissen, dass bald ein weiteres Kunstwerk die göttliche Galerie schmücken wird. Sie wissen, was der Himmel bereithält.

Keine Geheimnisse vor Gott

Ist jemand in Christus, so ist er eine neue Schöpfung; das Alte ist vergangen, siehe, ein Neues ist geworden.
2. Korinther 5,17

Haben Sie es schon einmal erlebt, wie der Boden der Gewissheit unter Ihren Füßen nachgegeben hat? Das Felsgesims zerbröckelt, Ihre Augen gehen weit auf, und dann: hinunter mit Ihnen!

Und wie verhalten Sie sich nun? Wenn wir abstürzen, so können wir es als unbedeutend abtun. Wir können es leugnen. Wir können die Wahrheit verdrehen. Oder wir können den Tatsachen ins Auge schauen.

Vor Gott haben wir keine Geheimnisse. Seine Sünde zu bekennen, heißt nicht, Gott von dem zu erzählen, was man getan hat. Er weiß es ja schon. Bekennen heißt schlicht und einfach, mit Gott übereinstimmen, dass unsere Handlungsweise verkehrt war.

Wie kann Gott jedoch etwas heilen, dessen Existenz wir bestreiten? Wie kann Gott uns vergeben, wenn wir unsere Schuld nicht zugeben? Da haben wir wieder dieses schlimme Wort Schuld. Gehen wir ihm doch sonst so gern aus dem Wege. Die meisten Menschen verabscheuen den Begriff Schuld. Aber ist denn Schuld wirklich so schlimm? Wer seine Schuld eingesteht, der gibt doch zu verstehen, dass er Recht und Unrecht sehr wohl unterscheiden kann. Dass er danach trachtet, besser zu sein, als er ist. Und so können wir Schuld definieren: ein gesundes Bedauern darüber, dass wir Gott etwas gesagt, aber ganz anders gehandelt haben.

Sanft wie ein Lamm

Wo die Liebe Gottes ist, da ist keine Furcht,
denn Gottes vollkommene Liebe vertreibt die Furcht.
1. Johannes 4,18

Viele Menschen leben mit der heimlichen Angst, Gott sei über uns erzürnt. Irgendwann, irgendwo hat uns eine Sonntagsschulklasse oder eine Fernsehsendung davon überzeugt, dass Gott hinter seinem Rücken eine Peitsche hält oder in seiner Gesäßtasche einen Schlagstock aufbewahrt, und dass er uns ganz gewaltig aufs Dach steigen wird, sobald wir einmal über die Stränge schlagen.

Mit dieser Vorstellung könnten wir nicht weiter von der Wahrheit entfernt liegen! Der Vater unseres Erlösers ist uns unheimlich zugetan und sehnt sich nach nichts anderem, als seine Liebe mit uns zu teilen.

Wir haben einen Vater, der voller Erbarmen ist. Einen mitfühlenden Vater, dem es, wenn seine Kinder sich verletzen, ebenfalls wehtut. Wir dienen einem Gott, der zugesagt hat, auch dann auf uns zu warten, wenn wir unter Druck stehen und das Gefühl haben, dass nichts so läuft, wie es laufen soll. Er nimmt uns in die Arme, ganz gleich, ob wir Erfolg haben oder versagen.

Er bahnt sich nicht unter Streit und Zank einen Weg in das menschliche Herz. Er zieht so sanft wie ein Lamm in unser Herz, nicht wie ein brüllender Löwe.

Die Treue Gottes

Mein Gott aber wird all euren Mangel ausfüllen nach seinem Reichtum in Herrlichkeit in Christus Jesus.
Philipper 4,19

Gottes Treue hing noch nie von der Treue seiner Kinder ab. Er ist auch dann treu, wenn wir es nicht sind. Wenn uns der Mut versagt, so ist es bei ihm anders. Im Verlauf der Geschichte hat Gott immer wieder Menschen gebraucht – trotz ihrer Menschlichkeit.

Nehmen wir als Beispiel die Speisung der Fünftausend. Es handelt sich hier um das – abgesehen von den Ereignissen der Passionswoche – einzige Wunder, das in allen vier Evangelien berichtet wird. Warum hielten alle vier Evangelisten diese Geschichte für erzählenswert? Vielleicht wollten sie deutlich machen, dass Gott auch dann nicht aufgibt, wenn sein Volk es schon längst getan hat.

Als die Jünger im Gebet versagten, betete Jesus. Als die Jünger Gott aus dem Blickfeld verloren, hatte Jesus Gemeinschaft mit Gott. Waren die Jünger schwach, so erwies sich Jesus als stark. Kam den Jüngern ihr Glaube abhanden, so übte Jesus unerschütterlichen Glauben aus.

Ich denke schlicht, dass Gott größer ist als unsere Schwäche. Nach meinem Dafürhalten macht unsere Schwäche erst deutlich, wie groß Gott in Wirklichkeit ist.

Gott ist treu, auch dann, wenn seine Kinder untreu sind.

Ein Herz, das seinem Herzen ähnlich ist

Darum beurteilen wir von nun an niemand mehr nach menschlichen Maßstäben.
2. Korinther 5,16

Bitten Sie Gott darum, Ihnen die Welt aus seinem Blickwinkel zu zeigen – aus dem Blickwinkel der Ewigkeit. Die Menschheit stellt sich Gott sehr einfach dar. Aus seiner Perspektive betrachtet, geht jeder einzelne Mensch entweder durch die enge oder durch die weite Pforte (Matthäus 7,13+14); ist jeder einzelne Mensch entweder ein Berufener, der himmelwärts unterwegs ist, oder aber einer, der sich auf dem Weg in die Hölle befindet (Markus 16,15+16).

Im Gegensatz dazu ist unser Hauptbuch überfüllt mit überflüssigen Konten. Ist der andere wohlhabend? Ist er attraktiv? Wie verdient er seinen Lebensunterhalt? Wie gebildet ist der andere? Hat sie die Hochschulreife? Das alles sind Angelegenheiten, die vor Gott als belanglos gelten.

Ein Herz zu haben, das seinem Herzen ähnlich ist, das heißt nichts anderes, als den Erretteten ins Gesicht zu schauen und sich zu freuen! Denn nur noch das Grab trennt sie davon, so zu sein wie Jesus. Ein Herz zu haben, das seinem Herzen ähnlich ist, das heißt nichts anderes, als den Verlorenen ins Gesicht zu schauen und Fürbitte zu tun. Denn wenn sie nicht umkehren, so trennt sie nur noch das Grab von den Höllenqualen.

Ein Teller voller Erfahrungen

Denn mein Plan mit euch steht fest:
Ich will euer Glück und nicht euer Unglück.
Jeremia 29,11

Gestern Abend rief ich meine Töchter zur Familienandacht an den Tisch und setzte jeder einen Teller vor. Mitten auf den Tisch legte ich eine Ansammlung diverser Lebensmittel: etwas Obst, etwas rohes Gemüse und ein paar Kekse. Dann erklärte ich: „Gott bereitet uns jeden Tag einen Teller voller Erfahrungen. An welcher Art von Teller habt ihr am meisten Freude?"

Darauf zu antworten, fiel ihnen leicht. Sara legte sich drei Kekse auf den Teller. Einige Tage sind so, nicht wahr? Einige Tage sind „Drei-Kekse-Tage". Viele sind es aber nicht. Manchmal liegt nichts auf unserem Teller außer Gemüse. Es gibt vierundzwanzig Stunden lang nichts als Sellerie, Möhrchen und Fruchtsaft. Gott scheint zu wissen, dass wir Kraft brauchen. Eine derartige Portion zu schlucken, fällt uns vielleicht schwer, es geschieht jedoch alles zu unserem Wohl, nicht wahr? Die meisten Tage enthalten allerdings ein wenig von allem.

Wenn das nächste Mal bei Ihnen auf dem Teller mehr Brokkoli als Apfelkuchen liegt, sollten Sie daran denken, wer die Mahlzeit zubereitet hat. Und wenn es Ihnen das nächste Mal schwerfällt, die Ihnen zugeteilte Portion hinunterzuschlucken, sollten Sie mit Gott darüber reden. Das hat auch Jesus getan.

30. OKTOBER

Nichts als Liebe

*Wir haben die Liebe, die Gott zu uns hat,
erkannt und gläubig angenommen.*
1. Johannes 4,16

Wasser kann nicht anders sein als nass. Ein Feuer kann nicht anders sein als heiß. Man kann Wasser nicht die Nässe nehmen, sonst ist es kein Wasser mehr. Und dem Feuer kann man nicht die Hitze nehmen, sonst ist es kein Feuer mehr.

Gleichermaßen kann man Gott nicht die Liebe entziehen, sonst wäre er nicht mehr Gott. Denn er war und ist die Liebe.

Erforschen Sie seine Tiefen. Erkunden Sie jeden Winkel. Suchen Sie jede Ecke ab. Sie werden nichts als Liebe finden. Gehen Sie jeder Entscheidung, die Gott jemals getroffen hat, auf den Grund, so werden Sie Liebe entdecken. Schlagen Sie die letzte Seite einer jeden Geschichte auf, die Gott jemals erzählt hat, so wird Ihnen Liebe begegnen.

Liebe.

Keine Bitterkeit. Nichts Bösartiges. Nichts Grausames. Nur Liebe. Makellose Liebe. Leidenschaftliche Liebe. Unermessliche, reine Liebe. Gott ist die Liebe.

31. OKTOBER

Jedes Auge wird ihn sehen

Wenn ich nun hingehe
und die Stätte für euch bereitmache,
will ich wiederkommen und euch zu mir nehmen,
damit ihr seid, wo ich bin.
Johannes 14,3

Nach den Worten Jesu wird er uns eines Tages frei machen. Er wird wiederkommen.

Im Nu, so schnell wie der Blitz, der vom Osten bis zum Westen aufleuchtet, wird er zurückkommen. Und da wird ihn jedes Auge sehen. Sie werden ihn sehen, ich werde ihn sehen. Die Leiber der Verstorbenen werden den Erdboden beiseiteschieben oder aus dem Meer hervorbrechen. Die Erde wird beben, der Himmel wird brüllen, und wer Jesus nicht kennt, der wird vor Angst erschaudern. Doch werden Sie sich in jener Stunde nicht fürchten, denn Sie gehören zu denen, die ihn kennen.

Nehmen Sie Jesus beim Wort

In dem allem überwinden wir weit durch den, der uns geliebt hat.
Römer 8,37

Wenn es darum geht, unseren geistlichen Zustand selber wieder in Ordnung zu bringen, so haben wir nicht die geringste Chance. Man könnte uns ebenso gut auffordern, einen Stabhochsprung auf den Mond zu vollbringen. Uns fehlen sämtliche Voraussetzungen für eine Selbstheilung. Wir können einzig und allein unsere Hoffnung darauf setzen, dass Gott für uns vollbringen wird, was er einst für den Mann am Teich Betesda vollbrachte – dass er aus dem Tempel hervortreten und die Krankenstation, auf der wir liegen, mit all ihrem Schmerz und ihrer Hilflosigkeit betreten wird.

Genau das hat er schon längst getan.

Ich wünschte, wir würden Jesus beim Wort nehmen.

Wenn er sagt, dass uns vergeben ist, so lassen Sie uns doch unsere Schuld bei ihm abladen.

Wenn er sagt, dass wir wertvoll sind, so lassen Sie uns seinen Worten Glauben schenken.

Wenn er sagt, dass wir versorgt sind, so lassen Sie uns damit aufhören, uns Sorgen zu machen.

Gott gibt sich gerade dann die allergrößte Mühe, wenn unsere Mühe sich als nutzlos erweist.

Ein freigelassener Sünder

Dann werdet ihr die Wahrheit erkennen,
und die Wahrheit wird euch befreien.
Johannes 8,32

Stellen Sie sich's folgendermaßen vor: Die Sünde brachte Sie ins Gefängnis. Die Sünde sperrte Sie ein, hinter Gittern der Schuld und der Schande, der Vortäuschung und der Furcht. Die Sünde tat nichts anderes, als Sie an eine Mauer der Misere zu ketten. Dann kam Jesus und zahlte Ihre Haftkaution. Er saß Ihre Strafe für Sie ab; er leistete dem Gesetz Genüge und sorgte so dafür, dass Sie freikamen. Christus starb, und als Sie die Entscheidung trafen, sich ihm auf Gedeih und Verderb auszuliefern, starb auch Ihr altes Ich.

Es gibt nur eine Möglichkeit, seine Entlassung aus dem Gefängnis der Sünde zu erwirken: Man muss die vom Gesetz vorgeschriebene Strafe verbüßen. Das Gesetz schreibt allerdings für Sünde die Todesstrafe vor. Deshalb muss jemand sterben, entweder Sie selbst oder ein himmlischer Stellvertreter. Sie können das Gefängnis erst verlassen, wenn vorher der Tod eingetreten ist. Dieser Tod ist jedoch auf Golgata bereits erfolgt. Als Jesus dort starb, sind auch Sie hinsichtlich der Ansprüche der Sünde auf Ihr Leben gestorben. Sie sind frei.

Hören Sie zu?

Wer bittet, der empfängt;
und wer sucht, der findet.
Matthäus 7,8

Einst hat es einen Menschen gegeben, der Gott folgendermaßen zum Reden aufforderte: Gott, lass einen Busch brennen wie bei Mose, dann will ich in die Nachfolge treten. Lass Mauern einstürzen, wie du es für Josua getan hast, dann will ich kämpfen. Gott, bringe die Wogen des Meeres zur Ruhe, wie du es damals auf dem See Genezaret getan hast, dann will ich zuhören.

Daraufhin setzte sich dieser Mensch neben einem Busch in der Nähe einer Mauer am Ufer des Meeres nieder und wartete auf das Reden Gottes.

Und Gott erhörte ihn. Er schickte Feuer, allerdings nicht auf einen Busch, sondern auf eine Gemeinde. Er ließ eine Mauer einstürzen, allerdings nicht eine steinerne Mauer, sondern eine Mauer der Sünde. Er stillte auch einen Sturm, jedoch nicht auf dem Meer, sondern in einer Menschenseele.

Dann wartete Gott darauf, dass dieser Mensch darauf einging. Und er wartete. Und wartete.

Doch weil der Mensch sich mit Büschen statt mit Herzen, mit Steinen statt mit Menschenleben, mit dem Meer statt mit Seelen beschäftigte, kam er zu dem Schluss, dass Gott nicht gehandelt habe.

Zuletzt schaute er zu Gott empor und fragte: Hast du keine Macht mehr? Und Gott sagte darauf: Kannst du nicht mehr hören?

Im Wettkampf laufen

Lasst uns mit Ausdauer in dem Wettkampf laufen, der uns bestimmt ist.
Hebräer 12,1

Wettkampf ist hier die Übersetzung des griechischen Begriffs *agon*, von dem unser Wort Agonie abgeleitet ist. Wir Christen sind nicht zum Jogging berufen. Uns ist vielmehr ein anstrengender, aufreibender, manchmal auch qualvoller Wettlauf bestimmt. Es bedarf einer massiven Anstrengung, wenn wir gut platziert ins Ziel kommen wollen.

Es ist Ihnen sicher schon aufgefallen, dass viele Christen diese Mühe scheuen und jetzt nur noch Zuschauer sind. Früher liefen sie mit um die Wette. Es gab eine Zeit, da machten sie das Tempo. Doch dann setzte die Müdigkeit ein. Sie hatten sich den Wettlauf nicht so anstrengend vorgestellt.

Im Gegensatz dazu war das letzte Werk Jesu sein bestes, sein letzter Schritt sein kraftvollster. Unser Herr ist das klassische Beispiel für jemanden, der Ausdauer beweist. Er hätte den Wettlauf aufgeben können. Er tat es aber nicht.

Hinter alles gekommen

Wenn ich sehe die Himmel, deiner Finger Werk [...]:
was ist der Mensch, dass du seiner gedenkst?
Psalm 8,4+5

Wir wissen, wie Unwetter entstehen. Wir fertigen Karten des Sonnensystems an und wir transplantieren Herzen. Wir messen die Tiefe des Ozeans und schicken Funksignale an ferne Planeten. Wir haben das System der Natur erforscht und sind dabei herauszufinden, wie es funktioniert.

Bei einigen Menschen hat der Verlust an Mysterien zu einem Verlust an Majestätsbewusstsein geführt. Je mehr wir wissen, umso weniger glauben wir. Seltsam, nicht wahr? Das Wissen um die Wirkungsweise von Naturphänomenen sollte das Staunen nicht unmöglich machen. Wissen sollte zum Staunen anregen. Wer hätte mehr Grund, den Schöpfer anzubeten, als der Astronom, der die Sterne erforscht hat?

Paradoxerweise gilt: Je mehr wir wissen, umso weniger beten wir Gott an. Unsere Erfindung des Lichtschalters imponiert uns mehr als der, der den elektrischen Strom erfand. Statt den Schöpfer anzubeten, beten wir die Schöpfung an (siehe Römer 1,25).

Kein Wunder, dass das Staunen heute Mangelware ist. Wir meinen, hinter alles gekommen zu sein.

Der Preis der Vergeltung

Verschafft euch nicht selbst euer Recht, liebe Freunde, sondern überlasst das dem Strafgericht Gottes.
Römer 12,19

Ist Ihnen schon einmal aufgefallen, dass die Kopfgeldjäger in den Western stets allein reisen? Warum, ist nicht schwer auszumachen. Wer möchte schon einen Kerl zum Begleiter haben, der seinen Lebensunterhalt damit verdient, alte Rechnungen zu begleichen? Wer möchte schon riskieren, sein Missfallen zu erregen? Ich habe mehr als einmal gehört, wie jemand seinem Zorn freien Lauf gelassen hat. Derjenige dachte, ich höre ihm zu, doch in Wirklichkeit dachte ich nur: Hoffentlich setzt er nicht irgendwann auch mich auf seine Liste. Wer sich zornige Menschen als Kumpane aussucht, der braucht sich nicht zu wundern, wenn ihn mal eine verirrte Kugel trifft. Das Begleichen alter Rechnungen ist ein einsames Geschäft. Und ein recht ungesundes.

Wenn Sie darauf aus sind, eine alte Rechnung zu begleichen, werden Sie nie zur Ruhe kommen. Ihr Feind möglicherweise nie zur Einsicht kommen. Sosehr Sie auch der Meinung sind, eine Entschuldigung verdient zu haben, kann es durchaus vorkommen, dass der, der in Ihrer Schuld steht, diese Meinung nicht teilt. So gerechtfertigt Ihr Trachten nach Vergeltung auch sein mag, es ist dennoch möglich, dass Ihnen keine Gerechtigkeit widerfährt. Und wenn doch – würde es Sie zufriedenstellen?

Gott liebt Sie von Herzen

Wir lieben, weil Gott uns zuerst geliebt hat.
1. Johannes 4,19

Da ihm die Zeit keine Fesseln anlegt, sieht er uns alle. Von der tiefsten Provinz bis hin zum Londoner Geschäftsviertel; von den Wikingern bis hin zu den Astronauten, von den Höhlenmenschen bis hin zu den Königen. Von den Schmeichlern über die, die auf andere mit dem Finger zeigen, bis hin zu denen, die mit Steinen werfen, sieht er uns. Strolche und Straßenkinder, die wir allesamt sind, er hat uns gesehen, ehe wir geboren wurden.

Und was er sieht, das liebt er. Von Emotionen überwältigt, von Stolz übermannt, wendet sich der Erschaffer der Sterne an jeden Einzelnen unter uns und sagt: „Du bist mein Kind. Ich liebe dich von Herzen. Mir ist klar, dass du dich eines Tages von mir abwenden und dich auf und davon machen wirst. Doch möchte ich, dass du weißt: Ich habe bereits dafür gesorgt, dass der Weg zurück für dich frei ist.“

Ein starker Endspurt

Haltet euch das Beispiel Jesu vor Augen.
Er hielt durch,
obwohl ihm gottlose Menschen übel mitspielten.
Verliert also nicht den Mut
und werft die Flinte nicht ins Korn.
Hebräer 12,3

Der Himmel war Jesus nicht fremd. Er ist der einzige Mensch, der zuerst im Himmel, danach auf der Erde gelebt hat. Als gläubige Christen werden Sie und ich nach unserem Erdenleben in den Himmel kommen; bei Jesus war es genau umgekehrt. Er kannte den Himmel, noch bevor er auf die Erde kam. Er wusste, was ihn nach seiner Rückkehr erwartete. Dieses Wissen um das, was ihn im Himmel erwartete, gab ihm die nötige Kraft, auf Erden Schmach zu ertragen.

„Wegen der Freude, die ihn erwartete, hat er die Schande nicht geachtet" (Hebräer 12,2). In seinen letzten Augenblicken konzentrierte sich Jesus auf die Freude, die Gott ihm in Aussicht gestellt hatte. Er richtete seinen Blick ganz auf die himmlische Belohnung. Indem er sich auf die Belohnung konzentrierte, konnte er den Wettlauf nicht nur beenden, sondern ihn sogar mit einem starken Endspurt abschließen.

Ein Gott, der sich erbarmt

Der uns tröstet in aller unserer Bedrängnis,
damit auch wir die trösten können,
die in irgendeiner Bedrängnis sind.
2. Korinther 1,4

Die Gefühle meiner Tochter sind verletzt. Ich sage ihr, sie ist ein besonderer Mensch.

Meine Tochter hat sich wehgetan. Ich tue alles Notwendige, um dafür zu sorgen, dass sie sich besser fühlt.

Meine Tochter hat Angst. Ich lege mich nicht schlafen, bis ich sie sicher und geborgen weiß.

Ich bin kein Held. Ich bin ein Vater. Wenn sich mein Kind verletzt, so helfe ich ihm. Darüber muss ich nicht erst nachdenken; diese Art zu reagieren hat mir die Natur in die Wiege gelegt.

Warum lasse ich also nicht zu, dass mein Vater genau das für mich tut, wozu ich mehr als bereit bin, es für meine eigenen Kinder zu tun?

Ich bin dabei zu lernen. Als Vater habe ich gelernt, dass, wenn ich kritisiert werde oder verletzt bin oder Angst habe, ein Vater da ist, der bereit ist, mich zu trösten. Es ist ein Vater da, der mich so lange in seinen Armen hält, bis es mir besser geht, mir so lange hilft, bis ich mit der Verletzung leben kann, und der sich nicht schlafen legt, solange ich Angst habe, aufzuwachen und nichts als Finsternis vor Augen zu haben.

Und das bis in alle Ewigkeit.

10. NOVEMBER

Das Urteil

Da sagte Jesus [zu der Frau]:
Dann verdamme ich dich auch nicht;
geh hin und sündige nicht mehr.
Johannes 8,11

Haben Sie sich jemals gefragt, wie Gott reagiert, wenn Sie sich einen Fehltritt leisten? Dann sollten Sie unseren heutigen Bibelvers einrahmen und ihn an die Wand hängen. Lesen Sie diesen Text. Lassen Sie ihn immer wieder auf sich einwirken.

Noch besser wäre, Sie würden Jesus in Ihr Tal der Schande mitnehmen. Laden Sie Jesus Christus ein, mit Ihnen zu gehen und neben Ihnen zu stehen, während Sie ihm die Ereignisse Ihrer finstersten Seelennächte schildern.

Und dann hören Sie zu, und zwar sorgfältig. Jesus spricht: „Ich verdamme dich nicht."

Und beobachten Sie ihn – ebenfalls sorgfältig. Er schreibt. Er hinterlässt eine Nachricht. Nicht in der Erde, sondern an einem Kreuz.

Nicht mit der Hand, sondern mit seinem Blut.

Seine Botschaft besteht aus zwei Worten: Nicht schuldig.

Er hat unseren Mantel getragen

Das sind die, die […] ihre Gewänder
im Blut des Lammes gewaschen und weiß gemacht haben.
Offenbarung 7,14

Gott stellt an uns nur eine Bedingung, wenn wir in den Himmel kommen wollen. Wir müssen Christus als Gewand anziehen.

Hören Sie, wie Jesus die Bewohner des Himmels beschreibt: „Die werden mit mir einhergehen in weißen Gewändern, denn sie sind's wert" (Offenbarung 3,4).

Hören Sie, wie die Ältesten des Himmels beschrieben werden: „Und rings um den Thron […] saßen vierundzwanzig Älteste, die trugen weiße Gewänder und hatten auf ihren Häuptern goldene Kronen" (Offenbarung 4,4).

Alle sind sie in Weiß gekleidet. Die Heiligen, die Ältesten. Was meinen Sie, wie wird Jesus gekleidet sein? Auch in Weiß? „Er ist mit einem Gewand bekleidet, das mit Blut getränkt ist, und sein Name ist Das Wort Gottes" (Offenbarung 19,13).

Weshalb ist die Robe Jesu nicht weiß? Warum ist sein Mantel nicht unbefleckt? Warum ist sein Gewand mit Blut getränkt? Darauf gibt Paulus eine einfache Antwort: „Er hat mit uns die Plätze getauscht" (Galater 3,13).

Er hat unseren Mantel der Sünde ans Kreuz getragen.

Ehrlich vor Gott

Wer seine Verfehlungen verheimlichen will,
dem gelingt nichts.
Sprüche 28,13

Unser Baseballtrainer an der High School hatte ein strenges Verbot des Tabakkauens durchgesetzt. Wir hatten aber ein paar Spieler dabei, die sich hin und wieder ein Stück Kautabak genehmigten. Deshalb machte uns der Trainer auf das Verbot aufmerksam. Er konnte unserer Aufmerksamkeit sicher sein. Es dauerte nicht lange, da hatten wir es alle ausprobiert. Wenn ein Beutel mit Tabak herumgereicht würde, so galt es als Männlichkeitsbeweis, sich daran zu bedienen.

Eines Tages hatte ich mir gerade einen Priem in den Mund gesteckt, als einer der anderen Spieler warnte: „Der Trainer kommt!“ Da ich mich nicht erwischen lassen wollte, schluckte ich es hinunter.

Daraufhin nahm folgende Bibelstelle für mich eine neue Bedeutung an: „Mir war schwach und elend, den ganzen Tag ließ ich nicht ab vom Stöhnen.“ Ich zahlte den Preis dafür, dass ich meinen Ungehorsam hatte verbergen wollen. Mein Körper war nicht dazu geschaffen, Kautabak zu verdauen. Ihre Seele ist nicht dazu geschaffen, die Sünde in sich aufzunehmen.

Versuchen Sie, irgendetwas vor Gott zu verheimlichen? Lassen Sie sich einen Tipp geben: Sie werden sich besser fühlen, wenn Sie es ausspucken.

Danke sagen

Danket dem Herrn; denn er ist freundlich,
und seine Güte währet ewiglich.
Psalm 106,1

Anbetung kommt dann auf, wenn uns bewusst wird, dass das, was uns von Gott geschenkt worden ist, weit größer ist als alles, was wir ihm jemals darbringen könnten. Anbetung kommt auf, wenn uns bewusst wird, dass wir ohne die Berührung seiner Hand immer noch hinken und stolpern würden, immer noch bitter und zerbrochen wären. Anbetung ist der halbwegs leuchtende Ausdruck im ausgedörrten Gesicht eines durch die Wüste Pilgernden, wenn er feststellt, dass die Oase keine Fata Morgana ist.

Anbetung ist ein „Dankeschön", das sich weigert, sich den Mund verbieten zu lassen.

Wir haben versucht, aus der Anbetung eine Wissenschaft zu machen. Das geht jedoch nicht. Ebenso wenig, wie es geht, Liebe zu verkaufen oder Frieden herbeizuverhandeln.

Es handelt sich bei der Anbetung um einen freiwilligen Akt der Dankbarkeit, der dem Retter von den Geretteten, dem Heiler von den Geheilten, dem Befreier von den Befreiten dargebracht wird.

Ein Platz für die Ermüdeten

Werft [...] eure Zuversicht nicht weg,
die großen Lohn mit sich bringt.
Hebräer 10,35

Gibt es etwas Zerbrechlicheres als ein geknicktes Rohr? Schauen Sie sich ein geknicktes Rohr am Ufer eines Sees an. Der einst hoch gewachsene, kräftige Stängel liegt jetzt danieder, geknickt und verbogen.

Sind Sie ein geknicktes Rohr? Ist es denn schon so lange her, dass Sie so stramm, so stolz dastanden?

Dann passierte etwas. Sie wurden geknickt.

Durch harte Worte.

Durch die Uneinsichtigkeit oder Rechthaberei eines Freundes.

Durch die Untreue Ihres Ehepartners.

Das geknickte Rohr. Die Gesellschaft weiß, was sie mit Ihnen zu tun hat. Die Welt wird Sie ganz abknicken, Sie völlig vernichten.

Die Maler der Bibel verkünden, dass Gott genau das nicht tun wird. Auf einer Leinwand nach der anderen haben sie die zarte Berührung eines Schöpfers gemalt, der für die Geknickten und Ermüdeten dieser Welt einen besonderen Platz bereithält. Er ist ein Gott, der ein besonderer Freund des verwundeten Herzens ist.

Den Blick auf Jesus richten

Er erleuchte die Augen eures Herzens,
damit ihr seht,
zu welcher Hoffnung ihr von ihm berufen seid.
Epheser 1,18

Wie Jesus sein – was bedeutet das? Die Welt hat sonst nie ein so reines Herz, einen so makellosen Charakter hervorgebracht. Jesus war in seiner geistlichen Haltung so sensibel, dass er kein einziges Mal ein geflüstertes Wort des Himmels verpasste. Sein Erbarmen war so groß, dass er niemals eine Gelegenheit ausließ, jemandem zu vergeben. Es kamen keine Lügen über seine Lippen, er ließ sich durch nichts von seiner geistlichen Vision ablenken. Er berührte Aussätzige, als andere vor ihnen zurückwichen. Er hielt durch, als andere die Flinte ins Korn warfen. Jesus ist das größte Vorbild, dem ein Mensch je nacheifern kann. Gott fordert Sie auf, Ihren Blick fest auf Jesus zu richten. Der Himmel lädt Sie ein, das Objektiv Ihres Herzens ganz auf das Herz des Heilandes zu richten und ihn zum Mittelpunkt Ihres Lebens zu machen.

16. NOVEMBER

Gott weiß die Antwort

Wenn es aber jemandem unter euch
an Weisheit mangelt,
so bitte er Gott darum.
Jakobus 1,5

Thomas kam zu ihm mit seinen Zweifeln. Hat Jesus ihn etwa abgewiesen?

Mose hatte seine Vorbehalte. Hat Gott ihn wieder nach Hause geschickt?

Hiob hatte seine Kämpfe. Hat Gott einen Bogen um ihn gemacht?

Paulus durchlebte harte Zeiten. Hat Gott ihn im Stich gelassen?

Nein. Ein aufrichtiges Herz wird Gott niemals abweisen. Knifflige Fragen überfordern ihn nicht. Er fordert uns geradezu zum Bohren auf.

Merken Sie es sich. Einen ehrlichen Suchenden wird Gott nie abweisen. Gehen Sie mit Ihren Fragen zu Gott. Möglicherweise werden Sie nicht auf sämtliche Fragen eine Antwort finden. Wenn Sie aber Gott finden, so lernen Sie den kennen, der sämtliche Antworten weiß.

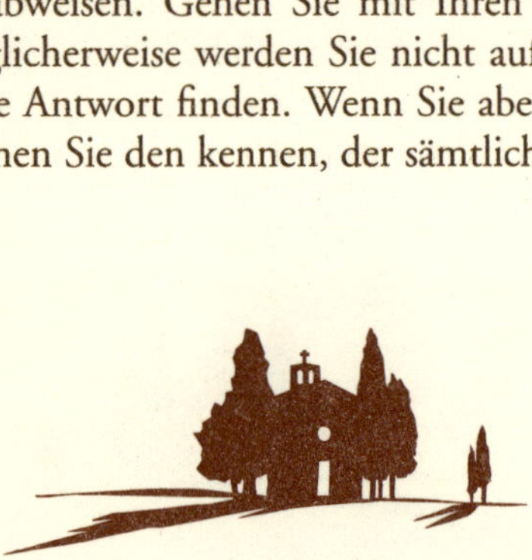

Geistliches Leben entspringt dem Geist

Die wir nicht dem menschlichen Begehren folgen, sondern dem Geist Gottes.
Römer 8,4

Es kann sein, dass Ihre Kindheitserinnerungen eher Schmerz auslösen, als dass sie für Sie eine Quelle der Inspiration wären. Die Stimmen, die noch heute aus der Vergangenheit zu Ihnen dringen, haben Sie beschimpft, herabgesetzt, übergangen. Damals hielten Sie eine derartige Behandlung für normal. Heute ist Ihnen klar, dass dem nicht so ist.

Und jetzt ertappen Sie sich bei dem Versuch, Ihre Vergangenheit zu erklären. Lassen Sie sich aber fragen: Sind Sie über Ihre Vergangenheit hinausgewachsen, sodass Ihr Leben heute wirklich zählt? Oder werden Sie weiterhin von Ihrer Vergangenheit bestimmt, sodass Sie Ausreden auftischen müssen?

Denken Sie darüber nach. Geistliches Leben entspringt dem Geist Gottes. Ihre Eltern mögen Ihnen Ihre Gene vererbt haben, Gott jedoch schenkt Ihnen seine Gnade. Ihre Eltern mögen für die Zeugung Ihres Körpers verantwortlich sein, Ihre Seele aber haben Sie der Führung Gottes anvertraut. Ihr Aussehen haben Sie womöglich von Ihrer Mutter geerbt, aber das Ewige erhalten Sie von Ihrem himmlischen Vater. Gott ist bereit, Ihnen alles das zu geben, was Ihnen Ihre Familie vorenthalten hat.

Die Entscheidung liegt bei Ihnen

Wer mit mir gehen will,
der muss sich und seine Wünsche aufgeben.
Er muss sein Kreuz auf sich nehmen
und mir auf meinem Weg folgen.
Markus 8,34

Auf der einen Seite steht die Volksmenge.

Die Leute mokieren sich: Spotten. Fordern.

Auf der anderen Seite steht einer aus der Provinz.

Mit geschwollenen Lippen. Mit verquollenem Auge. Mit einer hehren Zusage.

Die Menge bietet Anerkennung, der andere ein Kreuz.

Die Menge bietet Glitzer und Glanz, der andere Glauben.

Die Menge ruft Ihnen zu: „Folge uns und pass dich an."

Jesus verspricht: „Folge mir und schwimme gegen den Strom."

Die Menge verspricht, Ihnen zu gefallen. Gott verspricht, Sie zu retten.

Gott sieht Sie an und fragt: „Wofür wirst du dich entscheiden?"

19. NOVEMBER

Woran wird Gott als Gott erkannt?

Sind wir untreu, so bleibt er doch treu;
denn er kann sich selber nicht verleugnen.
2. Timotheus 2,13

Gottes Segnungen werden gemäß dem Reichtum seiner Gnade verteilt, nicht danach, wie groß unser Glaube ist.

Warum ist es wichtig, das zu erkennen? Damit Sie nicht zynisch werden. Schauen Sie sich doch um. Gibt es nicht mehr Münder als Brot? Sind nicht mehr Verletzungen vorhanden als Ärzte? Gibt es nicht mehr Menschen, die die Wahrheit brauchen, als solche, die sie weitersagen?

Was tun wir also? Mit den Achseln zucken und weitergehen? Der Welt sagen, dass wir ihr nicht helfen können?

Nein, wir geben nicht auf. Wir schauen empor. Wir vertrauen. Wir glauben. Und unser Optimismus ist nicht unbegründet. Christus hat sich als würdig erwiesen. Er hat bewiesen, dass er niemals versagt. Daran wird Gott als Gott erkannt.

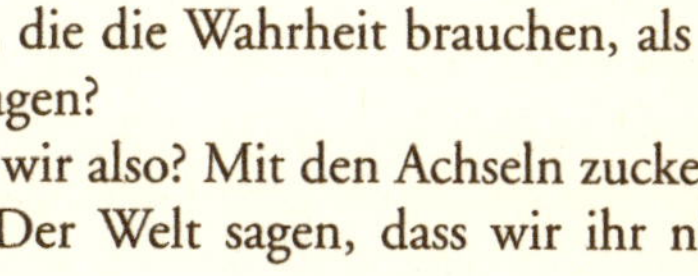

Laufen Sie hin zu Jesus

Leben wir, so leben wir dem Herrn;
sterben wir, so sterben wir dem Herrn.
Römer 14,8

Fragen Sie sich, wo Sie neuen Mut und eine neue Motivation hernehmen sollen? Denken Sie an jenen Moment zurück, als Sie die Liebe Jesu Christi zum ersten Mal erkannten. Können Sie sich noch an die Zeit erinnern, als Sie von Jesus getrennt lebten? Damals kannten Sie nichts als Schuld und Durcheinander. Und dann – ein Licht. Jemand machte eine Tür auf, und Licht drang in Ihre Finsternis. Und Sie sagten in Ihrem Herzen: „Ich bin erlöst!"

Laufen Sie hin zu Jesus. Jesus möchte, dass Sie zu ihm kommen. Er möchte zur wichtigsten Person in Ihrem Leben werden, zur größten Liebe, die Sie jemals erfahren werden. Er will, dass Sie ihn so sehr lieben, dass es in Ihrem Herzen und in Ihrem Leben keinen Platz mehr für die Sünde gibt. Laden Sie ihn doch ein, in Ihrem Herzen zu wohnen.

Ernsthaft suchen

Wer zu Gott kommen will, der muss glauben,
dass er ist und dass er denen, die ihn suchen,
ihren Lohn gibt.
Hebräer 11,6

Die Zürcher Übersetzung aus der Schweiz gibt diesen Vers folgendermaßen wieder: „Wer sich Gott nahen will, muss glauben, dass er ist, und denen, die ihn mit Ernst suchen, ein Belohner wird." Die alte englische King-James-Bibel sagt an dieser Stelle: „Er ist ein Belohner derer, die ihn mit Fleiß suchen."

Mit Ernst – welch ein großartiger Ausdruck! Seien Sie bei der Suche nach Gott und geistlichen Wahrheiten fleißig. Geben Sie sich nicht so schnell zufrieden; seien Sie bei Ihrer Pilgerfahrt unnachgiebig. Sorgen Sie dafür, dass dieses Buch das erste ist von Dutzenden, die Sie über Jesus lesen. Gewinnen Sie Abstand von der kleinlichen Jagd nach Besitz und Status und suchen Sie stattdessen den König.

Geben Sie sich nicht mit Engeln zufrieden. Begnügen Sie sich nicht mit Sternen am Himmel. Suchen Sie vielmehr Jesus auf, wie einst die Hirten von Betlehem. Kultivieren Sie ein tiefes Verlangen nach ihm, wie einst Simeon. Beten Sie ihn an, wie einst die Weisen aus dem Morgenland. Tun Sie es Johannes und Andreas gleich: Bitten Sie ihn um seine Anschrift. Tun Sie es Matthäus gleich: Laden Sie Jesus in Ihr Haus ein. Werden Sie zum Nachahmer des Zachäus: Scheuen Sie kein Risiko, damit Sie Jesus sehen können.

Wenn Gott einmal Nein sagt

Wer zu mir kommt, wird nie mehr hungrig sein;
und wer an mich glaubt,
wird keinen Durst mehr haben.
Johannes 6,35

Es gibt Zeiten, da bekommt man alles, nur nicht das, was man unbedingt haben will.

Man betet und wartet. Keine Antwort.

Also betet und wartet man weiter.

Darf ich Ihnen eine sehr wichtige Frage stellen? Was wäre, wenn Gott Nein sagen würde?

Was wäre, wenn die Erhörung Ihres Gebets auf sich warten ließe? Oder wenn Ihnen die Bitte gänzlich abgeschlagen würde? Wie gehen Sie damit um, wenn Gott Nein sagt? Können Sie sich damit zufriedengeben, wenn Gott sagt: „Lass dir an meiner Gnade genügen.“?

Zufrieden. Das ist das treffende Wort. Zufriedenheit ist ein Herzenszustand und meint, dass Sie auch dann Frieden haben, wenn Gott Ihnen nichts schenkt über das hinaus, was er Ihnen bereits geschenkt hat.

Eine Passion für hervorragende Leistungen

In Christus Jesus [sind wir] dazu geschaffen,
in unserem Leben die guten Werke zu tun,
die Gott für uns im Voraus bereitet hat.
Epheser 2,10

Wer nach Macht strebt, weiß die Ellenbogen zu gebrauchen. Und die meisten unter uns sind entweder selbst Drängler, oder wir werden bedrängt, verdrängt.

Ich möchte auf den Unterschied hinweisen zwischen einer Passion für hervorragende Leistungen und der Passion, Macht auszuüben. Der Wunsch, hervorragende Arbeit zu leisten, ist eine Gabe Gottes, die der Gesellschaft zugutekommt. Ihre Merkmale sind eine Achtung vor Qualität und ein Verlangen, die Gaben Gottes so einzusetzen, dass das Ergebnis ihm gefällt.

Es besteht jedoch ein himmelweiter Unterschied zwischen hervorragenden Leistungen, die man erbringt, um Gott zu ehren, und Leistungen, die man erbringt, um sich selbst in den Mittelpunkt zu stellen. Das Trachten, hervorragende Leistungen zu erbringen, ist ein Kennzeichen von Reife. Das Streben nach Macht ist kindisch.

Eine echte Familie

Wer den Willen Gottes erfüllt,
der ist für mich Bruder und Schwester und Mutter.
Markus 3,35

Hat Jesus etwas über den Umgang mit schwierigen Familienangehörigen zu sagen? Gibt es im Neuen Testament ein Beispiel dafür, wie Jesus einer zerrissenen Familie den Frieden bringt? Doch, das gibt es.

Es betrifft seine eigene Familie.

Vielleicht überrascht es Sie, dass Jesus überhaupt eine Familie hatte. Möglicherweise wussten Sie noch gar nicht, dass Jesus Geschwister hatte. Markus zitiert die Kritiker Jesu aus seiner Heimatstadt Nazaret mit den Worten: „Ist das nicht der Zimmermann, der Sohn der Maria und der Bruder von Jakobus, Joses, Judas und Simon? Leben nicht seine Schwestern hier unter uns?" (Markus 6,3).

Vielleicht überrascht es Sie noch mehr, dass seine Familie keineswegs vollkommen war. Dennoch stimmt das. Wenn Ihre Familie Sie nicht zu schätzen weiß, so können Sie daraus Mut schöpfen, dass die Familie Jesu sich ihm gegenüber ähnlich verhielt.

Dennoch versuchte Jesus nicht, das Verhalten seiner Familie zu steuern. Und er ließ sich auch nicht selbst von diesem Verhalten steuern. Er verlangte nicht, dass seine Familienangehörigen auf seine Linie einschwenkten. Er schmollte nicht, als sie ihn beleidigten. Und er machte es sich nicht zur Priorität, ihnen zu gefallen.

Himmlische Belohnungen

Kommt der Meister und findet
den Diener bei der Arbeit,
so wird dieser Diener gesegnet.
Matthäus 24,46

Das Stadion ist heute überfüllt. Seit letztem Freitag hat Mark McGwire nicht nur einen oder gar zwei Homeruns geschafft, sondern gleich drei. Seit siebenunddreißig Jahren war es keinem Baseballspieler mehr gelungen, in einer Saison mehr als einundsechzig Homeruns zu erzielen; McGwire hat mittlerweile achtundsechzig geschafft, und die Saison ist noch nicht zu Ende. Die Fans springen bereits hoch, noch ehe er seinen ersten Schlag ausgeführt hat; und sie bleiben auf den Beinen, lange nachdem er das Heimmal erreicht hat.

Nicht jedem ist es vergönnt, ein Mark McGwire zu sein. Auf eine Million Menschen, die das versuchen, kommt ein Einziger, dem es gelingt. Die überwiegende Mehrheit der Menschen schafft keinen großen Schlag, wird nie mit einer Konfettiparade empfangen, darf sich nie eine Goldmedaille umhängen, muss keine Abschiedsrede halten.

Und das ist in Ordnung so. Es gibt auf dieser Welt nur eine begrenzte Anzahl von Kronen zu gewinnen, und damit können wir gut leben.

Im Himmel sieht es erfreulicherweise ganz anders aus. Die himmlischen Belohnungen kommen nicht nur ein paar Erwählten zu, sondern „allen, die sehnsüchtig auf sein Erscheinen warten“ (2. Timotheus 4,8).

Die Brücke des Bekennens

Ich sprach: Ich will dem Herrn
meine Übertretungen bekennen.
Da vergabst du mir die Schuld meiner Sünde.
Psalm 32, 5

Einst gab es zwei Farmer, die partout nicht miteinander auskommen konnten. Ihre Farmen trennte eine breite Schlucht, aber als Zeichen ihrer gegenseitigen Abneigung errichtete jeder auf seiner Seite der Schlucht einen Zaun, um den anderen fernzuhalten.

Nach einiger Zeit lernte jedoch die Tochter des einen Farmers den Sohn des anderen kennen, und die beiden verliebten sich ineinander. Sie waren entschlossen, sich nicht durch die Torheit ihrer Väter davon abhalten zu lassen, einander zu sehen. So rissen sie die Zäune ab und verwendeten das Holz, um eine Brücke über die Schlucht zu bauen.

Genau das bewirkt ein Sündenbekenntnis. Sünde, die wir freimütig eingestanden haben, wird zur Brücke, über die wir in die Gegenwart Gottes zurückkehren können.

Gott kennt uns mit Namen

Du, Herr, bist mein Hirte;
darum kenne ich keine Not.
Psalm 23,1

Schafe sind nicht besonders intelligent. So sind sie beispielsweise dafür anfällig, zum Trinken in reißende Bäche zu waten, wo ihr Fell so schwer wird, dass sie ertrinken. Deshalb brauchen sie einen Hirten, der sie zu „stillen Wassern" hinführt (Psalm 23,2 Elberfelder Übers.). Sie haben ebenfalls keine naturgegebene Möglichkeit, sich zu verteidigen. Es fehlen ihnen scharfe Krallen, Hörner und Reißzähne. Sie sind hilflos. Deshalb brauchen Schafe einen Hirten, der sie mit seinem Stecken und seinem Stab beschützt (Psalm 23,4). Und Schafe haben keinen Orientierungssinn. Deshalb brauchen sie jemanden, der sie „auf rechter Straße" führt (Psalm 23,3).

In alledem sind wir ihnen ähnlich. Auch wir sind dafür anfällig, von Wassern mitgerissen zu werden, in die wir uns gar nicht erst hätten hineinwagen sollen. Wir haben keine Möglichkeit, uns vor dem bösen Löwen zu schützen, der umhergeht und sucht, wen er verschlingen kann. Und auch wir gehen manchmal in die Irre.

Wir brauchen einen Hirten. Wir brauchen einen Hirten, der sich um uns kümmert und uns Wegweisung gibt. Doch haben wir diesen Hirten bereits. Er kennt uns mit Namen.

Nichts Geringeres als Jesus

Ich habe die Gebote meines Vaters beachtet
und bleibe in seiner Liebe.
So werdet auch ihr, wenn ihr meine
Gebote beachtet, in meiner Liebe bleiben.
Johannes 15,10

Gott belohnt die Menschen, die ihn suchen. Nicht aber solche, denen es in erster Linie um Lehrfragen oder um eine bestimmte Form der Frömmigkeit, um dogmatische Positionen oder um ein bestimmtes Glaubensbekenntnis geht. Viele geben sich mit diesen geringeren Betätigungsfeldern zufrieden, den Lohn erhalten jedoch nur solche Christen, die sich mit nichts Geringerem als Jesus selbst zufriedengeben. Und wie sieht dieser Lohn aus? Was erwartet einen Menschen, der Jesus sucht? Nichts Geringeres als das Herz Jesu. „Während der Geist des Herrn an unserem Inneren arbeitet, werden wir dem Herrn selbst immer ähnlicher" (2. Korinther 3,18).

Kann man sich ein größeres Geschenk vorstellen als die Ähnlichkeit mit Jesus? Jesus hatte keine Schuldgefühle; Gott möchte Ihre Schuldgefühle ein für alle Mal vertreiben. Jesus hatte keine schlechten Gewohnheiten; Gott möchte Ihnen Ihre schlechten Gewohnheiten nehmen. Jesus hatte keine Angst vor dem Tod; Gott möchte, dass Sie furchtlos sind. Jesus war freundlich, barmherzig und mutig angesichts von Herausforderungen. Gott möchte, dass Sie so sind wie Jesus.

Laden Sie Ihre Sorgen ab

Gepriesen sei der Herr an jeglichem Tag;
er trägt unsre Lasten, Gott, unser Heil.
Psalm 68,20

Die vielleicht schwerste Last, die wir versuchen zu tragen, sind unsere Fehler und unser Versagen. Wie gehen Sie mit Ihrem Versagen um?

Auch wenn Sie abgestürzt sind – wenn Sie versagt haben und alle anderen deshalb einen großen Bogen um Sie machen –, wird Jesus Sie nicht abweisen. Er kam in allererster Linie für Menschen, die keine Hoffnung haben. Er geht zu denen, die von anderen gemieden werden, und sagt: „Ich schenke euch die Ewigkeit."

Nur Sie selbst können Ihre Sorgen beim Vater abladen. Kein anderer kann sie Ihnen abnehmen und sie bei Gott deponieren. Nur Sie selbst können alle Ihre Sorgen auf den werfen, der für Sie sorgt. Könnte es einen schöneren Tagesanfang geben, als alle Sorgen vor ihm niederzulegen?

Versenken Sie sich in die Liebe Gottes

Ich bete darum, dass ihr die Kraft habt
zu begreifen, wie umfassend die Liebe Christi ist –
das heißt, wie weit und wie lang,
wie hoch und wie tief diese Liebe ist.
Epheser 3,18

Es ist unserem begrenzten menschlichen Verstand einfach nicht möglich, die Liebe Gottes zu begreifen. Das hat Gott allerdings nicht davon abgehalten, auf die Erde zu kommen.

Von der Krippe in Betlehem bis zum Kreuz in Jerusalem, das ganze Leben Jesu ist ein einziges Zeugnis der Liebe Gottes. Was kann man dem noch hinzufügen? Gott ist lieber selbst gestorben, als ohne uns zu leben. Wie kann man eine solche Leidenschaft überhaupt erklären?

Im Kreis der Sieger

Der Herr wird jeden für seine guten Taten belohnen, gleichgültig ob er Sklave ist oder frei.
Epheser 6,8

Auch wenn im Hinblick auf die Zukunft viele Fragen offen bleiben, so viel ist gewiss: Wenn Jesus wiederkommt, wird er Belohnungen verteilen. Wer hier auf der Erde unbekannt war, wird im Himmel bekannt sein. Wem auf der Erde nie zugejubelt wurde, dem werden die Engel im Himmel einen jubelnden Empfang bereiten. Wem der Segen seines irdischen Vaters gefehlt hat, dem wird der Segen seines himmlischen Vaters sicher sein. Die Geringen werden dort groß sein. An die Vergessenen wird man sich dort erinnern. Wer hier unbemerkt blieb, der wird dort eine Krone erhalten. Wer hier treu war, der wird dort geehrt werden.

Der Kreis der Sieger umfasst nicht bloß eine Handvoll Eliten, sondern einen Himmel voller Gotteskinder. Sie alle werden „die Krone des Lebens empfangen, die Gott denen verheißen hat, die ihn lieb haben" (Jakobus 1,18).

Gott ist auf Ihrer Seite

Der Herr, dein Gott, […] hat Freude an dir,
er droht dir nicht mehr, denn er liebt dich;
er jubelt laut, wenn er dich sieht.
Zephanja 3,17

Gott ist auf Ihrer Seite. Wagen Sie einen Blick an die Seitenlinie; es ist Gott, der Sie von dort aus bei Ihrem Wettlauf anfeuert. Schauen Sie über die Ziellinie hinaus; es ist Gott, der Ihnen zujubelt. Hören Sie doch, wie er von der Tribüne aus Ihren Namen ruft! Zu müde, um weiterzumachen? Er wird Sie tragen. Zu mutlos, um zu kämpfen? Er hilft Ihnen, wieder hochzukommen. Gott ist auf Ihrer Seite.

Gott steht zu Ihnen. Wenn er einen Terminkalender hätte, so wäre Ihr Geburtstag rot eingekreist. Wenn es im Himmel einen Baum gibt, so hat Gott Ihren Namen in die Rinde geritzt.

„Bringt eine Mutter es fertig, ihren Säugling zu vergessen? Hat sie nicht Mitleid mit dem Kind, das sie geboren hat?" (Jesaja 49,15). Welch eine sonderbare Frage! Können Sie sich eine Mutter vorstellen, die ihrem Kind die Brust gibt, aber nach einer Weile fragt: „Wie hieß das Kind noch mal?"? Sicher nicht. Ich konnte schon oft beobachten, wie Mütter sich um ihre Babys kümmern. Sie streicheln ihnen übers Haar, berühren sanft ihr Gesicht, sprechen immer wieder liebevoll ihren Namen aus. Bringt eine Mutter es fertig, ihr Baby zu vergessen? Niemals! Doch „selbst wenn sie es vergessen könnte – ich vergesse dich nicht!" (Jesaja 49,15).

Das Gegenmittel gegen Enttäuschung

Gottes Wege sind vollkommen.
Psalm 18,31

Wenn Gott nicht so handelt, wie wir es gerne hätten, dann ist es nicht einfach, damit umzugehen. Das war es noch nie. Und wird es wohl auch nie sein. Der Glaube aber ist die Gewissheit, dass Gott mehr über dieses Leben weiß als wir und dass er uns sicher ans Ziel bringen wird.

Vergessen Sie nicht: Es gibt nur ein Gegenmittel gegen Enttäuschung. Wir müssen unsere Erwartungen überprüfen und sie gegebenenfalls ändern.

Mir gefällt die Anekdote von dem Burschen, der in ein Zoogeschäft ging, weil er einen singenden Wellensittich suchte. Er war Junggeselle, und es wird ihm zu Hause zu leise gewesen sein. Jedenfalls hatte der Eigentümer gerade den richtigen Vogel für ihn da, und er kaufte ihn.

Als der Junggeselle am nächsten Tag nach Hause kam, wurde er mit wunderschönem Vogelgesang empfangen. Als er aber an den Käfig herantrat, um den Wellensittich zu füttern, fiel ihm auf, dass der Vogel nur ein Bein hatte.

Er fühlte sich betrogen und rief im Zoogeschäft an, um sich zu beschweren.

„Was wollen Sie denn", erwiderte der Eigentümer, „einen Vogel, der singt, oder einen, der tanzt?"

Eine gute Frage für Zeiten der Enttäuschung.

Der Seelentöter

Wenn die Menschen sündigen,
verdienen sie den Lohn, den die
Sünde ihnen zahlt: den Tod.
Römer 6,23

Die Sünde richtet im menschlichen Leben das Gleiche an wie eine Gartenschere bei einer Blume. Ein Schnitt durch den Stiel trennt die Blume von der Quelle des Lebens. Zunächst bleibt sie allerdings hübsch, bunt und kräftig. Im Laufe der Zeit sieht man aber, wie sie verwelkt und die Blätter abfallen. Ganz gleich, was Sie dann anstellen, die Blume wird niemals wieder leben. Sie können sie ins Wasser legen, den Stiel in die Erde stecken, sie mit Dünger zuschütten, meinetwegen auch die Blätter wieder an den Stängel kleben. Tun Sie, was Sie wollen, die Blume ist und bleibt tot.

Eine tote Seele hat kein Leben in sich.

Von Gott abgeschnitten, verwelkt die Seele und stirbt. Sünde bewirkt nicht, dass wir einen schlechten Tag haben oder missmutig sind, sondern dass wir eine tote Seele bekommen. Die Merkmale einer toten Seele sind offenkundig: Lippen, die Gift sprühen, und ein Mund, der flucht; Füße, die dem Bösen nachlaufen, und Augen, die Gott nicht sehen.

Wenn die Sünde ihr Werk vollendet, tötet sie die Seele.

Gottes Gedanken

Herr, wie sind deine Werke so groß!
Deine Gedanken sind sehr tief.
Psalm 92,6

Gottes Gedanken sind anders als unsere Gedanken, sehr anders sogar. Wir gehören einfach nicht zur gleichen Liga wie Gott. Wir denken: Bloß die Gesundheit erhalten! Er denkt: Vor allem die Seele retten! Wir träumen von einer Gehaltserhöhung. Er träumt davon, Tote aufzuerwecken. Wir gehen Schmerzen aus dem Weg und suchen den Frieden. Gott benutzt Schmerzen, um Frieden zu bringen. „Ich will leben, ehe ich sterbe“, entschließen wir uns. „Stirb, damit du leben kannst“, rät er uns. Wir lieben, was rostet. Gott liebt, was von bleibendem Wert ist. Wir freuen uns über unsere Erfolge. Er freut sich, wenn wir unser Versagen eingestehen. Wir stecken unseren Kindern hohe Ziele und hoffen, dass sie es im Leben zu etwas bringen. Gott weist uns auf den gekreuzigten Zimmermann mit seinen blutigen Lippen und seiner durchbohrten Seite hin und sagt: „Werde so wie Jesus.“

Eine himmlische Bestätigung

Ich will euer Vater sein, und ihr sollt meine Söhne und Töchter sein, spricht der allmächtige Herr.
2. Korinther 6,18

Jeder Mensch hängt wohl dem Trugbild nach, seine Familie müsse eine Bilderbuchfamilie sein. Wir erwarten, dass unsere Verwandten unsere liebsten Freunde sind. Jesus hatte eine solche Erwartung nicht. Er hat seine Familie folgendermaßen definiert: „Wer tut, was Gott will, der ist mein Bruder, meine Schwester und meine Mutter" (Markus 3, 35).

Als die Brüder Jesu seine Überzeugungen nicht teilen konnten, versuchte er nicht, sie mit aller Gewalt auf seine Linie einzuschwören. Er erkannte, dass seine geistliche Familie ihm geben konnte, was ihm seine leibliche Familie verwehrte.

Wir können die Reaktion unserer Familie auf unsere geistliche Entwicklung nicht selbst steuern. Wir müssen von der naiven Erwartung Abschied nehmen, dass die Menschen uns, wenn wir Gutes tun, auch gut behandeln. Manche tun es, andere wieder nicht – es liegt nicht in unserer Hand, wie andere auf uns reagieren.

Gestatten Sie Gott, das zu ersetzen, was Ihnen Ihre Familie vorenthält. Wenn Sie Ihr irdischer Vater nicht bestätigt, dann lassen Sie Ihren himmlischen Vater an seine Stelle treten.

Und werden Sie nicht mutlos. Gott ist immer noch dabei, Familien umzuwandeln.

Im Himmel keine Sorgen

Und Gott wird abwischen alle Tränen
von ihren Augen,
und der Tod wird nicht mehr sein, noch Leid noch
Geschrei noch Schmerz wird mehr sein.
Offenbarung 21,4

Was haben Sie heute alles angestellt, um dem Tod aus dem Wege zu gehen? Wahrscheinlich jede Menge. Sie haben Tabletten geschluckt, Hanteln gestemmt, auf Sahnetorte verzichtet und auf ungesättigte Fettsäuren geachtet. Warum? Warum geben Sie sich so viel Mühe? Weil Sie sich darüber Gedanken machen, wie Sie am Leben bleiben können. Im Himmel werden Sie sich darüber keine Sorgen mehr machen müssen.

Dort werden Sie in der Tat gar keine Sorgen mehr haben. Die Mütter unter Ihnen machen sich darüber Sorgen, dass ihren Kindern etwas zustoßen könnte. Sie werden sich im Himmel nicht mehr sorgen müssen. Im Himmel werden wir keinerlei Schmerz mehr empfinden. Manche Männer unter Ihnen haben Angst vor dem Alter. Im Himmel wird diese Angst endgültig der Vergangenheit angehören. Dort werden wir bis in alle Ewigkeit bei Kräften bleiben.

Wir sind nicht aus Stahl, sondern aus Staub. Dieses Leben wird nicht mit dem Leben gekrönt, sondern mit dem Tod.

Im Jenseits sieht das anders aus. Jesus forderte die Christen aus Smyrna auf: „Seid getreu bis in den Tod, so will ich euch die Krone des Lebens geben“ (Offenbarung 2,10).

Das Gebet ist eine Erinnerung

Das Gebet des Gerechten vermag viel.
Jakobus 5,16

Wer betet, der erkennt an: Wenn Gott sich nicht für die Lösung unserer Probleme stark gemacht hätte, würden wir noch immer in der Finsternis umherirren. Nur durch seine Gnade kommen wir zurecht. Wenn wir beten, erinnert uns das daran, wer Gott ist – und wer wir selbst sind.

Ich bin davon überzeugt, dass das Gebet große Kraft freisetzt. Ich glaube, dass Gott Verwundete heilt und dass er Tote auferwecken kann. Allerdings glaube ich nicht, dass wir Gott vorschreiben können, was er zu tun hat und wann.

Gott weiß, dass wir aufgrund unserer eingeschränkten Perspektive nicht einmal erkennen, wofür wir beten sollen. Ihm unsere Bitten anzuvertrauen, heißt, ihm zuzutrauen, dass er unsere Gebete ernst nimmt und sie seinem heiligen Urteil unterwirft.

Gnade über Gnade

Ich habe gelernt, mich in jede Lage zu fügen.
Philipper 4,11

Versuchen Sie sich an folgender Frage: Was wäre, wenn Gott Ihnen nichts schenken würde außer der Gnade, mit der er Sie errettet hat? Würden Sie sich damit begnügen? Sie flehen ihn an, Ihrem Kind das Leben zu retten. Sie bitten inständig darum, er möge Ihr Geschäft vor der Pleite retten und den Krebs aus Ihrem Körper verschwinden lassen. Was wäre, wenn er antworten würde: „Lass dir an meiner Gnade genügen."? Würden Sie sich damit zufriedengeben?

Sehen Sie, aus der himmlischen Perspektive betrachtet, haben wir an der Gnade genug. Wenn Gott uns nur vor der Hölle rettete und darüber hinaus nichts mehr täte, könnte sich da irgendwer beklagen? Uns ist das ewige Leben geschenkt, und wir murren wegen eines schmerzenden Körpers? Uns sind himmlische Reichtümer geschenkt worden, und wir jammern über unsere irdische Armut?

Wenn Sie Augen haben, um dieses Buch zu lesen, Hände, um es zu halten, und die Mittel, um es zu erwerben, dann hat er Ihnen bereits Gnade über Gnade geschenkt.

Geschmückt wie eine Braut

Wer die Braut bekommt,
der ist der Bräutigam.
Johannes 3,29

Die Zukunftsvision, die Johannes in der Offenbarung entfaltet, ist atemberaubend. Seine Schilderung des letzten Kampfes ist besonders anschaulich. Hier stoßen das Gute und das Böse, das Heilige und das Sündige aufeinander. Seite um Seite ist gefüllt mit dem grässlichen Geheul von Drachen und dem Qualm, der von feurigen Kohlen und aus Schwefelgruben aufsteigt. Doch gibt es mitten auf dem Schlachtfeld eine Rose. Johannes beschreibt sie in seinem einundzwanzigsten Kapitel:

Ich sah die Heilige Stadt, das neue Jerusalem, von Gott aus dem Himmel herabkommen, bereitet wie eine geschmückte Braut für ihren Mann.

Bei dieser letzten Begegnung auf dem Gipfel zieht Gott den Vorhang zurück und gewährt dem Krieger einen Blick hinter die Kulissen. Als ihm die Aufgabe zufiel, das Gesehene aufzuschreiben, wählte Johannes den schönsten Vergleich, den diese Erde zu bieten hat. Die Heilige Stadt, so Johannes, ist „geschmückt wie eine Braut für ihren Mann“.

Einfach beten

Hat einer von euch Schweres zu ertragen?
Dann soll er beten. Ist jemand glücklich?
Dann soll er Loblieder singen.
Jakobus 5,13

Möchten Sie Ihr Gebetsleben vertiefen? Dann beten Sie. Bereiten Sie sich auf das Gebet nicht vor, sondern beten Sie einfach. Lesen Sie keine Bücher über das Gebet; beten Sie einfach. Besuchen Sie keine Vorträge über das Gebet und beteiligen Sie sich nicht an Gesprächsrunden über das Gebet. Beten Sie einfach.

Bei der Körperhaltung, die wir beim Gebet einnehmen, handelt es sich um eine rein persönliche Angelegenheit. Das Gleiche gilt für die Frage, ob wir laut oder leise beten oder wo wir beten sollen. Entscheiden Sie sich für die äußere Form, die Ihnen am meisten zusagt. Machen Sie sich nicht so viele Gedanken darüber, wie Sie das Geschenk einpacken sollen, sonst kommen Sie vielleicht nie dazu, es zu überreichen. Es ist besser, ungeschickt zu beten, als gar nicht zu beten.

Und wenn Sie der Ansicht sind, nur dann beten zu sollen, wenn Sie das Verlangen danach überkommt, so ist auch das in Ordnung. Tragen Sie einfach dafür Sorge, dass dieses Verlangen jeden Tag vorhanden ist.

Gott ist leicht zu finden

*Gutes und Barmherzigkeit werden mir folgen
mein Leben lang, und ich werde bleiben
im Hause des Herrn immerdar.*
Psalm 23,6

Welch eine überraschende Gottesbeschreibung! Gott ist ein Gott, der uns nachsetzt.

Wagen wir es, uns einen mobilen, aktiven Gott vorzustellen, der uns jagt, uns nachspürt und uns unser Leben lang mit seiner Güte und seiner Barmherzigkeit folgt? Ein solcher Gott ist leicht zu finden. Wir finden ihn in der Heiligen Schrift. Dort wird erzählt, wie er Adam und Eva sucht. Sie haben sich im Gebüsch vor ihm versteckt, teils um ihren nackten Körper zu verbergen, teils um ihre Sünde vor ihm zu verheimlichen. Wartet Gott etwa darauf, dass sie zu ihm kommen? Nein, seine Worte hallen durch den Garten. „Wo bist du?", fragt Gott (1. Mose 3,9). Damit setzt er seinen Plan in Gang, das Herz des Menschen zu erlösen. Gott hat sich fest vorgenommen, seinen Kindern so lange zu folgen, bis auch sie ihm folgen.

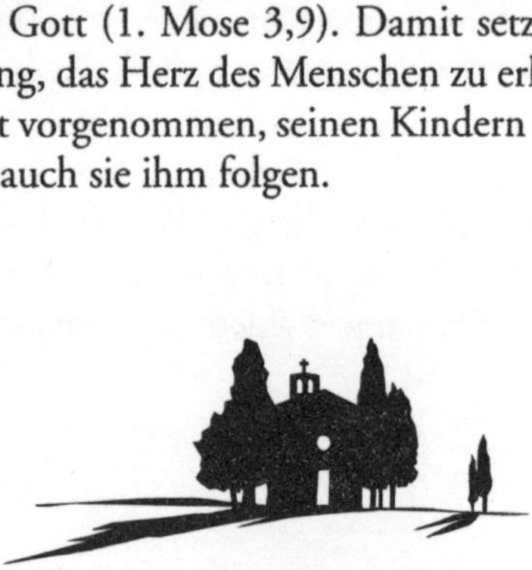

Der unsagbare Preis

Allen, die ihn aufnahmen
und an seinen Namen glaubten,
denen gab er Macht, Gottes Kinder zu werden.
Johannes 1,12

Als wir in Rio de Janeiro wohnten, lernten wir mehrere amerikanische Familien kennen, die nach Brasilien gekommen waren, um ein Kind zu adoptieren. Sie verbrachten ganze Tage, manchmal sogar ganze Wochen damit, sich in die fremde Sprache und Kultur zu vertiefen. Sie kämpften mit der Bürokratie und zahlten übertriebene Gebühren, und das alles, weil sie die Hoffnung hatten, ein Kind nach Hause in die Vereinigten Staaten mitzunehmen.

Hat Gott nicht für uns das Gleiche getan? Er trat in unsere Welt ein, kämpfte gegen den Widerstand an und zahlte den unsagbaren Preis einer Adoption. Dem Gesetz nach gehören wir jetzt ihm. Er hat uns für sich erworben. Uns stehen nun alle gesetzlichen Vorrechte zu, die Kindern gewährt werden. Jetzt warten wir nur noch darauf, dass er zurückkommt. Paulus drückte es folgendermaßen aus: „Wir warten sehnsüchtig darauf, dass Gott uns als seine Kinder bei sich aufnimmt" (Römer 8,23).

14. DEZEMBER

Jedes Kind hat einen Namen

Ich bin der gute Hirte und kenne die Meinen, und die Meinen kennen mich.
Johannes 10,14

Der Hirte kennt seine Schafe. Er ruft sie bei ihrem Namen.

Wenn wir eine Menschenansammlung erblicken, sehen wir genau das: eine Menschenansammlung. Wir nehmen nicht die einzelnen Menschen wahr, sondern wir sehen die Leute, eine Menschenschar, ein Meer von Gesichtern. Mehr sehen wir nicht.

Beim guten Hirten ist das anders. Ihm stellt sich jedes Gesicht anders dar. Hinter jedem Gesicht steckt für ihn eine persönliche Geschichte. Und jedes Gesicht steht für eines seiner Kinder. Jedes Kind hat einen Namen.

Der gute Hirte kennt seine Schafe. Er kennt jedes mit Namen. Der gute Hirte kennt auch Sie. Er kennt Ihren Namen. Und er wird ihn niemals vergessen.

Ein gebrochenes Herz?

Des Gottlosen Weg ist dem Herrn ein Gräuel;
wer aber der Gerechtigkeit nachjagt, den liebt er.
Sprüche 15,8

Vielleicht ist die Wunde schon alt. Ihr Vater oder Ihre Mutter hat Sie missbraucht. Ein Lehrer oder eine Lehrerin hat Sie gekränkt. Ihr Lebenspartner hat Sie verraten. Sie sind darüber böse.

Vielleicht ist die Wunde noch frisch. Der Freund, der Ihnen Geld schuldet, ist eben in seinem neuen Schlitten vorbeigefahren. Der Personalchef, der Ihnen bei der Einstellung eine Beförderung in Aussicht stellte, scheint nicht einmal mehr Ihren Namen zu kennen. Sie sind deshalb verletzt.

Ein Teil von Ihnen ist gebrochen, der andere Teil verbittert. Ein Teil von Ihnen möchte weinen, der andere Teil möchte kämpfen. In Ihrem Herzen brennt ein Feuer, das Feuer des Zorns.

Deshalb stehen Sie vor einer Entscheidung. „Soll ich das Feuer löschen oder es schüren? Soll ich zusehen, dass ich möglichst schnell darüber hinwegkomme, oder soll ich Vergeltung üben? Soll ich die Situation loslassen oder meinen Grollgefühlen nachgeben? Soll ich zulassen, dass meine Wunde verheilt, oder wäre es besser, aus der Verletzung Hass werden zu lassen?“

Untreue ist Unrecht. Sich zu rächen ist vom Übel. Und das Schlimmste an allem ist: Ohne Vergebung bleibt Ihnen nur noch Bitterkeit übrig.

Worte der Verheißung

Denn uns ist ein Kind geboren,
ein Sohn ist uns geschenkt. […]
Man nennt ihn: Wunderbarer Ratgeber,
starker Gott, […] Fürst des Friedens.
Jesaja 9,5

Jedes Jahr zu Weihnachten lese ich folgende Erinnerung, die vor einigen Jahren mit der Post ins Haus geflattert kam:

Wären Informationen unser größtes Bedürfnis gewesen, so hätte Gott einen Pädagogen geschickt. Wäre die Technik unser größtes Bedürfnis gewesen, so hätte Gott einen Ingenieur geschickt. Wäre Geld unser größtes Bedürfnis gewesen, so hätte uns Gott einen Ökonomen geschickt. Da aber die Vergebung unser größtes Bedürfnis war, schickte uns Gott einen Erlöser.

Weihnachtskarten. Knappe Verheißungen. Aphorismen, gefüllt mit Gründen, überhaupt etwas zu tun.

Er wurde wie wir, damit wir so werden konnten wie er.

Die Engel singen weiter, der Stern lockt noch immer.

Er liebt jeden Einzelnen unter uns so, als gälte es, nur einen Einzelnen zu lieben.

Um unserer Not willen

Denn Gott hat seinen Sohn nicht in die Welt gesandt,
um die Welt zu richten,
sondern damit die Welt durch ihn gerettet wird.
Johannes 3,17

Können Sie sich vorstellen, dass potenzielle Adoptiveltern sich etwa so äußern würden: „Wir hätten den kleinen Johnny gern adoptiert, doch möchten wir erst ein paar Dinge über ihn erfahren. Besitzt er ein Haus, wo er wohnen kann? Hat er genug Geld, um seine Ausbildung zu finanzieren? Ist schon dafür gesorgt, dass er morgens in die Schule gefahren wird und dass er jeden Tag etwas Frisches anzuziehen hat? Ist er in der Lage, seine eigenen Mahlzeiten zuzubereiten und seine Kleidung selbst zu flicken?"

Welche Agentur würde so etwas dulden! Die Vertreterin würde die Hände heben und sagen: „Moment mal! Sie haben etwas missverstanden. Sie sollen den kleinen Johnny nicht adoptieren, weil er dieses oder jenes besitzt, sondern weil er etwas braucht. Er braucht ein Zuhause."

Bei Gott ist es nicht anders. Er adoptiert uns nicht aufgrund dessen, was wir besitzen. Er verleiht uns nicht um unserer Intelligenz, unseres Portmonees oder unserer guten Einstellung willen seinen Namen. Die Annahme an Kindes statt ist etwas, was wir als Geschenk empfangen, nicht etwas, was wir uns verdienen können.

Raum für Gott?

Siehe, ich stehe vor der Tür und klopfe an.
Offenbarung 3,20

Zu den traurigsten Worten hier auf Erden gehören: „Wir haben für dich keinen Platz."

Den Klang dieser Worte kannte Jesus nur zu gut. Er befand sich noch im Mutterleib der Maria, als der Herbergsbesitzer sagte: „Wir haben für euch keinen Platz."

Und als er ans Kreuz genagelt wurde, war das nicht etwa eine Botschaft völliger Ablehnung? „Für dich gibt es in dieser Welt keinen Platz."

Jesus lässt man noch heute die gleiche Behandlung angedeihen. Er zieht von einem Herzen zum nächsten und fragt, ob er eintreten darf.

Ab und an heißt man ihn willkommen. Jemand macht die Tür seines Herzens auf und lädt Jesus als Dauergast ein. Solchen Menschen verspricht Jesus: „Im Hause meines Vaters sind viele Wohnungen."

Welch eine köstliche Zusage! Wir schaffen in unserem Herzen Platz für ihn, und er schafft in seinem Haus Platz für uns.

Auf den Knien

Gott widersteht den Hochmütigen,
aber den Demütigen gibt er Gnade.
Jakobus 4,6

Eine kleine Kathedrale außerhalb Betlehems markiert den angeblichen Geburtsort Jesu. Hinter dem Hochaltar der Kirche befindet sich eine von silbernen Lampen erleuchtete Höhle.

Man kann das Hauptgebäude betreten und die uralte Kirche bewundern. Man kann auch in die stille Höhle eintreten, wo ein im Fußboden verankerter Stern an die Geburt des Königs erinnert. Allerdings gibt es hierfür eine Bedingung. Man muss sich bücken. Die Tür ist so niedrig, dass man nicht aufrecht hindurchgehen kann.

Bei Jesus ist das auch so. Die Welt kann man aufrecht in Augenschein nehmen. Den Retter hingegen bekommt man nur zu sehen, wenn man bereit ist, auf die Knie zu gehen.

Das Heil ist ein Gottesgeschenk

Lauter gute Gaben, nur vollkommene Gaben kommen von oben, von dem Schöpfer der Gestirne. Bei ihm gibt es kein Zu- und Abnehmen des Lichts und keine Verfinsterung.
Jakobus 1,17

Die Schlussfolgerung ist unausweichlich: Eine Selbsterlösung kann es nicht geben. Der Mensch hat keinerlei Möglichkeit, sich selbst zu retten.

Dafür teilt Paulus mit, dass Gott sehr wohl eine Möglichkeit hat, uns zu retten. Wo der Mensch versagt, da leistet Gott Übermenschliches. Das Heil, die Rettung kommt vom Himmel herab und steigt nicht von der Erde hinauf. „Alle guten Gaben und alle vollkommenen Gaben kommen von oben herab" (Jakobus 1,17).

Bitte merken Sie sich: Das Heil ist ein Geschenk Gottes. Gott ist dabei die treibende Kraft, der Motor, der Urheber. Es handelt sich nicht um ein Geschenk des Menschen an Gott, sondern um ein Geschenk Gottes an die Menschen.

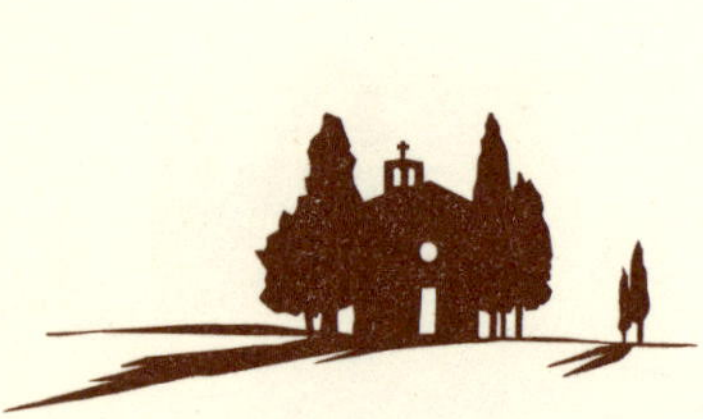

Eine außergewöhnliche Nacht

Denn euch ist heute in der Stadt Davids
der Heiland geboren; das ist Christus, der Herr.
Lukas 2,11

Eine gewöhnliche Nacht mit gewöhnlichen Schafen und gewöhnlichen Hirten. Und gäbe es nicht einen Gott, der dem Gewöhnlichen gern ein „außer-“ voranstellt, wäre diese Nacht unbemerkt verstrichen. Die Schafe wären vergessen worden, die Hirten hätten weitergeschlafen.

Gott aber tanzt inmitten des Gewöhnlichen. Und in jener Nacht tanzte er einen Walzer.

Der schwarze Nachthimmel wurde wie vom Feuerwerk erleuchtet. Bäume, die bis dahin lediglich Schatten waren, traten deutlich hervor. Schafe, die bis dahin still gewesen waren, verwandelten sich in einen neugierigen Chor. Der Hirte, der bis dahin wie ein Toter geschlafen hatte, rieb sich jetzt die Augen und starrte einem Außerirdischen ins Gesicht.

Es war keine gewöhnliche Nacht mehr.

Der Engel trat nachts auf, weil Lichter dann am besten zu sehen sind und am meisten benötigt werden. Aus demselben Grund sucht Gott das Gewöhnliche heim. Das mächtigste Werkzeug Gottes ist das einfachste.

Die Gabe der Gnade

Wer mich findet, der findet das Leben
und erlangt Wohlgefallen vom Herrn.
Sprüche 8,35

Die Gnade wird von Gott geschaffen und den Menschen geschenkt. Allein dieser Wahrheit wegen unterscheidet sich das Christentum von allen anderen Weltreligionen. Jeder andere Gotteszugang setzt ein System des Feilschens voraus: Tue ich dieses, so tut Gott jenes. Ich werde entweder durch Werke (durch das, was ich selbst vollbringe) oder durch Gefühle (durch das, was ich erlebe) oder durch Erkenntnis (durch das, was ich weiß) gerettet.

Im Christentum hingegen spielt das Feilschen nicht die geringste Rolle. Der Mensch kann nicht mit Gott verhandeln, denn es gibt gar keine Verhandlungsbasis.

Gottes großartige Geschenke

Lasst uns Gott danken für sein Geschenk!
Es ist so groß, dass man es gar nicht beschreiben kann.
2. Korinther 9,15

Warum hat er es getan? Eine Hütte hätte gereicht, doch schenkte er uns eine Villa. Musste er den Vögeln Gesang und den Bergen Gipfel schenken? War es seine Pflicht, dem Zebra Streifen und dem Kamel einen Höcker mitzugeben? Warum die Schöpfung mit solcher Pracht versehen? Warum sich so viel Mühe machen, um solche Gaben zu geben?

Warum tun Sie das? Denn Sie tun doch das Gleiche. Ich habe Sie bei der Suche nach Geschenken gesehen. Ich habe gesehen, wie Sie durch die Einkaufszentren gingen und die Regale absuchten. Ich spreche hier nicht von den obligatorischen Geschenken. Ich spreche von der besonderen Person und von dem besonderen Geschenk, das Sie für diese Person besorgt haben. Warum tun Sie so etwas? Sie tun es, damit das Herz des Empfängers kurz aussetzt. Sie tun es, damit ihm der Mund vor Staunen offen steht. Sie tun es, um jene ungläubig-staunenden Worte zu hören: „Das hast du für mich getan?"

Deshalb tun Sie es. Und deshalb hat Gott es getan. Wenn Ihnen das nächste Mal ein Sonnenaufgang den Atem raubt oder eine Blumenwiese Sie sprachlos macht, verharren Sie doch in diesem Zustand. Sagen Sie nichts. Hören Sie vielmehr zu, während Ihnen der Himmel zuflüstert: „Gefällt es dir? Ich habe es extra für dich geschaffen."

Das Versprechen bleibt

Von Jakob stammte Josef, der Mann Marias.
Von ihr wurde Jesus geboren, das ist Christus,
der versprochene Retter Israels.
Matthäus 1,16

Wie es scheint, war die einzige Gemeinsamkeit, die die gar nicht so großartigen Vorfahren Jesu miteinander verband, ein Versprechen. Ein vom Himmel gegebenes Versprechen, dass Gott sie benutzen würde, um seinen Sohn in die Welt zu senden.

Warum hat Gott sich dieser Leute bedient? Er musste es ja nicht. Er hätte den Retter irgendwem vor die Tür legen können. So wäre es einfacher gewesen. Und warum hat Gott ihre Geschichten überliefern lassen?

Ganz einfach. Er will, dass wir wissen: Wenn die Welt verrückt spielt, behält er die Ruhe.

Sie möchten den Beweis? Lesen Sie den letzten Namen im Geschlechtsregister Jesu. Trotz all der verrutschten Heiligenscheine und geschmacklosen Freudensprünge dieser Gottesleute ist der letzte Name auf der Liste – Jesus – der Name dessen, der am Anfang versprochen wurde.

Danach werden keine weiteren Namen aufgezählt. Es werden keine mehr benötigt. Es ist so, als wollte Gott einer zweifelnden Welt verkünden: „Seht, ich habe es getan. Genau so, wie ich es angekündigt habe."

Gott wurde Mensch

Er gab seine Stellung bei Gott auf
und machte sich selbst zu einem Nichts.
Er wurde als Mensch geboren
und wurde wie ein Diener.
Philipper 2,7

Das alles geschah in einem äußerst bemerkenswerten Moment, einem Moment, der mit keinem anderen zu vergleichen ist.

Gott wurde ein Mensch. Die Gottheit kam auf Erden an. Der Himmel tat sich auf und legte sein Kostbarstes in einen menschlichen Mutterleib.

Der Allmächtige wurde im Nu zu Fleisch und Blut. Der größer ist als das ganze Universum, wurde zum mikroskopisch kleinen Embryo. Der diese Welt mit seinem Wort erhält, entschied sich dafür, sich von einem jungen Mädchen ernähren zu lassen und abhängig zu machen.

Gott war uns nahe gekommen.

Die Liebe Gottes

Gott erweist seine Liebe zu uns darin,
dass Christus für uns gestorben ist,
als wir noch Sünder waren.
Römer 5,8

„Kann irgendetwas bewirken, dass ich aufhöre, euch zu lieben?", fragt Gott. „Seht, wie ich eure Sprache spreche, auf eurem Boden schlafe und eure Verletzungen mitempfinde. Seht und hört, wie der, der das Augenlicht und das Gehör erschuf, jetzt niest, hustet und sich schneuzt. Ihr fragt euch, ob ich begreifen kann, wie es euch geht? Seht den strahlenden Blick des Kindes aus Nazareth; es ist Gott, der da in die Schule geht. Denkt über den Knirps am Tisch der Maria nach; es ist Gott, der da die Milch verschüttet.

Ihr fragt euch, wie lange meine Liebe andauern wird? Findet die Antwort an einem zersplitterten Kreuz, das auf einer felsigen Kuppe steht. Das bin ich, den ihr dort oben seht, euer Schöpfer, euer Gott, von Nägeln durchbohrt, blutend. Von Spucke bedeckt, von Sünde durchtränkt.

Es ist eure Sünde, die ich dort fühle. Es ist euer Tod, den ich dort sterbe. Und eure Auferstehung, die ich jetzt lebe. Daran seht ihr, wie sehr ich euch liebe."

Zugang zur Freude

Du hast mir das Trauergewand ausgezogen und mich mit Freude umgürtet.
Psalm 30,12

Der erste Schritt zur Freude ist die Bitte um Hilfe, die Anerkennung des eigenen sittlichen Elends, das Eingeständnis innerer Armut. Wem die Gegenwart Gottes schmeckt, der hat sich zuvor für geistlich bankrott erklärt und ist sich seines geistlichen Mankos bewusst. Seine Schränke sind ebenso leer wie seine Taschen. Er hat keine Alternativen mehr. Er hat längst aufgehört, Gerechtigkeit zu fordern; er fleht stattdessen um Erbarmen.

Er bittet Gott, das für ihn zu vollbringen, was er selbst ohne Gott nicht zu vollbringen vermag. Er hat eingesehen, dass Gott heilig, er selbst aber ein Sünder ist. Er hat Jesus beigepflichtet: „Für mich ist das Heil unerreichbar."

Ach, die Ironie göttlicher Freude! Sie entsteht im ausgedörrten Boden der Not und nicht in der fruchtbaren Erde der Leistung.

Wir sind es nicht gewohnt, diesen Weg zu gehen. Normalerweise hängen wir unser Unvermögen nicht an die große Glocke. Das Eingeständnis des Versagens bietet für gewöhnlich keinen Zugang zur Freude. Auf ein ausführliches Bekenntnis folgt nicht häufig die völlige Verzeihung. Andererseits hat sich Gott noch nie vom Gewöhnlichen bestimmen lassen.

In die Gnade eingetaucht

[Gott] hat euch durch Jesus Christus dazu berufen, für immer in seiner Herrlichkeit zu wohnen.
1. Petrus 5,10

Es fällt uns selten leicht zu akzeptieren, dass wir in alle Ewigkeit völlig schuldenfrei sind. Auch wenn wir vor dem Thron gestanden und das Urteil aus dem Mund des Königs selbst gehört haben, plagen uns weiterhin Zweifel. Das hat zur Folge, dass vielen Menschen nur ein wenig vergeben wird – nicht etwa, weil die Gnade des Königs begrenzt wäre, sondern weil Sünder einen so kleinen Glauben haben. Gott ist bereit, allen alles zu vergeben. Er ist bereit, die Vergangenheit vollends aus dem Weg zu räumen. Er führt uns zum Pool des Erbarmens und fordert uns auf, darin zu baden. Einige springen hinein, andere jedoch berühren nur die Oberfläche. Letztere gehen nach Hause mit dem Gefühl, dass ihnen noch nicht vergeben wurde.

Wo die Gnade Gottes fehlt, da entsteht Bitterkeit. Wo aber die Gnade Gottes angenommen wird, da blüht Vergebung.

Je mehr wir in die Gnade eintauchen, umso wahrscheinlicher wird es, dass wir uns anderen gegenüber gnädig verhalten.

Gott verwandelt Familien

Diese alle waren stets beieinander einmütig im Gebet zusammen mit den Frauen und Maria, der Mutter Jesu, und seinen Brüdern.
Apostelgeschichte 1,14

Gott hat sich als ein treuer Vater erwiesen. Jetzt obliegt es uns, vertrauensvolle Kinder zu sein. Lassen Sie zu, dass Gott Ihnen das ersetzt, was Ihnen Ihre Familie vorenthält. Lassen Sie ihn die Leere ausfüllen, die andere hinterlassen haben. Verlassen Sie sich auf ihn, wenn es darum geht, Bestätigung zu erhalten und ermutigt zu werden. Sehen Sie sich doch einmal folgende Worte des Apostels Paulus an: „Du bist ein Kind Gottes und weil du sein Kind bist, wird Gott dir den Segen schenken, den er versprochen hat" (Galater 4,7).

Die Anerkennung der eigenen Familie ist wünschenswert, aber nicht unbedingt notwendig, wenn man glücklich sein will. Es ist auch nicht immer möglich, diese Anerkennung zu erhalten. Jesus hat nicht zugelassen, dass die schwierige Dynamik seines Familienlebens seine göttliche Berufung überschattete. Und weil er es nicht tat, hat das Kapitel mit seiner Familie ein glückliches Ende gefunden.

Er räumte seinen Verwandten Raum, Zeit und Gnade ein. Und weil er es tat, änderten sie sich. Einer seiner Brüder wurde Apostel (Galater 1,19), andere wurden Missionare (1. Korinther 9,5).

Unser Ziel

Alles, was mein ist, das ist dein,
und was dein ist, das ist mein;
und ich bin in ihnen verherrlicht.
Johannes 17,10

Es ist Gottes ureigenste Aufgabe, das Gesicht dieser Welt zu verändern.

Lassen Sie mich sehr deutlich werden. Diese Veränderung ist seine Aufgabe, nicht unsere. Es ist nicht unser Ziel, unser Gesicht selber zum Strahlen zu bringen. Das hat nicht einmal Jesus getan. Matthäus sagt: „Da wurde er vor ihnen verklärt" und nicht: „Jesus verwandelte selbst sein Aussehen." Mose hat nicht einmal gewusst, dass sein Gesicht leuchtete (2. Mose 34,29). Es kann nicht unser Ziel sein, einen falschen, aufgesetzten Gesichtsausdruck heraufzubeschwören. Unser Ziel ist vielmehr: mit einem willigen, vorbereiteten Herzen vor Gott zu stehen und zuzulassen, dass er sein Werk an uns vollbringt.

Was er auch tut. Er wischt die Tränen ab. Er wischt den Schweiß von unserer Stirn. Er streicht unsere gefurchte Stirn wieder glatt. Er berührt unsere Wangen. Er verändert unser Gesicht, während wir ihn anbeten.

Wehmütige Worte

Den Frieden lasse ich euch zurück, meinen Frieden gebe ich euch. Ich gebe ihn euch nicht, wie die Welt ihn gibt. Euer Herz erschrecke nicht und fürchte sich nicht.
Johannes 14,27

Wenn ihr nur erkennen könntet, dass ich gekommen bin, um euch zu helfen, und nicht, um euch zu verurteilen. Wenn ihr nur erkennen könntet, dass das Morgen besser sein wird als das Heute. Wenn ihr nur die Gabe erkennen könntet, die ich euch gebracht habe: ewiges Leben. Wenn ihr nur erkennen könntet, dass ich euch sicher nach Hause begleiten möchte.

Wenn ihr nur erkennen könntet …

Welch wehmütige Worte, die da von den Lippen Gottes kommen. Wie freundlich von ihm, dass er sie uns hören lässt. Wie unendlich wichtig, dass wir innehalten und auf sie achten. Wenn wir es nur verstünden, Gott zu vertrauen. Darauf zu vertrauen, dass Gott in unserer Ecke ist, auf unserer Seite steht. Darauf zu vertrauen, dass Gott nur das Beste für uns will.

Wenn wir es nur lernen könnten, ihm zu vertrauen.

Bibelstellenverzeichnis

Sprüche 22,2	26. Februar
Sprüche 28,13	12. November
Prediger 3,11	10. September
Prediger 12,13	23. Juli
Jesaja 1,18	04. April
Jesaja 9,5	16. Dezember
Jesaja 11,6	20. Januar
Jesaja 28,10	09. Mai
Jesaja 40,29	11. August
Jesaja 41,13	29. Juli
Jesaja 46,4	06. Juni
Jesaja 49,13	19. Oktober
Jesaja 49,16	21. Mai
Jesaja 53,4	08. Februar
Jesaja 53,6	09. Juni
Jesaja 54,13	10. August
Jesaja 58,11	19. August
Jesaja 62,5	04. August
Jesaja 64,7	21. Januar
Jeremia 1,5	14. Juli
Jeremia 17,7	28. Juli
Jeremia 29,11	29. Oktober
Jeremia 32,27	14. Juni
Hesekiel 34,11	21. Juni
Daniel 6,17	07. März
Daniel 9,18	18. Oktober
Daniel 12,1	29. Mai
Hosea 2,21	31. August
Hosea 10,12	18. Januar
Joel 2,13	21. Juli
Zephanja 3,17	02. Dezember
Sacharja 2,14	02. Februar
Matthäus 1,16	24. Dezember
Matthäus 1,23	19. April

Matthäus 4,19	01. Juni
Matthäus 5,3	16. Februar
Matthäus 5,12	26. September
Matthäus 5,16	02. März
Matthäus 6,7	10. Juni
Matthäus 6,10	09. März
Matthäus 6,11+12	30. April
Matthäus 6,21	03. September
Matthäus 6,26	18. Februar
Matthäus 7,2	08. Mai
Matthäus 7,7	20. Juni
Matthäus 7,8	03. November
Matthäus 7,14	05. Juli
Matthäus 8,3	26. März
Matthäus 8,17	18. Juli
Matthäus 8,25+26	09. August
Matthäus 9,12+13	18. Mai
Matthäus 9,36	10. April
Matthäus 10,28	24. Juni
Matthäus 10,30	10. März
Matthäus 11,28	05. März
Matthäus 11,30	30. Juli
Matthäus 14,14	30. Januar
Matthäus 14,14	30. Mai
Matthäus 14,25+26	22. Juni
Matthäus 14,27	07. Juli
Matthäus 14,28	02. Mai
Matthäus 14,30+31	05. Oktober
Matthäus 18,21+22	18. Juni
Matthäus 19,26	25. Juli
Matthäus 20,28	05. Februar
Matthäus 22,37	10. Juli
Mathäus 24,46	25. November
Matthäus 28,1	14. April

Matthäus 28,20	19. Januar
Markus 3,35	24. November
Markus 5,34	28. Januar
Markus 6,34	24. Januar
Markus 8,29	13. Mai
Markus 8,34	18. November
Markus 10,27	06. Februar
Markus 10,45	27. Juli
Markus 14,33	23. März
Lukas 1,50	17. August
Lukas 2,11	21. Dezember
Lukas 5,16	21. April
Lukas 10,19	07. April
Lukas 10,20	17. Oktober
Lukas 10,40-42	12. Januar
Lukas 12,15	25. Juni
Lukas 12,31	13. März
Lukas 15,10	24. Oktober
Lukas 17,33	13. Februar
Lukas 18,7	16. Januar
Lukas 19,10	11. Januar
Lukas 22,27	04. März
Lukas 22,41	03. April
Lukas 23,43	28. April
Lukas 24,27	15. März
Johannes 1,1	16. Oktober
Johannes 1,12	13. Dezember
Johannes 1,29	02. April
Johannes 1,46	25. Februar
Johannes 3,16	11. April
Johannes 3,17	17. Dezember
Johannes 3,29	10. Dezember
Johannes 3,36	30. Juni
Johannes 4,24	15. Oktober

Johannes 5,19	15. Februar
Johannes 5,24	25. August
Johannes 5,28+29	31. März
Johannes 6,35	22. November
Johannes 6,40	13. Juli
Johannes 8,11	10. November
Johannes 8,32	02. November
Johannes 9,31	20. Februar
Johannes 10,14	14. Dezember
Johannes 11,26	24. September
Johannes 12,24	12. September
Johannes 13,5	08. Januar
Johannes 13,15	17. Februar
Johannes 13,35	29. März
Johannes 14,1	23. September
Johannes 14,2	21. Februar
Johannes 14,3	31. Oktober
Johannes 14,6	16. April
Johannes 14,8	22. September
Johannes 14,16+17	11. September
Johannes 14,23	06. Januar
Johannes 14,27	31. Dezember
Johannes 15,4	02. Juni
Johannes 15,10	28. November
Johannes 15,15	23. April
Johannes 15,19	16. Mai
Johannes 16,33	25. März
Johannes 17,10	30. Dezember
Johannes 17,13	06. April
Johannes 18,36	10. Januar
Johannes 19,30	12. April
Apostelgeschichte 1,8	30. August
Apostelgeschichte 1,14	29. Dezember
Apostelgeschichte 2,23	01. April

Apostelgeschichte 16,25	09. September
Römer 1,17	15. Mai
Römer 1,20	25. April
Römer 1,21+22	28. Februar
Römer 2,4	12. Juli
Römer 3,23+24	16. Juni
Römer 4,5	17. April
Römer 5,4+5	12. August
Römer 5,8	26. Dezember
Römer 6,5+6	08. August
Römer 6,22	12. März
Römer 6,23	04. Dezember
Römer 8,4	17. November
Römer 8,6	04. Oktober
Römer 8,14	08. März
Römer 8,16	25. Januar
Römer 8,31	19. Mai
Römer 8,33	05. Mai
Römer 8,34	14. März
Römer 8,37	01. November
Römer 8,39	27. Januar
Römer 11,6	16. Juli
Römer 12,1	03. August
Römer 12,2	06. August
Römer 12,5	02. Oktober
Römer 12,6	14. August
Römer 12,14	11. Oktober
Römer 12,19	06. November
Römer 14,8	20. November
1. Korinther 1,8	28. Mai
1. Korinther 2,9	01. März
1. Korinther 2,16	22. Februar
1. Korinther 3,9	17. Mai
1. Korinther 3,19	04. Juni

1. Petrus 4,10	08. September
1. Petrus 5,7	11. Juni
1. Petrus 5,8+9	21. September
1. Petrus 5,10	28. Dezember
2. Petrus 3,9	09. Juli
2. Petrus 3,10+11	10. Oktober
2. Petrus 3,18	20. August
1. Johannes 1,7	19. März
1. Johannes 1,8	19. Juli
1. Johannes 1,9	24. Mai
1. Johannes 3,1	28. März
1. Johannes 3,2	22. April
1. Johannes 3,17	11. Februar
1. Johannes 4,4	06. Mai
1. Johannes 4,10	03. Oktober
1. Johannes 4,16	30. Oktober
1. Johannes 4,18	26. Oktober
1. Johannes 4,19	07. November
1. Johannes 5,4	18. März
Judas 24	26. Juni
Offenbarung 2,17	25. September
Offenbarung 2,26	23. Oktober
Offenbarung 3,11	03. Februar
Offenbarung 3,20	18. Dezember
Offenbarung 4,8	11. Juli
Offenbarung 7,14	11. November
Offenbarung 21,2	13. Juni
Offenbarung 21,4	07. Dezember